《北京统一战线培训教材》编审委员会

主　任	尤兰田	中共北京市委常委 市委统战部部长
副主任	庄聪生	中共中央统战部研究室主任
	闵　克	中共北京市委统战部常务副部长
	周伯琦	中共北京市委统战部副部长 北京市人民政府参事室(北京市文史馆)党组书记
	楚国清	中共北京市委统战部副部长 北京市归国华侨联合会党组书记
	李卫东	中共北京市委统战部副部长
	李雅清	中共北京社会主义学院党组书记

北京统一战线培训教材

BEIJING TONGYI ZHANXIAN PEIXUN JIAOCAI

北京统一战线工作手册

刘先传 张俊明 ⊙ 主编
张静生 徐杰 ⊙ 副主编
庄聪生 周伯琦 ⊙ 主审

中央编译出版社
Central Compilation & Translation Press

图书在版编目(CIP)数据

北京统一战线工作手册/刘先传,张俊明主编.
—北京:中央编译出版社,2007.8
(北京统一战线培训教材)
ISBN 978-7-80211-474-6

Ⅰ.北…
Ⅱ.①刘… ②张…
Ⅲ.统一战线工作-北京市-手册
Ⅳ.D613

中国版本图书馆 CIP 数据核字(2007)第 104168 号

北京统一战线工作手册

出 版 人	和 龑
责任编辑	盛菊艳
责任印制	尹 珺
出版发行	中央编译出版社
地　　址	北京西单西斜街 36 号(100032)
电　　话	(010)66509360(总编室)　(010)66509365(编辑室)
	(010)66509364(发行部)　(010)66509618(读者服务部)
网　　址	http://www.cctpbook.com
经　　销	全国新华书店
印　　刷	北京新丰印刷厂
开　　本	787×1092 毫米　1/16
字　　数	247 千字
印　　张	14.75
版　　次	2007 年 8 月第 1 版第 1 次印刷
定　　价	28.00 元

本社常年法律顾问:北京建元律师事务所首席顾问律师　鲁哈达
凡有印装质量问题,本社负责调换。电话 010-66509618

序 言

尤兰田

  编写北京统一战线培训教材是适应首都统战工作需要,加强干部教育培训工作的一项基础性工作。这套培训教材的出版必将对广大统一战线成员和统战干部学习掌握统战理论政策、普及统一战线知识产生积极的推动作用。

  进入新世纪新阶段以来,党中央高度重视干部教育培训工作,提出了大规模培训干部、大幅度提高干部素质的战略任务,明确指出要联系实际创新路,加强培训求实效。建设具有统一战线特色的教材体系,是贯彻落实中央和市委关于干部教育培训工作精神的具体体现,是增强统一战线教育培训工作实效的重要途径,对于加强和改进统一战线教育培训工作,建设一支与党亲密合作的党外代表人士队伍,培养造就高素质的统战干部队伍,巩固壮大新世纪新阶段统一战线,都具有十分重要的意义。

  当前,党的统一战线事业进入了一个崭新的发展阶段,迎来了蓬勃发展的大好机遇。第20次全国统战工作会议的召开,为巩固壮大新世纪新阶段统一战线指明了方向,明确了任务。实现全面建设小康社会宏伟目标,推进首都经济建设、政治建设、文化建设和社会建设,举办一届有特色、高水平的奥运会,需要发挥统一战线重要法宝的作用,需要统一战线各方面人才广泛参与。统一战线担负的使命更加光荣,任务更加艰巨,对统一战线成员素质和教育培训工作提出了新的更高的要求。

  加强统一战线教育培训工作,必须坚持以科学理论为指导,牢牢把握统一战线教育培训工作正确的政治方向;必须坚持以政治培训为重点,不断巩固统一战线团结合作的思想政治基础;必须坚持培养与使用相结合的方针,努力激发学员的主动性和积极性;必须坚持以制度建设为抓手,不断完善培训的体制和机制;必须坚持改革创新的精神,不断增强培训的针对性和实效性,努力培养造就一支政治坚定、素质优良、结构合理、代表性强的新一代党外代表人士队伍,建设一支勤奋学习、作风民主、求真务实、廉洁自律、团结奉献、开拓创新的统战工作干部队伍,为统一战线的巩固和壮大提供强有力的思想保证和人才支持。

统一战线工作是一门科学,它涉及的领域广泛,内容十分丰富,政治性、政策性很强,有一整套非常系统的理论体系和工作方法。党的十六大以来,以胡锦涛同志为总书记的党中央高度重视统一战线工作,提出了许多重要的新思想、新观点和新举措,涉及到统一战线工作的各个方面,丰富和发展了党的统一战线理论方针政策。由北京统一战线培训教材编审委员会组织编写的这套教材共分18册,既包含了近年来党中央关于统一战线一系列新的理论思想和政策措施,又全面系统地介绍了北京市统一战线各个领域工作的基本情况,是多年来北京市统一战线实践经验的总结,凝聚了全市广大统一战线成员和统战干部的集体智慧,反映了北京市统一战线工作的成果。对于推动广大统一战线成员和统战干部深入学习新世纪新阶段统一战线理论方针政策,不断提高政治思想水平和工作能力,具有较强的针对性和指导性。

这套教材的编写得到了中央统战部、中央社会主义学院的精心指导,得到了全市各级统战部门、社会主义学院以及广大关心统战工作的专家、学者的大力支持和积极参与,蕴含着许多同志的心血和汗水。希望全市各级统战部门和各级社会主义学院用好这套教材,切实加强统一战线干部教育培训工作,为首都统一战线的巩固壮大奠定坚实的基础,更好地承担起新世纪新阶段首都改革开放和现代化建设赋予统一战线的光荣使命。

2007年7月1日

第一部分　中国统一战线的历史发展 …… 1

1. 中国共产党的统一战线经历了哪几个历史发展阶段？ …… 1
2. 新民主主义革命时期的统一战线是怎样发展的？ …… 1
3. 社会主义革命和建设时期的统一战线是怎样发展的？ …… 4
4. 改革开放以来新时期爱国统一战线是怎样发展的？ …… 5
5. 新世纪新阶段爱国统一战线有哪些新发展？ …… 8

第二部分　统一战线的基本理论 …… 9

6. 统一战线的涵义是什么？ …… 9
7. 如何认识统一战线是马克思主义基本战略策略问题？ …… 10
8. 马克思、恩格斯、列宁关于统一战线的基本思想是什么？ …… 11
9. 毛泽东统一战线思想包括哪些主要内容？ …… 12
10. 邓小平新时期统一战线理论包括哪些主要内容？ …… 13
11. "三个代表"重要思想关于统一战线的理论包括哪些主要内容？ …… 15
12. 为什么说以胡锦涛同志为总书记的中共中央关于统一战线的重要论述是治国理政思想的重要组成部分？ …… 18
13. 新世纪以来统一战线工作的基本经验是什么？ …… 27
14. 为什么说巩固和壮大统一战线是贯彻落实科学发展观、全面建设小康社会的必然要求？ …… 27
15. 如何认识巩固和壮大统一战线是坚持"一国两制"基本方针、推进

祖国统一大业的必然要求？……………………………………… 28

16. 为什么说巩固和壮大统一战线是坚持走和平发展道路、为我国发展争取良好国际环境的必然要求？………………………… 29

17. 为什么说巩固和壮大统一战线是加强党的执政能力建设和先进性建设、完成党的执政使命的必然要求？……………………… 30

18. 新世纪新阶段怎样发挥统一战线不可替代的法宝作用？…… 31

19. 为什么说统一战线理论是科学社会主义学说的组成部分？怎样理解统一战线理论是一门科学？……………………………… 32

20. 新世纪新阶段的统战工作如何以邓小平理论和"三个代表"重要思想为指导，全面落实科学发展观？……………………… 33

21. 新世纪新阶段爱国统一战线的性质、特征是什么？………… 34

22. 新的历史条件下统一战线存在和发展的客观依据是什么？… 35

23. 新世纪新阶段爱国统一战线的主题是什么？………………… 36

24. 新世纪新阶段爱国统一战线的指导思想、基本任务是什么？ 36

25. 如何理解要把发展作为统一战线广大成员团结奋斗的第一要务？………………………………………………………………… 37

26. 如何在社会主义经济建设中发挥统一战线的优势？………… 38

27. 如何在中国特色社会主义政治建设中发挥统一战线的优势？ 38

28. 如何在社会主义先进文化建设中发挥统一战线的优势？…… 39

29. 如何在社会主义和谐社会建设中发挥统一战线的优势？…… 40

30. 如何在保持香港、澳门长期繁荣稳定和实现祖国完全统一的事业中发挥统一战线的优势？………………………………………… 41

31. 如何引导统一战线成员为社会主义新农村建设作贡献？…… 42

32. 新世纪新阶段爱国统一战线的工作范围是什么？…………… 43

33. 新世纪新阶段爱国统一战线必须坚持的重要原则有哪些？… 44

34. 中国共产党在历史上各个时期对统一战线的发展目标有过哪些论述？新世纪新阶段统一战线的发展目标是什么？………… 46

35. 如何正确认识和把握涉及党和国家工作全局的重大关系？… 47

第三部分 民主党派工作和多党合作制度建设 …………………… 49

36. 什么是民主党派？我国有哪几个民主党派？………………… 49

37. 如何认识当前我国民主党派的性质？在我国为什么会产生民主党派？………………………………………………………… 50

38. 什么叫执政党？什么叫参政党？ …… 52
39. 中国共产党关于民主党派工作的主要方针政策是什么？ …… 52
40. 民主党派组织发展的原则是什么？ …… 53
41. 中国共产党对民主党派领导的性质和内容是什么？ …… 54
42. 中共基层组织与民主党派基层组织是什么关系？ …… 55
43. 关于民主党派组织发展的地区、范围有何规定？ …… 56
44. 各民主党派发展成员的重点是什么？ …… 56
45. 共青团员能否加入民主党派？ …… 57
46. 民主党派成员为什么不能以民主党派身份而只能以个人身份参加政府工作？ …… 57
47. 为什么要支持民主党派加强自身建设？ …… 58
48. 民主党派加强思想建设的内容是什么？ …… 59
49. 统战部门在民主党派工作方面的职责是什么？ …… 60
50. 如何进一步完善特约人员工作？ …… 60
51. 《中共中央关于进一步加强中国共产党领导的多党合作和政治协商制度建设的意见》的颁布有什么重要意义？ …… 61
52. 《中共中央关于进一步加强中国共产党领导的多党合作和政治协商制度建设的意见》在理论观点和政策思想方面有哪些新的丰富和发展？ …… 63
53. 新世纪新阶段我国多党合作的主要内容和形式是什么？ …… 66
54. 多党合作必须坚持的重要政治准则是什么？ …… 68
55. 多党合作为什么要坚持中国共产党的领导？ …… 70
56. 衡量我国政党制度的主要标准是什么？ …… 71
57. 为什么说中国共产党领导的多党合作和政治协商制度体现了我国政治制度的特点和优势？ …… 71
58. 为什么说实行中国共产党领导的多党合作和政治协商制度是中国社会历史发展的必然选择？ …… 73
59. 坚持和完善我国的政治制度为什么不能照搬别国的政治模式？ …… 74
60. 我国实行的中国共产党领导的多党合作和政治协商制度与资本主义国家的多党制和两党制有什么不同？ …… 75
61. 为什么在我国人民代表大会中不能搞议会党团？ …… 76

62. 中国共产党与民主党派互相监督的性质是什么？ …………… 76
63. 民主党派民主监督的主要内容和形式是什么？ …………… 77
64. 如何理解民主党派民主监督不具备法律的约束力？ ……… 77
65. 新世纪新阶段怎样巩固和发展我国社会主义政党关系？ …… 78
66. 如何在经济建设中发挥民主党派、工商联和无党派人士的作用？ … 79

第四部分　党外干部和党外知识分子工作 …………………… 81

67. 什么是党外代表人士？ ……………………………………… 81
68. 为什么要加强党外代表人士队伍建设？ …………………… 81
69. 党外代表人士队伍建设工作的原则是什么？ ……………… 83
70. 党外代表人士队伍建设的总体要求是什么？ ……………… 84
71. 党外代表人士队伍建设的重点是什么？ …………………… 86
72. 党外代表人士应具备什么素质？ …………………………… 86
73. 党外代表人士后备队伍建设的基本要求是什么？ ………… 87
74. 怎样完善党外代表人士培养选拔任用工作机制？ ………… 88
75. 如何拓宽党外干部的选拔渠道？ …………………………… 88
76. 党的十六大以来党中央在培养选拔党外干部方面有哪些新论述？ … 89
77. 如何充分发挥党外领导干部的作用？ ……………………… 89
78. 什么是无党派人士？ ………………………………………… 90
79. 如何建立健全无党派人士的工作机制？ …………………… 90
80. 如何充分发挥无党派人士在我国政治生活中的作用？ …… 91
81. 为什么说知识分子是工人阶级的一部分？ ………………… 91
82. 新世纪新阶段党的知识分子工作的基本政策和指导方针是什么？ … 92
83. 无党派人士与党外知识分子的主要区别是什么？ ………… 92
84. 为什么说党外知识分子是统战工作对象？ ………………… 92
85. 党外知识分子工作的内容和重点是什么？ ………………… 93
86. 怎样发挥知识分子在自主创新、建设创新型国家中的作用？ … 93
87. 怎样发挥党校、行政学院和社会主义学院在培训党外人士中的作用？ …………………………………………………………… 95

第五部分　民族工作 …………………………………………… 97

88. 什么是民族？我国有多少个民族？民族的特点是什么？ … 97

89. 什么是民族问题? …………………………………………… 98
90. 中国共产党关于民族问题的基本观点和政策主要是什么? ……… 98
91. 关于民族工作的"三句话"是什么? ………………………… 100
92. "三个离不开"的具体内容是什么? ………………………… 100
93. 新世纪新阶段我国民族工作的主题是什么? ………………… 100
94. 我国社会主义民族关系的本质特征是什么?怎样正确认识和处理民族关系? …………………………………………… 100
95. 怎样加强散居和城市少数民族工作? ………………………… 101
96. 我国民族工作的主要任务是什么? …………………………… 102
97. 我国法律对维护祖国统一和民族团结方面主要有什么规定? … 102
98. 什么是民族区域自治制度? …………………………………… 102
99. 我国民族区域自治的优势是什么? …………………………… 103
100. 新世纪新阶段民族团结进步事业的内涵是什么? …………… 104
101. 开展民族团结进步表彰活动的意义是什么?首都民族团结进步表彰大会共召开过几次? ……………………………… 105
102. 处理涉及民族宗教因素突发事件的原则和方法是什么? …… 105
103. 北京市的民族工作应坚持"四个服务"方针的内容是什么? … 106
104. 为什么要大力培养选拔少数民族干部? ……………………… 106
105. 对少数民族干部队伍建设有哪些要求? ……………………… 106
106. 国家机关录用公务员对少数民族公民有何特别规定? ……… 107
107. 国家关于民族语言文字的基本政策是什么? ………………… 107
108. 少数民族实行计划生育有什么政策规定? …………………… 107
109. 党和国家关于少数民族风俗习惯的基本政策是什么? ……… 107
110. 宣传报道少数民族的风俗习惯应把握什么原则? …………… 107
111. 我国少数民族主要有哪些传统节日? ………………………… 108
112. 北京市少数民族人口现状及分布特点是什么? ……………… 110
113. 什么是规范化清真食品经营专柜? …………………………… 110
114. 对于公民变更、恢复民族成分的规定有哪些? ……………… 110
115. 统战部门在民族工作方面的职责有哪些? …………………… 111
116. 如何帮助民族地区更多地培养企业经营管理人才、专业技术人才和技能人才? ……………………………………… 112

第六部分　宗教工作 ··· 113

117. 什么是宗教？我国有哪些宗教和宗教团体？ ················· 113
118. 什么是佛教？ ·· 113
119. 什么是道教？ ·· 114
120. 什么是伊斯兰教？ ·· 114
121. 什么是天主教？ ·· 114
122. 什么是基督教？ ·· 115
123. 马克思主义宗教观的基本内容是什么？ ······················· 115
124. 什么是基督教、天主教"三自"爱国运动？ ······················· 116
125. 如何正确认识和对待宗教？ ··· 116
126. 新世纪新阶段宗教工作的重要地位是什么？ ··············· 117
127. 新世纪新阶段党对宗教问题的基本观点和基本政策是什么？ ··· 117
128. 新世纪新阶段党的宗教工作基本方针的"四句话"是什么？ ···· 118
129. 如何认识我国宗教的"五性"？ ··· 118
130. 如何全面正确地贯彻宗教信仰自由政策？ ······················· 120
131. 什么是依法管理宗教事务？ ··· 120
132. 如何积极引导宗教与社会主义社会相适应？ ··············· 121
133. 加强爱国宗教力量建设的三项主要工作是什么？ ······· 121
134. 衡量宗教工作的标准是什么？ ··· 121
135. 对宗教工作干部的要求是什么？ ······································· 122
136. 妥善处理民族宗教问题应坚持"四个维护"的具体含义是什么？
　　 ·· 122
137. 我国宪法中关于宗教方面有何具体规定？ ······················· 122
138. 《宗教事务条例》是什么时候颁布的？其主要内容是什么？ ··· 122
139. 《北京市宗教事务条例》的主要内容是什么？ ··············· 123
140. 为什么设立宗教活动场所必须登记？ ······························· 123
141. 宗教活动场所应履行的义务是什么？ ······························· 123
142. 正常的宗教活动是指什么？ ··· 123
143. 落实宗教团体的房产政策有何具体规定？ ······················· 124
144. 如何尊重在华外国人的宗教信仰自由，保护外国人正常宗教
　　 活动？ ·· 125

- 145. 外国人在中国境内进行宗教活动应遵守哪些规定? …… 125
- 146. 为什么共产党员不能信仰宗教? …… 125
- 147. 宗教与封建迷信的区别是什么? …… 126
- 148. 宗教与邪教的区别是什么? …… 126

第七部分　经济领域（新的社会阶层人士）的统战工作　127

- 149. 新的社会阶层人士的范围是什么? …… 127
- 150. 新的社会阶层人士有什么特点? …… 127
- 151. 开展新的社会阶层人士统战工作意义是什么? …… 129
- 152. 如何理解加强新的社会阶层人士统战工作的方针? …… 130
- 153. 开展新的社会阶层人士统战工作的机制和方法是什么? …… 131
- 154. 如何引导新的社会阶层人士做合格的中国特色社会主义事业的建设者? …… 131
- 155. 怎样做好新的经济组织和社会组织的统一战线工作? …… 132
- 156. 如何建立和完善新的社会阶层人士评价体系? …… 133
- 157. 民主党派如何根据自身特点开展有代表性的新的社会阶层人士的工作? …… 134
- 158. 如何推进新的社会阶层代表人士队伍建设? …… 135
- 159. 如何发挥非公有制经济人士在促进经济社会发展中的作用? …… 136
- 160. 什么是非公有制经济? …… 138
- 161. 非公有制经济人士的基本特征有哪些?新世纪新阶段党对非公有制经济人士的工作方针是什么? …… 139
- 162. 统战部门怎样引导非公有制经济人士加强思想道德建设? …… 140
- 163. 新世纪新阶段工商联的性质、任务和工作重点是什么? …… 141
- 164. 怎样发挥工商联作为党和政府联系非公有制经济人士的重要桥梁和纽带作用? …… 142
- 165. 怎样发挥工商联作为政府管理非公有制经济的重要助手作用? …… 143
- 166. 如何加强统战部对工商联党组的领导? …… 143
- 167. 什么是原工商业者?什么是"三小"? …… 144
- 168. 什么是光彩事业?它的意义和效果怎样? …… 145
- 169. 统战部门为经济社会发展服务的职能和特点是什么?与经济部门有什么不同? …… 146

第八部分　港澳台海外统战工作 …… 147

170. 港澳台海外统战工作的对象有哪些?怎样认识和处理大陆同胞和港澳同胞、台湾同胞、海外侨胞的关系? …… 147
171. 港澳台海外统战工作的指导思想和方针是什么? …… 148
172. "一国两制"条件下的港澳统战工作的特点和任务是什么? … 149
173. 如何增强港澳同胞的国家观念和民族意识? …… 150
174. 统一战线在实现祖国完全统一的进程中的优势和作用? …… 151
175. 如何发展壮大爱国、爱港、爱澳力量? …… 152
176. 《中华人民共和国香港特别行政区基本法》是什么时间颁布、实施的? 其主要内容是什么? …… 152
177. 《中华人民共和国澳门特别行政区基本法》是什么时间颁布、实施的? 其主要内容是什么? …… 153
178. "和平统一、一国两制"的内涵是什么? …… 154
179. 江泽民同志提出"八项主张"的内容是什么? …… 156
180. 胡锦涛总书记就新形势下发展两岸关系提出的四点意见的内容是什么? …… 156
181. 为什么说对台工作要深入贯彻寄希望于台湾人民的方针? …… 157
182. 《反分裂国家法》是什么时间颁布、实施的? 其主要内容是什么? …… 157
183. "台独"的实质和危害是什么? …… 158
184. 对台宣传的指导思想和重点是什么? …… 158
185. 台胞、台属指的是哪些人? …… 160
186. 台胞来祖国大陆定居有何新的政策? …… 160
187. 如何确认北京市居民的台湾省籍? …… 161
188. 《台湾同胞投资保护法》主要有哪些内容? …… 161
189. 什么是华侨、华人、华裔、归侨、侨眷? …… 161
190. 《中华人民共和国归侨侨眷保护法》是什么时间颁布、实施的? 其主要内容是什么? …… 162
191. 如何认识新形势下加强侨务工作的重要性? …… 162
192. 新世纪新阶段侨务工作的基本方针是什么? …… 163
193. 当前和今后一个时期侨务工作的主要任务是什么? …… 164

194. 为什么要在留学人员中开展统一战线工作? ……………………… 167
195. 开展留学人员统战工作的方针、原则和工作范围是什么? …… 168
196. 开展归国留学人员统战工作的主要任务有哪些? …………… 168
197. 开展海外留学人员统战工作的主要任务有哪些? …………… 169
198. 如何引导留学人员通过各种方式为国家的经济建设服务? … 170
199. 大陆教育主管部门何时颁布并实施《台湾学生奖学金管理暂行办法》? 主要内容是什么? ………………………………… 171

第九部分 基层统战工作 …………………………………………… 172

200. 区县统战工作的基本任务是什么? ………………………… 172
201. 区县统战工作的领域、对象和职责是什么? ………………… 172
202. 区县统战工作的基本原则是什么? ………………………… 173
203. 区县统战工作的主要方法有哪些? ………………………… 173
204. 国有企业统战工作的范围和职责是什么? ………………… 174
205. 国有企业统战工作的主要内容是什么? …………………… 174
206. 如何建立健全国有企业统战工作机制? …………………… 176
207. 国有企业开展"爱献做"活动的内容是什么? ……………… 176
208. 新世纪新阶段高校统战工作的对象主要有哪些? ………… 176
209. 高校统战工作的主要任务有哪些? ………………………… 177
210. 如何加强高校统战工作的规范化和制度化建设? ………… 179
211. 加强高校党委统战工作机构建设有什么新要求? ………… 179
212. 加强社区统战工作的重要意义是什么? …………………… 180
213. 社区统战工作的指导思想和主要任务是什么? …………… 180
214. 社区统战工作的基本方法有哪些? ………………………… 181

第十部分 加强党的领导和加强统战部门自身建设 ……………… 184

215. 各级党委应如何重视统战工作? …………………………… 184
216. 如何按照中央的要求配备好党委统战部长? ……………… 186
217. 统战部门怎样抓大事、议大事? …………………………… 186
218. 统战部门的基本职能是什么? ……………………………… 187
219. 如何加强统战部门建设? …………………………………… 188
220. 把统战部门建成"党外人士之家"活动的内容是什么? …… 189

221. 周恩来同志为统一战线干部制定的六条准则是什么？ …………… 190
222. 新世纪新阶段统战干部应具备哪些基本素质？ ………………… 190
223. 统战干部应具备的基本功是什么？ ……………………………… 192
224. "五型"干部指什么？ …………………………………………… 192
225. 北京市统战干部行为规范的具体要求是什么？ ………………… 193
226. 统一战线的基本工作方法有哪些？ ……………………………… 193
227. 怎样与党外人士广交、深交朋友？ ……………………………… 194
228. 统战部门开展调查研究必须坚持哪四项原则？ ………………… 195
229. 北京市建立了哪两个统战理论研究基地？基地的任务是什么？ … 196
230. 统战部门为统战对象办实事的指导思想、范围和内容、方法步骤是什么？ …………………………………………………………… 198
231. 新世纪新阶段"六个纳入"的内容和要求是什么？ …………… 199

第十一部分　人民政协工作 ………………………………………… 201

232. 什么是中国人民政治协商会议？ ………………………………… 201
233. 人民政协是什么性质的组织？其特点是什么？ ………………… 201
234. 人民政协为什么能在国家政治生活中发挥重要作用？ ………… 202
235. 新世纪新阶段中共中央加强人民政协工作的决定有哪些新内容？ ……………………………………………………………… 202
236. 人民政协的职能是什么？ ………………………………………… 203
237. 人民政协在新世纪新阶段的任务是什么？ ……………………… 204
238. 什么人可以担任政协委员？政协委员是怎样产生的？ ………… 204
239. 政协委员有哪些权利和义务？ …………………………………… 205
240. 北京市政协委员在任职期间有哪些待遇？ ……………………… 205
241. 政协政治协商的主要内容是什么？有哪些主要形式？ ………… 206
242. 政协民主监督的主要内容是什么？有哪些主要形式？ ………… 206
243. 政协参政议政的主要内容是什么？有哪些主要形式？ ………… 206

第十二部分　人民团体和参事室、文史馆、社会主义学院工作 ……… 208

244. 各人民团体和统一战线的关系是什么？ ………………………… 208
245. 什么是中华全国工商业联合会？ ………………………………… 208
246. 什么是中华全国归国华侨联合会？ ……………………………… 209

- 247. 什么是中华全国台湾同胞联谊会? ············ 209
- 248. 什么是中华全国青年联合会? ············ 210
- 249. 什么是欧美同学会? ············ 210
- 250. 什么是黄埔军校同学会? ············ 210
- 251. 什么是中国和平统一促进会? ············ 211
- 252. 什么是中华职业教育社? ············ 211
- 253. 新世纪新阶段参事室的性质和任务是什么? ············ 212
- 254. 新世纪新阶段文史研究馆的性质和任务是什么? ············ 213
- 255. 社会主义学院的性质和任务是什么? ············ 213

后 记 ············ 215

第一部分　中国统一战线的历史发展

1. 中国共产党的统一战线经历了哪几个历史发展阶段？

在80多年的历史进程中，中国共产党领导的统一战线经历了新民主主义革命、社会主义革命和建设以及改革开放和社会主义现代化建设等不同的历史时期。

在新民主主义革命时期，统一战线的历史发展可以分为四个阶段：（1）统一战线的产生和第一次国共合作（1921—1927年）。（2）第二次国内革命战争时期的统一战线（1927—1937年）。（3）抗日民族统一战线和第二次国共合作（1937—1945年）。（4）第三次国内革命战争，即解放战争时期的人民民主统一战线（1945—1949年）。

新中国成立后的统一战线也可以分为四个阶段：（1）新中国成立初期（1949—1956年）。（2）开始全面建设社会主义时期（1957—1966年）。（3）文化大革命时期（1966—1976年）。（4）社会主义现代化建设新时期（1976年至今）。党领导的统一战线在各个时期均有特定的任务、范围和战略目标。在当前的以经济建设为中心的新的历史时期，党领导的统一战线是以工农联盟为基础的，有各民主党派和人民团体参加的，包括全体社会主义劳动者、社会主义事业建设者、拥护社会主义的爱国者和拥护祖国统一的爱国者，包括台湾同胞、港澳同胞和国外侨胞在内的广泛的爱国统一战线。

2. 新民主主义革命时期的统一战线是怎样发展的？

在新民主主义革命时期，统一战线的历史发展经历了四个阶段：

（1）统一战线的产生和第一次国共合作（1921—1927年）

1921年7月中国共产党成立。1922年7月中国共产党第二次全国代表大会作出了建立"民主的联合战线"的决议。1923年6月，中国共产党第三次全国代表大会对国共合作的方针和办法作出正式的决定。1924年1月，孙中山在广州召开国民党第一次全国代表大会，在事实上确立了"联俄、联共、扶助农工"的三大革命政策，完成了国民党的改组。国民党"一大"的成功召开，标志着以国共合作为基本形式的各革命阶级的统一战线正式形成。

中国共产党统一战线策略的成功，形成了第一次国共合作，开创了反帝反封建革命的新局面。但由于当时我们党缺乏革命斗争经验，对马克思主义和中国革命斗争实践的结合没有深刻的认识，当时党的主要负责人的软弱退让，拱手让出了党对革命统一战线和武装力量的领导权，解除了已有的工农革命武装，在强大敌人的袭击下，最终使党完全丧失制止和打败大地主、大资产阶级叛卖革命的能力。这是第一次国内革命战争时期统一战线工作的沉痛教训。这个阶段，在党的文件和党的主要领导人讲话、文章中，一般将统一战线称作"联合战线"。

（2）土地革命时期的统一战线（1927—1937年）

第一次大革命失败后，中国革命转入低潮。1931年"九一八"事变后，中华民族同日本帝国主义的矛盾上升为主要矛盾。1935年8月1日，中共中央发表《为抗日救国告全体同胞书》（即著名的《八一宣言》），号召停止内战，一致抗日。12月，中共中央在陕北瓦窑堡召开政治局扩大会议，确定了建立最广泛的抗日民族统一战线的策略路线。1936年9月1日，中共中央向党内发出《关于逼蒋抗日问题的指示》，适时地将"抗日反蒋"的方针调整为"逼蒋抗日"方针。这年12月12日，发生了震惊中外的西安事变。在中国共产党的努力下，事变获得了和平解决，迫使蒋介石同意停止内战，共同抗日，基本确定了国共合作的格局。

（3）抗日民族统一战线和第二次国共合作（1937—1945年）

1937年7月7日，爆发了卢沟桥事变。中国共产党立即号召全中国同胞、政府、军队团结起来，抵抗日寇。中国的全面抗战自此开始。9月22日，国民党中央通讯社公布《中共中央为公布国共合作宣言》。次日，蒋介石发表《对中国共产党宣言的谈话》。事实上宣布承认了中国共产党的合法地位。至此，第二次国共合作形成。

党在整个抗日战争期间，坚持了抗日民族统一战线。为了联合国民党共同抗日，制止国民党顽固派对日妥协和反共倾向，以毛泽东为首的中共中央针锋相对地提出了"坚持抗战，反对投降；坚持团结，反对分裂；坚持进步，反对倒退"的三大口号。在党内批判了以王明为代表的放弃统一战线领导权的投降主义路线，坚持了中国共产党在统一战线中的独立自主的原则，同国民党顽固派进行坚决的斗争，粉碎了国民党顽固派的三次反共高潮。共产党领导的抗日武装力量得到很大发展，抗日根据地不断扩大。党在各根据地普遍建立"三三制"的统一战线政权，实行减租减息，实行公私兼顾、劳资两利的工商政策，争取团结了民族资产阶级、开明士绅和其他中间力量。党建立了同民主党派和无党派爱国人士的合作关系，获得广大的同盟者。

抗日战争时期，是党的统一战线政策趋于完善和成熟的时期，毛泽东的统一战线思想在抗日民族统一战线的实践中有很大发展。他提出了独立自主原则；又团结又斗争的政策；发展进步势力，争取中间势力，孤立顽固势力的方针；"有理、有利、有节"，"利用矛盾，各个击破"的斗争策略等等。

抗日民族统一战线的形成，中国共产党对抗日民族统一战线的领导权的坚持，为抗日战争的胜利创造了有利的条件。在这期间，毛泽东作出了统一战线、武装斗争和党的建设是中国革命三大法宝的著名论断。这一时期的统一战线称"抗日民族统一战线"。

(4) 解放战争时期的人民民主统一战线（1945—1949年）

抗日战争胜利以后，全国人民强烈要求和平民主，而以蒋介石为首的国民党统治集团，在美国支持下，积极准备发动反人民的内战。为了争取和平，1945年8月28日，毛泽东、周恩来等同志赴重庆同国民党进行谈判，签订了《双十协定》，并推动召开了政治协商会议。但是，蒋介石集团在美国支持下，背信弃义，悍然撕毁停战协议和政协协议，发动了全面内战。蒋介石政权的反动、卖国、独裁，激起了全国人民更加广泛、高涨的争取和平、民主斗争的开展。在抗战后期和解放战争中先后产生的中国民主同盟、中国民主建国会、中国民主促进会、九三学社、台湾民主自治同盟、中国国民党革命委员会以及抗战前建立的中国致公党、中国农工民主党等民主党派，与中国共产党携手合作，共同战斗。

在共产党统一战线政策的号召下，国民党统治区的爱国民主运动日益高涨，反美反蒋斗争遍及全国60多个大中城市，形成了反对蒋介石集团的第二条战线，有力地配合了人民解放军直接打击国民党军队的第一条战线，使蒋介石集团陷入全民的包围之中。

随着人民解放战争即将在全国范围取得胜利，1948年，中共中央发布《"五一"劳动节口号》，号召召开新的政治协商会议，筹备建立民主联合政府。这一号召得到全国各族人民、各民主党派、各人民团体及海外侨胞的迅速响应。1949年9月，具有重大历史意义的中国人民政治协商会议第一届全体会议隆重开幕。会议讨论通过了具有临时宪法性质的《中国人民政治协商会议共同纲领》，选举了以毛泽东为主席的中央人民政府委员会。同年10月1日，北京30万人齐集天安门广场，隆重举行开国大典。中华人民共和国宣告成立，人民民主统一战线进入了新的发展时期。这一时期，中国共产党领导的是反对蒋介石反动统治的广泛的人民民主统一战线，包括了工人、农民、城市小资产阶级、民族资产阶级、开明士绅、其他爱国分子、少数民族和海外华侨。

3. 社会主义革命和建设时期的统一战线是怎样发展的？

中华人民共和国成立后，中国人民民主统一战线达到了空前广大的规模。建国以后的头三年，中国共产党运用统一战线，推动和组织广大知识分子、各民主党派、民族资产阶级分子和各界爱国人士，投入土地改革、镇压反革命、抗美援朝、思想改造和"三反""五反"运动，进一步提高各族人民的觉悟，孤立和打击了国内外敌人，为巩固人民民主专政、迅速恢复国民经济，发挥了重要的作用。

从1953年起，中国共产党提出了过渡时期总路线。对民族资产阶级和资本主义工商业，采取和平赎买的方针，经过国家资本主义道路和统一战线工作，有计划地实行社会主义改造。1956年社会主义改造基本完成以后，我国不仅实现了资本主义所有制的变革，而且促使资产阶级人们逐步完成了由剥削者到劳动者的转变。

1956年4月25日，毛泽东在中共中央政治局扩大会议上发表《论十大关系》的重要讲话，提出对同中国共产党长期合作的民主党派，采取"长期共存、互相监督"的方针。

关于国内民族问题，中国共产党把马克思主义关于民族问题的基本理论同中国多民族国家的实际相结合，制定了一系列的方针、政策，走出了一条具有中国特色的解决民族问题的正确道路。民族平等、团结，实行民族区域自治，帮助少数民族发展经济文化事业，大力培养使用民族干部，尊重少数民族的语言文字、风俗习惯和宗教信仰，团结教育少数民族上层爱国人士等民族政策，深得全国各族人民的拥护。至1956年，全国除西藏外，都基本完成了民主改革和社会主义改造，从而使各少数民族（有些少数民族跨越一个或两个以上的社会发展阶段）进入了社会主义社会，结成了平等、团结、互助的社会主义新型民族关系。由于西藏的情况比较特殊，中央决定西藏的民主改革和社会主义改造往后延缓，什么时候进行，要待条件成熟后再定。1959年发生了达赖集团的武装叛乱，从而使西藏的民主改革和社会主义改造提前到来。通过平叛斗争和民主改革，西藏也进入了社会主义社会。

中国共产党全面贯彻了宗教信仰自由政策，团结教育了广大的信教群众和宗教界爱国人士，开展了反帝爱国运动，使教会割断了同帝国主义的联系，清除了帝国主义的势力；并且在伊斯兰教和藏传佛教中进行宗教制度的改革，废除了封建特权和压迫的剥削制度。

自中华人民共和国成立到1957年反右派斗争以前的7年，中国共产党的方针政策是正确的，各方面的统一战线工作都取得了显著的成就，是新中国成立以来我国人民民主统一战线光辉灿烂的时期。

1957年下半年以后，中国共产党在指导方针上出现了左倾错误，导致了反右派斗争的严重扩大化以及反地方民族主义的扩大化，使统一战线内部关系和民族关系紧张。当中共中央觉察了这一错误后，采取相应的方针和措施，主动调整关系，在一定程度上使紧张关系有所缓解。

1966年"文化大革命"开始后的十年内乱时期，统一战线遭到严重破坏。

4. 改革开放以来新时期爱国统一战线是怎样发展的？

1978年12月中共十一届三中全会后，我国进入了以经济建设为中心的新的历史时期，统一战线也进入了爱国统一战线新的发展阶段。

1979年2月，中共中央批准了中共中央统战部《关于建议为全国统战、民族、宗教工作部门摘掉"执行投降主义路线"帽子的请示报告》，撤销了1964年强加给李维汉的所谓"长期以来在统一战线、民族、宗教工作方面坚持一条反党、反中央、反毛主席的修正主义路线，反对无产阶级专政，反对社会主义革命，向资产阶级和封建农奴主投降，严重损害了党的事业"的罪名，明确指出，给统一战线工作和民族、宗教工作扣上"执行投降主义、修正主义路线"的罪名，是完全没有根据的，应一律推倒。

1979年6月15日，全国政协五届二次会议开幕，邓小平作了题为《新时期的统一战线和人民政协的任务》的开幕词，讲话阐明了我国社会阶级状况的根本变化，新时期统一战线的性质、任务、范围和方针政策，成为新时期统一战线工作的纲领性文件。此后，在党中央领导下，党的各级组织部门、统战部门积极落实各项统战政策，妥善处理历史遗留问题，在全国复查平反了大量冤假错案，并采取措施调整各方面的社会关系。认真落实知识分子政策，明确提出知识分子是工人阶级的一部分。支持民主党派恢复活动，推动他们在国家政治生活、经济建设和文教、科技等领域积极发挥作用。

1979年9月，邓小平同志将新时期统一战线称为"革命的爱国的统一战线"，1981年党的十一届六中全会通过的《关于建国以来党的若干历史问题的决议》把"革命的爱国的统一战线"提法改为"爱国统一战线"。爱国统一战线的提法，一直延续至今。

共产党同各民主党派在共同致力于社会主义的总目标下，结成了一种新型的社会主义政党关系。1982年党的十二大提出了党同民主党派实行"长期共存、互相监督、肝胆相照、荣辱与共"的方针。1987年中共十三大提出了"共产党领导下的多党合作和政治协商制度"，并把完善这一制度作为政治体制改革的一项重要内容。1989年，根据邓小平同志的提议，制定了《中共中央关于坚持和完善中国共产党领导的多党合作和政治协商制度的意见》。在1993年八届人大一次会议通过的宪法修正案中，明确规定："中国共产党领导的多党合作和政治协商制度将长期存在和发展。"这样，就使中国共产党领导的多党合作和政治协商制度走向规范化、制度化，有了明确的法律依据。

1980年到1981年，中共中央书记处先后召开西藏、云南、新疆和内蒙等省、自治区工作的会议，认真解决落实党的民族政策等方面的问题。1982年3月，中共中央又制定了《关于我国社会主义时期宗教问题的基本观点和基本政策》，科学分析了宗教在历史上发生、发展和消亡的客观规律，系统阐明了党对宗教问题的基本观点和基本政策。这是中国共产党在宗教工作方面一个重要的马克思主义的文件。

20世纪80年代初，邓小平创造性地提出"一国两制"的构想，标志着对台工作进入了一个新阶段。1995年1月30日，江泽民总书记发表了《为促进祖国统一大业的完成而继续奋斗》的讲话，就和平解决台湾问题提出了八点意见。在"一国两制"方针指引下，中英、中葡已经就中国对香港、澳门恢复行使主权的问题达成了协议；对台工作也有很大的进展，海峡两岸各项交流交往日益增加。

在新的历史时期，爱国统一战线得到了空前的发展并形成了两个范围的联盟：一个是大陆范围内由全体社会主义劳动者和拥护社会主义爱国者组成的、以爱国主义和社会主义为政治基础的联盟；另一个是大陆范围外以爱国和拥护祖国统一为政治基础、团结台湾同胞、港澳同胞和海外侨胞的联盟。这就改变了过去统战工作主要在大陆范围内做工作的旧格局，形成了"立足大陆、三个面向"（面向台湾、面向港澳、面向世界）开放型的新格局。

党的十四大提出要推进以完善人民代表大会制度、共产党领导的多党合作和政治协商制度为主要内容的政治体制改革。新时期，爱国统一战线在邓小平建设有中国特色社会主义理论和党的基本路线的指引下，发扬党的统战工作的优良传统，围绕经济建设这个中心，在充分发挥统一战线中各界群众的爱国主义、社会主义的积极性、主动性、创造性方面，在为我们党和政府广交朋友、广纳群言、广求善策方面，在为促进政治稳定、促进改革开放、促进经济发展、促进社会进步、促进祖国统一、促进世界和平与发展等方面，不断作出贡献。

党的十五大提出，要巩固和发展广泛的爱国统一战线。坚持和完善共产党领导的多党合作和政治协商制度。坚持"长期共存、互相监督、肝胆相照、荣辱与共"的方针，加强同民主党派合作共事，巩固我们党同党外人士的联盟。继续推进人民政协政治协商、民主监督、参政议政的规范化、制度化，使之成为党团结各界的重要渠道。鼓励、引导个体、私营等非公有制经济健康发展，做好对非公有制经济人士的工作。全面贯彻党的民族政策，坚持和完善民族区域自治制度，切实加强民族工作，巩固和发展平等、团结、互助的社会主义民族关系，促进各民族共同繁荣进步。认真贯彻党的宗教政策、侨务政策。按照"一国两制"的原则，推进祖国和平统一。

党的十六大提出，要坚持和完善共产党领导的多党合作和政治协商制度。坚持"长期共存、互相监督、肝胆相照、荣辱与共"的方针，加强同民主党派合作共事，更好地发挥我国社会主义政党制度的特点和优势。保证人民政协发挥政治协商、民主监督和参政议政的作用。巩固和发展最广泛的爱国统一战线。全面贯彻党的民族政策，坚持和完善民族区域自治制度，巩固和发展平等团结互助的社会主义民族关系，促进各民族共同繁荣进步。全面贯彻党的宗教信仰自由政策，依法管理宗教事务，积极引导宗教与社会主义社会相适应，坚持独立自主自办的原则。认真贯彻党的侨务政策。实现祖国的完全统一，是海内外中华儿女的共同心愿。要坚定不移地实行"一国两制"方针，严格按照香港基本法和澳门基本法办事，全力支持香港和澳门两个特别行政区行政长官和政府的工作，广泛团结港澳各界人士，共同维护和促进香港和澳门的繁荣、稳定和发展。坚持"和平统一、一国两制"的基本方针和现阶段发展两岸关系、推进祖国和平统一进程的八项主张，同台湾同胞一道，加强两岸人员往来和经济文化等领域的交流，坚决反对台湾分裂势力。

5. 新世纪新阶段爱国统一战线有哪些新发展？

随着改革开放和社会主义市场经济的发展，我国社会结构深刻变革，利益关系深刻调整，各种深层次矛盾不断显现，把握新的社会阶层人士特点，妥善处理社会各阶层的利益关系，充分发挥社会各阶层在推动经济社会更快更好发展中的作用，成为新世纪新阶段统一战线工作新的着力点。解决台湾问题，坚持做好对台湾人民的工作，在爱国主义旗帜下实现祖国完全统一是海内外中华儿女的共同心愿。就国际来讲，当今世界国际形势继续发生深刻复杂变化。和平、发展、合作是不可阻挡的时代潮流，我国发展正面临着难得的历史机遇，也面临着严峻挑战。

以胡锦涛同志为总书记的党中央在推进中国特色社会主义事业的伟大进程中，高度重视和发挥统一战线的作用，进一步加强和改善党对统战工作的领导，深入分析和研究统一战线发展的重大理论和实践问题，提出了许多重要的新思想、新观点和新举措，并就加强统一战线工作采取了一系列重大举措，先后颁发加强统一战线、多党合作、人民政协、民族、宗教、西藏和侨务工作等方面的文件，丰富和发展了党的统一战线理论和方针政策，不断推动新世纪新阶段统一战线事业蓬勃发展。

第二部分　统一战线的基本理论

6. 统一战线的涵义是什么？

统一战线是一个政治概念。统一战线就广义而言，是指不同的社会政治力量（包括阶级、阶层、政党、集团乃至民族、国家等）在一定的历史条件下，为了实现一定的共同目标，在某些共同利益的基础上组成的政治联盟。简要地说，统一战线就是一定社会政治力量的联合。

我们现在讲的统一战线，专指在马克思主义的理论指导下，由无产阶级及其政党组织和领导的统一战线。无产阶级及其政党领导的统一战线，是无产阶级为了实现自己的历史使命，实现各个时期特定的战略目标和任务，团结本阶级各个阶层和政治派别，并同其他阶级、阶层、政党及一切可能团结的力量，在一定的共同目标下结成的政治联盟。因此，这个统一战线就是解决无产阶级解放运动中的自身团结统一和同盟军的问题。

无产阶级及其政党领导的统一战线是无产阶级解放运动的一部分，这个统一战线有三个显著的特点：第一，无产阶级是统一战线的组织者和领导者。第二，无产阶级及其政党领导的统一战线具有广泛的群众基础。第三，统一战线是无产阶级政党的长期战略，贯穿于无产阶级解放运动的始终。

中国共产党领导的统一战线经历了新民主主义革命、社会主义革命和社会主义建设等不同的历史时期。党的十一届三中全会以后，我国进入了改革开放和社会主义现代化建设的历史新时期，爱国统一战线成为有各民主党派和各人民团体参加的，包括全体社会主义劳动者、社会主义事业的建设者、拥护社会主义的爱国者和拥护祖国统一的爱国者的最广泛的联盟。它的任务主要是团结一切可以团结的力量，调动一切积极因素，为建设中国特色的社会主义、统一祖国、振兴中华服务。

7. 如何认识统一战线是马克思主义基本战略策略问题？

无产阶级只有解放全人类，才能最后解放自己。这是长期的奋斗历程，也是无比艰巨的事业。无产阶级为了完成自己的历史使命，实现各个时期特定的战略目标和任务，必须团结本阶级各个阶层和政治派别，并同其他阶级、阶层、政党及一切可能团结的力量结成广泛的统一战线。马克思、恩格斯早在《共产党宣言》中就提出，全世界无产者联合起来，并强调共产党人到处都努力争取全世界民主政党之间的团结和协调，创立了无产阶级统一战线理论。列宁在领导俄国革命的实践中也反复强调，要利用一切机会来获得大量的同盟者，这对于无产阶级夺取政权以前和以后的时期都是同样适用的；谁不懂得这一点，谁就是丝毫不懂得马克思主义。中国共产党把马克思主义基本原理同中国具体实际相结合，始终把统一战线作为中国革命、建设和改革的一个基本问题，作为党开展工作、团结人民、夺取胜利的一个重要法宝，在实践中丰富和发展了马克思主义统一战线理论。以毛泽东同志为核心的党的第一代领导集体指出，新民主主义革命要胜利，没有一个包括全民族绝大多数人口的最广泛的统一战线，是不可能的。进行社会主义革命，建设社会主义国家，没有最广泛的统一战线，同样也是不可能的。在改革开放新的历史条件下，以邓小平同志为核心的党的第二代领导集体指出，只要我们加强全国各族人民的大团结，不断发展和壮大统一战线，任何困难都挡不住我们前进，任何阻力都将被我们打破。以江泽民同志为核心的党的第三代领导集体强调，统一战线作为党的一个重要法宝，绝不能丢掉；作为党的一个政治优势，绝不能削弱；作为党的一项长期方针，绝不能动摇。这些思想进一步丰富和发展了马克思主义统一战线理论，具有鲜明的中国特色，有力地推动了党的事业不断从胜利走向胜利。

党的十六大以来，以胡锦涛同志为总书记的党中央，继往开来、与时俱进，从党和国家事业发展全局的战略高度，提出统一战线不仅是我们党夺取革命、建设和改革事业胜利的重要法宝，也是我们党执政兴国的重要法宝，是实现中华民族伟大复兴的重要法宝，进一步向世人宣示了我们党在新的世纪巩固和发展最广泛的爱国统一战线不可动摇的信心和决心；宣示了我们党团结、依靠包括广大统一战线成员在内的全国各族人民，共同致力于全面建设小康社会的真诚愿望。

8. 马克思、恩格斯、列宁关于统一战线的基本思想是什么？

（1）马克思、恩格斯的统一战线思想

第一，无产阶级只有解放全人类，才能最后解放自己，是无产阶级统一战线的根本指导思想。

第二，无产阶级必须加强自身的团结统一。无产阶级内部的团结和统一包括两个方面：一个国家内无产阶级自身的团结和统一；各国无产阶级之间的国际联合。

第三，无产阶级在革命进程中要努力同其他可以参加革命的阶级和社会力量结成联盟。必须联合农民和城市小资产阶级，在反对封建制度的斗争中，只要资产阶级采取革命行动，也要联合资产阶级。

第四，无产阶级政党在同其他阶级和政党联合行动时，必须坚持无产阶级的独立性，实际上就是指无产阶级要争取统一战线领导权。

（2）列宁的统一战线思想

第一，要利用一切机会来获得大量的同盟者，哪怕是极小的机会来获得大量的同盟者。尽管这些同盟者可能是暂时的、动摇的、不稳定的、靠不住的、有条件的。这对于无产阶级夺取政权以前和以后的时期，都是一样适用的。有两种同盟军，一种是直接的，即尽可能地团结一切可以团结的力量；另一种是间接的，即充分利用敌人营垒中的一切矛盾。在这里，根据具体的环境和条件采取必要的妥协，是无产阶级及其政党争取同盟军的一条重要策略原则。

第二，无产阶级的领导权是民主革命彻底胜利以及统一战线取得成功的决定性条件和根本保证。而无产阶级要实现对民主革命的领导权，就必须建立工农联盟。

第三，全世界无产者和被压迫民族联合起来，才能战胜帝国主义，才能使无产阶级和被压迫民族得到解放。

第四，建立工人阶级统一战线，实现工人阶级行动的统一。

第五，建立党与非党的联盟。无产阶级专政是无产阶级同人数众多的非无产阶级的劳动阶层（小资产阶级、小业主、农民、知识分子等等）或同他们中的大多数结成的特种形式的阶级联盟，共产党员和非党员结盟是绝对要的，党同非党知识分子的联合是十分重要的。

第六，实行多党合作。苏维埃政权不只是无产阶级一个阶级的政权，必须吸收代表其他劳动阶级或阶层利益的政党参加。社会主义事业是千百万人民群众的事业，要最大限度地团结和调动群众，就必须对那些有一定群众基础和社会影响并愿意合作的政党采取团结的态度。

第七，对资本主义和资产阶级实行和平赎买政策。

9. 毛泽东统一战线思想包括哪些主要内容？

（1）统一战线是中国革命和建设的一大法宝

中国无产阶级要取得胜利，就必须在各种不同的情形下团结一切可能的革命的阶级和阶层，组织革命的统一战线。统一战线，武装斗争，党的建设，是中国共产党在中国革命中战胜敌人的三大法宝。正确地理解了这三个问题及其相互关系，就等于正确地领导了全部中国革命。

（2）建立包括两个联盟在内的占全民族人口绝大多数的最广泛的统一战线

两个联盟：一个是工人阶级同农民阶级、广大知识分子及其他劳动者的联盟，即工农联盟，是统一战线的基础；一个是工人阶级、农民阶级和全体劳动者同一切可以联合的非劳动者的联盟，这是建立在工农联盟基础上的、更广泛的联盟。

（3）必须坚持党对统一战线的领导权

要坚持和改善党对统一战线的领导，第一，要依靠党的正确的路线和政策。第二，要依靠共产党员的先锋模范作用。第三，要照顾同盟者的利益，并在政治上教育提高同盟者，二者缺一不可。

（4）区分中国资产阶级为官僚资产阶级和民族资产阶级两个不同部分

同官僚资产阶级建立统一战线时，必须坚持独立自主的原则，采取又联合又斗争，以斗争求团结的政策。对民族资产阶级积极的一面进行联合，对其消极的一面进行批评，采取团结、批评、教育的政策。团结民族资产阶级参加新中国的建设，并经过国家资本主义和统一战线工作，逐步实行和平赎买。有偿地、逐步地改变资本主义所有制为社会主义公有制。同时，通过说服教育，把这个阶级的绝大多数人改造成为自食其力的劳动者，并对其代表人物，给予适当的政治安排。

（5）实行又联合又斗争的基本策略原则

对于统一战线中的同盟者有联合，有批评；对于各种不同的同盟者有各种不同性质的联合，有各种不同的批评。处理人民内部矛盾要坚持"团结—批评—团结"的公式，即从团结的愿望出发，经过批评或者斗争，使矛盾得到解决，从而在新的基础上达到新的团结。

（6）坚持原则性和灵活性相结合

无产阶级在统一战线中必须坚持自己的纲领、路线和战略目标，率领同盟者前进并取得胜利；同时要照顾同盟者的利益和要求，在有的情况下做出必要的妥协和让步。这种妥协和让步是为了实现自己的战略目标。

（7）实行共产党领导的多党合作和政治协商

只要共产党以外的其他任何政党，对于共产党是采取合作的而不是敌对的态度，我们是没有理由不和他们合作的。党同民主党派实行"长期共存，互相监督"的方针。

10. 邓小平新时期统一战线理论包括哪些主要内容？

（1）关于统一战线的性质

新时期的统一战线已不再是过去意义上的阶级联盟，发展成为工人阶级领导的、工农联盟为基础的全体社会主义劳动者、拥护社会主义的爱国者和拥护祖国统一的爱国者的联盟，是最广泛的爱国统一战线。

（2）关于统一战线的战略地位和作用

统一战线有其策略性，但更主要的是它的战略性。在社会主义现代化建设的新时期，统一战线仍然是一个重要法宝，不是可以削弱，而是应该加强，不是可以缩小，而是应该扩大。

（3）关于新时期统一战线的任务

统一战线的任务是调动一切积极因素，努力化消极因素为积极因素，团结一切可以团结的力量，同心同德，群策群力，维护和发展安定团结的政治局面，为把我国建设成为现代化的社会主义强国而奋斗，还要为完成祖国和平统一大业而共同努力。

（4）关于统一战线的对象和范围

新时期统一战线要把一切能够联合的力量都联合起来。统一战线的范围以宽为宜，宽有利，不是窄有利。社会主义劳动者之间也有统一战线。

(5) 关于坚持和完善中国共产党领导的多党合作和政治协商制度

各民主党派是各自所联系的一部分社会主义劳动者和一部分拥护社会主义的爱国者的政治联盟,是在中国共产党领导下为社会主义服务的政治力量,要发挥它们参政和监督的作用。实行中国共产党领导的多党合作和政治协商制度,是我国政治制度的一个特点和优点。

(6) 关于团结和依靠知识分子

科学技术是第一生产力,是实现现代化的关键。知识分子是工人阶级的一部分,是社会主义现代化建设的重要依靠力量。要尊重知识,尊重人才,充分调动广大知识分子为社会主义现代化建设服务的积极性。统一战线要做好党外知识分子的工作,统战部门要注意反映知识分子问题的全貌。

(7) 关于发挥原工商业者的作用

"钱要用起来,人要用起来。"有真才实学的人应该使用起来,有钱的可以办工厂。

(8) 关于非公有制经济

在坚持公有制为主体、坚持共同富裕的原则下,发展非公有制经济并加以正确的引导,不会损害社会主义经济,不会产生新的资产阶级。

(9) 关于民族问题

我国各兄弟民族经过民主改革和社会主义改造,早已陆续走上社会主义道路,结成了社会主义的团结友爱、互助合作的新型民族关系。我们的政策是立足民族平等,巩固各民族的大团结,着眼于把民族地区发展起来,促进各民族共同繁荣。民族区域自治制度适合中国的情况,是我们社会制度的优势,要真正实行。要反对大汉族主义和地方民族主义,重点是反对大汉族主义。

(10) 关于宗教问题

要坚持宗教信仰自由政策,扩大同爱国宗教界的统一战线。对于宗教,不能用行政命令办法,宗教方面也不能搞狂热,否则同社会主义,同人民的利益相违背。

(11) 关于人民政协

人民政协是巩固和扩大爱国统一战线的重要组织,也是我国政治体制中发扬社会主义民主、实行多党合作和政治协商、民主监督的重要形式。人民政协能够在建设富强、民主、文明的社会主义现代化中国和统一祖国的宏伟事业中发挥重要的作用。不能把政协搞成国家权力机关。

（12）关于祖国统一

在统一的中华人民共和国范围内，国家主体坚持社会主义制度，台湾、香港、澳门保持原有的资本主义制度长期不变，按照这个原则来推进祖国和平统一大业的完成。这就是"一个国家、两种制度"的构想。实现祖国统一是最大的统一战线问题。要团结台湾同胞、港澳同胞、海外侨胞以及一切热爱祖国的中华儿女，为统一祖国、振兴中华服务。

11. "三个代表"重要思想关于统一战线的理论包括哪些主要内容？

党的十三届四中全会以来，以江泽民同志为核心的第三代中央领导集体，从国内外形势的发展变化和统一战线担负的艰巨任务出发，提出了一系列新的理论观点和政策思想，丰富和发展了毛泽东和邓小平的统一战线思想，形成了"三个代表"重要思想关于统一战线的理论，是新时期统一战线工作的行动纲领。

（1）在统一战线的地位作用方面，强调巩固和发展爱国统一战线是我们党一项事关全局的长远战略方针，是我国政治上的一大优势，也是建设有中国特色社会主义的一大法宝。爱国统一战线是实现广泛团结、凝聚人心、完成新时期总任务的基本保证，是多党合作、参政议政、发扬社会主义民主的有效形式，是协调关系、化解矛盾、维护社会稳定的积极力量，是体察民情、反映民意、密切党同群众联系的重要渠道，是安排人事、合作共事、加强国家政权建设的必要途径，是联络友谊、沟通感情、促进"一国两制"、和平统一的桥梁纽带。爱国统一战线的任务是：高举爱国主义、社会主义旗帜，团结一切可以团结的力量，调动一切积极因素，同心同德，群策群力，为巩固和发展安定团结的政治局面服务，为推进社会主义现代化建设和改革开放服务，为健全社会主义民主和法制服务，为促进"一国两制"、和平统一祖国服务。

（2）在统一战线的本质方面，提出新时期统一战线的本质就在于大团结、大联合。只要有利于建设四化、统一祖国、振兴中华，只要有利于民族团结、社会进步、人民幸福，只要有利于挫败国内外敌对势力的渗透、颠覆与和平演变，不论哪一个阶级、阶层，哪一个党派、集团，哪一个人，我们都要团结。爱国主义具有强大的感召力和凝聚力，爱国与否是最大的政治分野。对台湾同胞、港澳同胞和国外侨胞，应当求爱国和祖国统一之同，存社会制度、意识形态和生活方式之异，只要是爱国，赞成祖国统一，即使不赞成社会主义制度的也要积极争取团结。

（3）在多党合作方面，指出没有中国共产党领导的多党合作，就不可能最大限度地把全民族一切爱国的、进步的力量团结和调动起来，去实现我们共同的奋斗目标。中国共产党领导的多党合作和政治协商制度是我国的一项基本政治制度，是有中国特色社会主义民主政治的重要组成部分。中国的政局要稳定，就必须稳定多党合作这个格局。各民主党派是参政党，不是在野党，更不是反对党。党同各民主党派必须遵循的共同原则是，坚持以邓小平理论为指导，坚持社会主义初级阶段的基本路线和纲领，坚持中国共产党领导的多党合作和政治协商制度，坚持"长期共存、互相监督、肝胆相照、荣辱与共"的方针。搞好政治交接，是支持民主党派加强自身建设的首要任务。

（4）在民族方面，强调民族、宗教无小事。在社会主义时期，民族特点和民族差异将长期存在，我们既不能忽视民族特点和民族差异，也不能人为地扩大民族差异。加强民族团结、促进各民族共同发展和共同繁荣，是社会主义初级阶段民族工作的行动纲领。必须牢固树立汉族离不开少数民族，少数民族离不开汉族，各少数民族之间也相互离不开的思想。各族人民要始终心连心，同呼吸，共命运。民族区域自治制度是我国的一项基本政治制度，它完全符合我国国情与各民族根本利益，要始终不渝地坚持并不断加以完善。加快少数民族和民族地区经济文化等各项事业的发展，是党的民族政策的基本出发点和归宿，也是新时期做好民族工作、增强民族团结的核心问题。民族干部是我们党做好民族工作的骨干力量，又是衡量一个民族发展水平的重要标志，要努力培养一支高素质的少数民族干部队伍。要坚持维护法律尊严、维护人民利益、维护祖国统一、维护民族团结的原则，最大限度地孤立和依法打击极少数民族分裂主义分子，防范和抵制国外敌对势力的渗透破坏。

（5）在宗教方面，指出要全面正确地贯彻执行党的宗教政策，尊重和保护公民信仰自由的权利，坚决反对和纠正任何歧视信教或不信教群众的行为。要依法加强对宗教事务的管理，坚持独立自主自办教会，坚持政教分离的原则，无论哪一种宗教都没有超越国家宪法和法律的特权，都不允许干预行政、司法、教育等国家职能的实施，不允许恢复已被废除的宗教特权和封建压迫剥削制度。要积极引导宗教与社会主义社会相适应，宗教信徒要在政治上热爱祖国、拥护社会主义制度和共产党的领导，同时改革不适应社会主义社会的宗教制度和神学思想，利用宗教教义、宗教教规和宗教道德中的某些积极因素为社会服务。处理同宗教界朋友之间关系的原则是政治上团结合作，信仰上互相尊重。

（6）在非公有制经济方面，明确指出公有制为主体、多种所有制经济共同发展，是我国社会主义初级阶段的一项基本经济制度，非公有制经济是我国社会主义市场经济的重要组成部分。非公有制经济代表人士是新时期统一战线的重要对象。工商联既是爱国统一战线组织，又是中国民间商会，要在党的领导下，配合政府对非公有制经济代表人士进行团结、帮助、引导、教育，帮助他们树立爱国、敬业、守法的思想和行为准则。要坚持"发扬中华民族传统美德，促进共同富裕"的方针，推动光彩事业深入发展。

（7）在知识分子方面，指出知识分子是先进生产力的重要开拓者和知识的传播者，在社会主义现代化建设中发挥着不可替代的重要作用。做好知识分子工作是全党的一项重要任务，加强党同知识分子的联系，是做好知识分子工作的关键。要充分发挥知识分子的作用，创造人尽其才、才尽其用的社会环境，不断改善他们的工作和生活条件，充分调动他们的积极性和创造性。要引导知识分子大力弘扬爱国主义精神、求实创新精神、拼搏奉献精神和团结协作精神，在科教兴国的伟大事业中实现自己的理想和社会价值。

（8）在人民政协方面，指出人民政协是具有中国特色社会主义政治体制的重要组成部分，是我国基本政治制度的一种体现，是推进社会主义民主政治建设的一大创造、一大特色、一大优势。团结和民主是人民政协的两大主题，这两大主题应继续贯穿于人民政协的全部工作中。人民政协不是国家权力机关，也不是行政管理机构，主要职能是政治协商、民主监督、参政议政。了解和反映社情民意是政协履行职能的重要基础和关键环节。围绕党和国家的中心任务开展工作，是人民政协履行职能必须遵循的原则。政协工作要做到尽职不越位，帮忙不添乱，切实不表面。

（9）在祖国统一方面，提出实现祖国完全统一，是全世界所有热爱祖国的中华儿女的共同心愿。要坚持"一国两制"、"港人治港"、"澳人治澳"高度自治的方针，保持香港、澳门的长期稳定、繁荣和发展，为最终解决台湾问题发挥示范作用。坚持一个中国的原则，是实现和平统一的基础和前提，任何制造"台湾独立"的言论和行动，都应坚决反对。我们主张"一国两制"、和平统一，但绝不承诺放弃使用武力，这决不是针对台湾同胞，而是针对外国势力干涉中国统一和搞"台湾独立"图谋的。进行海峡两岸的和平统一谈判，可以吸收两岸各党派、团体有代表性的人士参加。要尽快实现两岸"三通"，大力发展双方经济交流与合作，共同继承和发扬中华文化的优秀传统。祖国统一不能无限期地拖延。做好侨务工作，对于加快改革开放和现代化建设，促进和平统一祖国，具有重要的作用。

（10）在加强党对统战工作的领导方面，指出在社会主义时期，坚持党的领导，仍然是统一战线的核心问题。统战工作是党的政治工作和群众工作的重要组成部分，它贯穿到党的工作的各个方面，必须全党同志一致努力，才能做好。要把有没有统战观念，懂不懂统战政策，会不会做统战工作，作为衡量主要领导干部政治素养、工作水平的一个重要标准。各级党政主要领导同志要带头做统战工作，参加统一战线的重要活动，模范地执行党的统战政策，广交深交党外朋友。要大力加强统一战线宣传工作，扩大统一战线在国内外的影响。统战部作为党委主管统战工作的专门机构，要善于抓大事，抓大的方针政策，当好党委的助手和参谋。

12. 为什么说以胡锦涛同志为总书记的中共中央关于统一战线的重要论述是治国理政思想的重要组成部分？

统一战线是中国革命、建设和改革的一个基本问题，统一战线理论是党的基本理论的重要组成部分。以胡锦涛同志为总书记的党中央高瞻远瞩、总揽全局，继往开来、与时俱进，在推进中国特色社会主义事业的伟大进程中，高度重视和发挥统一战线的作用，进一步加强和改善党对统战工作的领导，深入分析和研究统一战线发展的重大理论和实践问题，提出了许多重要的新思想、新观点和新举措，并就加强统一战线工作采取了一系列重大举措，先后颁发多党合作、人民政协、民族、宗教、西藏和侨务工作等方面的文件，丰富和发展了党的统一战线理论和方针政策，不断推动新世纪新阶段统一战线事业蓬勃发展。特别是在第20次全国统战工作会议上，胡锦涛同志对巩固壮大新世纪新阶段统一战线一系列重大问题所作的精辟而深刻的论述，是党的十六大以来最全面最系统的一次。以胡锦涛同志为总书记的党中央关于统一战线的重要论述，是对毛泽东统一战线思想、邓小平统一战线理论和"三个代表"重要思想统一战线理论的丰富和发展，是十六大以来党中央治国理政思想的重要组成部分，为新世纪新阶段统一战线的巩固发展提供了坚强理论指导。

(1) 从党和国家事业发展全局的高度，进一步强调了新世纪新阶段统一战线的重要地位和作用

第一，统一战线是中国共产党团结一切可以团结的力量，夺取革命、建设、改革事业胜利的重要法宝，是中国共产党执政兴国的重要法宝，是实现祖国完全统一和中华民族伟大复兴的重要法宝。第二，巩固和壮大统一战线，是贯彻落实科学发展观、全面建设小康社会的必然要求，是坚持"和平统一、一国两制"基本方针、推进祖国统一大业的必然要求，是坚持走和平发展道路、为我国发展争取良好国际环境的必然要求，是加强党的执政能力建设和先进性建设、完成党的执政使命的必然要求。第三，要把巩固和壮大统一战线，作为提高党的执政能力的一项重要任务，作为发展中国特色社会主义事业的一项重要任务，作为增强中华民族凝聚力的一项重要任务，摆到全党工作的重要位置，真正抓紧抓实抓好。这些重要论述进一步体现了中国共产党在新的世纪巩固和发展最广泛的爱国统一战线不可动摇的信心和决心，体现了中国共产党团结和依靠包括广大统一战线成员在内的全国各族人民共同致力于全面建设小康社会的真诚愿望。

(2) 根据我国经济社会结构的深刻变化，进一步明确了新世纪新阶段统一战线的性质和特征

新世纪新阶段统一战线已经进一步发展成为全体社会主义劳动者、社会主义事业的建设者、拥护社会主义的爱国者和拥护祖国统一的爱国者的最广泛的联盟，具有空前的广泛性、巨大的包容性、鲜明的多样性和显著的社会性。广泛性是指，随着改革开放的深入和社会主义市场经济的发展，新的社会阶层在我国出现，统战工作对象增多，同时由于"一国两制"的实施，团结的范围进一步扩大。包容性是指，实现中华民族伟大复兴，要把不同阶层、不同群体、不同党派、不同民族、不同信仰以及生活在不同社会制度下的全体中华儿女都团结起来，求同存异、共同奋斗。多样性是指，社会各方面成员在根本利益一致性不断增强的同时，呈现出不同的思想观念、价值取向、行为方式和利益要求，选择性、自主性和差异性日益增强。社会性是指，统战工作由政治领域拓展到经济、文化、社会领域，由大城市拓展到中小城市，由公有制单位拓展到非公有制单位，参与统战工作的部门和组织日益增多。

(3) 根据新形势新任务，进一步明确了新世纪新阶段统一战线的指导思想、基本任务和发展目标

要坚持以马克思列宁主义、毛泽东思想、邓小平理论和"三个代表"重

要思想为指导,全面贯彻落实科学发展观,高举爱国主义、社会主义伟大旗帜,团结一切可以团结的力量,调动一切可以调动的积极因素,化消极因素为积极因素,为促进社会主义经济建设、政治建设、文化建设、社会建设服务,为促进香港、澳门长期繁荣稳定和祖国和平统一服务,为维护世界和平、促进共同发展服务。要把发展作为统一战线广大成员团结奋斗的第一要务,把走中国特色社会主义道路作为统一战线必须牢牢把握的政治方向,把维护团结稳定、促进社会和谐作为统一战线的突出任务,把保持香港、澳门长期繁荣稳定和促进两岸关系和平发展作为统一战线的重要使命,把巩固党的阶级基础、扩大党的群众基础作为统一战线的重要职责,把争取良好的国际环境和周边环境作为统一战线的重大课题,充分发挥统一战线的法宝作用。要全面加强新阶段统一战线建设,努力把新世纪新阶段统一战线建设成为坚持以人为本、具有强大凝聚力的统一战线,使中国共产党与各民主党派、无党派人士的团结更加巩固,社会主义民族关系更加和睦,宗教与社会主义社会更加适应,社会各阶层关系更加协调,大陆同胞和港澳同胞、台湾同胞、海外侨胞联系更加密切,为全面建设小康社会、完成祖国统一大业、实现中华民族的伟大复兴提供最广泛的力量支持。

(4) 从构建社会主义和谐社会的高度出发,阐明了统一战线在处理我国重大政治关系和社会关系中的优势和作用

政党关系、民族关系、宗教关系、阶层关系、海内外同胞关系,是政治领域和社会领域中涉及党和国家工作全局的一些重大关系,也是统一战线需要全面把握和正确处理的重大关系。正确认识和处理这五个方面的重大关系,保持和促进这五个方面的重大关系和谐,事关中国特色社会主义事业的全局,事关构建社会主义和谐社会的进程,事关党和国家的兴旺发达和长治久安。第一,要正确认识和处理中国共产党和民主党派的关系,巩固和发展中国共产党领导的多党合作的政治格局。第二,要正确认识和处理各民族特别是汉族和少数民族的关系,促进各民族共同团结奋斗、共同繁荣发展。第三,要正确认识和处理信教群众和不信教群众、信仰不同宗教群众之间的关系,积极引导宗教与社会主义社会相适应。第四,要正确认识和处理社会各阶层的关系,推动和实现全社会和谐相处、共同发展。第五,要正确认识和处理大陆同胞和港澳同胞、台湾同胞、海外侨胞的关系,在爱国主义旗帜下加强海内外中华儿女的大团结。

（5）从坚持走中国特色社会主义政治发展道路出发，强调进一步坚持和完善中国共产党领导的多党合作和政治协商制度

第一，发展社会主义民主政治、建设社会主义政治文明，最重要的是要坚持和完善人民代表大会制度，坚持和完善中国共产党领导的多党合作和政治协商制度。第二，新世纪新阶段多党合作和政治协商必须坚持和遵循六条重要政治准则，即坚持以马克思列宁主义、毛泽东思想、邓小平理论和"三个代表"重要思想为指导，坚持中国共产党的领导，坚持社会主义初级阶段的基本路线、基本纲领和基本经验，坚持"长期共存、互相监督、肝胆相照、荣辱与共"的基本方针，保持宽松稳定、团结和谐的政治环境，中国共产党和各民主党派都必须以宪法为根本活动准则，负有维护宪法尊严、保证宪法实施的职责。第三，发展是中国共产党执政兴国的第一要务，也是各民主党派参政议政的第一要务，多党合作和政治协商要牢牢把握发展这个根本任务，树立和落实科学发展观，紧紧围绕经济建设这个中心，自觉服务于改革发展稳定的大局，把各方面的智慧和力量凝聚到实现全面建设小康社会的奋斗目标上来，促进社会主义物质文明、政治文明、精神文明的协调发展和人的全面发展，实现中华民族的伟大复兴。第四，把政治协商纳入决策程序，就重大问题在决策前和决策执行中进行协商，是政治协商的重要原则。要不断完善中国共产党同各民主党派的协商，完善中国共产党在人民政协同各民主党派、各界代表人士的协商。第五，中国共产党与民主党派实行互相监督。这种监督是在坚持四项基本原则的基础上通过提出意见、批评、建议的方式进行的政治监督，是我国社会主义监督体系的重要组成部分。由于中国共产党处于领导和执政地位，更加需要自觉接受民主党派的监督。第六，在新世纪新阶段，民主党派是各自所联系的一部分社会主义劳动者、社会主义事业建设者和拥护社会主义爱国者的政治联盟，是接受中国共产党领导、同中国共产党通力合作的亲密友党，是进步性与广泛性相统一、致力于中国特色社会主义事业的参政党。第七，要支持民主党派根据各自章程规定的参政党建设目标，按照坚持中国共产党的领导、发扬社会主义民主、体现政治联盟特点、体现进步性和广泛性相统一的原则，以思想建设为核心，以组织建设为基础，以制度建设为保障，把自身建设提高到新的水平。第八，无党派人士是指没有参加任何党派、对社会有积极贡献和一定影响的人士，其主体是知识分子。发挥无党派人士作用是坚持和完善中国共产党领导的多党合作和政治协商制度的必然要求，要鼓励和支持无党派人士在参

政议政、民主监督中发挥积极作用。

（6）从巩固和发展我国民族团结进步事业出发，就处理民族问题、做好民族工作提出许多新思想、新要求

第一，民族关系，过去、现在、将来都是涉及党和国家工作全局的一个重大关系。能不能正确处理民族关系，在很大程度上决定着我们能不能实现民族团结、促进社会和谐、维护国家统一、保卫领土完整，必须始终全面把握并正确加以处理。第二，要牢牢把握各民族共同团结奋斗、共同繁荣发展的主题。共同团结奋斗，就是要把全国各族人民的智慧和力量凝聚到全面建设小康社会上来，凝聚到建设中国特色社会主义上来，凝聚到实现中华民族的伟大复兴上来。共同繁荣发展，就是要牢固树立和全面落实科学发展观，切实抓好发展这个党执政兴国的第一要务，千方百计加快少数民族和民族地区经济社会发展，不断提高各族群众的生活水平。只有各民族共同团结奋斗，各民族共同繁荣发展才能具有强大动力。只有各民族共同繁荣发展，各民族共同团结奋斗才能具有坚实基础。第三，中国共产党团结带领全国各族人民走出了一条中国特色民族发展道路，形成了平等、团结、互助、和谐的社会主义民族关系。平等是社会主义民族关系的基石，各民族只有一律平等，才能共同行使当家做主的权利，更好地参与国家事务和地方事务的管理。团结是社会主义民族关系的主线，各民族只有同心同德、携手共进，才能巩固和发展民主团结、生动活泼、安定和谐的政治局面，形成中华民族的强大凝聚力和牢固向心力。互助是社会主义民族关系的保障，各民族只有互相支持、互相帮助、优势互补，才能实现共同发展、共同富裕。和谐是社会主义民族关系的本质，各民族只有和睦相处、亲如一家，才能充分发挥中华民族的整体优势和创造活力，更好地实现中华民族的伟大复兴。正确认识和处理我国民族关系，最根本的就是要始终不渝地坚持民族平等，加强民族团结，推动民族互助，促进民族和谐。第四，发展问题是现阶段处理我国民族关系的首要问题，要把加快少数民族和民族地区经济社会发展作为解决我国民族问题的根本途径。第五，民族区域自治作为党解决我国民族问题的一条基本经验不容置疑，作为我国的一项基本政治制度不容动摇，作为我国社会主义的一大政治优势不容削弱。第六，加强人力资源能力建设，提高思想道德素质和科学文化素质，是加快少数民族和民族地区发展的根本之策。要把少数民族干部工作作为管根本、管长远的大事，努力建设一支政治坚定、业务精通、深受各族群众拥护的高素质的少数民族干部队伍。第

七，要紧紧抓住发展和稳定两件大事，把改善农牧民生产生活条件、增加农牧民收入作为西藏经济社会发展的首要任务，确保西藏经济社会跨越式发展，确保国家安全和西藏长治久安，确保西藏各族人民生活水平不断提高。

（7）从维护社会团结稳定和国家长治久安的高度，就处理宗教问题、做好宗教工作提出许多新论述和新要求

第一，必须以科学的历史的观点看待宗教，全面认识宗教产生和存在的深刻历史根源、社会根源、心理根源，全面认识宗教在社会主义社会将长期存在的客观现实，全面认识宗教问题同政治、经济、文化、民族等方面因素相交织的复杂状况，全面认识宗教对相当一部分群众有较大影响的社会现象。第二，党对宗教工作的领导，政府对宗教事务的管理，只能加强，不能削弱。要全面贯彻党的宗教工作基本方针，努力实现宗教与社会和谐相处、各宗教和谐相处、信教群众和不信教群众、信仰不同宗教群众和谐相处。第三，广大信教群众是党的基本群众的重要组成部分，中国共产党代表最广大人民的根本利益，也包括广大信教群众的利益。要坚持政治上团结合作、信仰上互相尊重，努力使广大信教群众在拥护中国共产党的领导和社会主义制度、热爱祖国、维护祖国统一、促进社会和谐等重大问题上取得共识，增强党在信教群众中的吸引力和凝聚力。第四，越是扩大开放，越要抵御渗透，越要把工作做好做实。要把抵御渗透同加强爱国主义、集体主义、社会主义教育结合起来，同解决信教群众生产生活的实际困难结合起来，同提高全体人民的科学文化素质结合起来，同加强党的基层组织和基层政权建设结合起来。第五，要帮助和支持爱国宗教团体加强自身建设，建立一支政治上靠得住、学识上有造诣、品德上能服众的宗教教职人员队伍。

（8）从为实现中华民族伟大复兴凝聚新力量出发，对做好新的社会阶层人士工作作出深刻论述，提出了明确要求

第一，改革开放后出现的新的社会阶层，主要由非公有制经济人士和自由择业的知识分子组成，集中分布在新经济组织、新社会组织之中。做好新的社会阶层人士工作，最大限度地把他们团结起来，充分发挥他们的作用，是巩固党的群众基础的需要，是巩固和发展新世纪新阶段统一战线的需要，也是构建社会主义和谐社会的需要。第二，明确了做好新的社会阶层人士工作的方针，即坚持充分尊重、广泛联系、加强团结、热情帮助、积极引导。要引导新的社会阶层人士爱国、敬业、诚信、守法、贡献，致富思源，富而思进，自觉履行

义利兼顾、扶贫济困的社会责任，积极回馈社会、造福人民，做合格的中国特色社会主义事业建设者。第三，要把新的社会阶层中的各类人才纳入党和政府的工作范围，努力形成与社会主义初级阶段基本经济制度相适应的人才思想观念和人才创业机制。第四，新的社会阶层人士工作是党的群众工作的新领域，统一战线要把新的社会阶层人士工作作为新的着力点，坚持以社团为纽带、社区为依托、网络为媒介、活动为抓手，把新的社会阶层人士更广泛地团结和凝聚在党和政府周围。

（9）从保持港澳长期繁荣稳定、促进祖国完全统一和实现海内外中华儿女大团结出发，就港澳台和海外统战工作作出了许多新的论述

在港澳工作方面："一国两制"是一项开创性的事业，保持香港、澳门长期繁荣稳定是党在新形势下治国理政面临的崭新课题。坚持"一国两制"、"港人治港"、"澳人治澳"、高度自治的方针，是促进香港、澳门长期繁荣稳定的根本保证，也是推动内地同香港、澳门和谐相处、共同发展的根本保证。要全面认识和把握"一国"和"两制"的关系，处理好"不干预"和"有所为"的关系，严格按照宪法和特别行政区基本法办事，支持特别行政区行政长官和政府依法施政，根据实际情况循序渐进地推进香港、澳门政治体制发展，坚决反对外部势力干涉香港、澳门事务。要增强广大香港同胞、澳门同胞国家观念和民族意识，增进香港、澳门各界促进发展、保持和谐的共识，发展壮大爱国爱港、爱国爱澳力量，实现以爱国者为主体的港人治港、澳人治澳。

在对台工作方面：台湾问题事关维护我国重要战略机遇期，事关中华民族的根本利益。要坚持一个中国原则决不动摇，争取和平统一的努力决不放弃，贯彻寄希望于台湾人民的方针决不改变，反对"台独"分裂活动决不妥协。两岸关系要牢牢把握和平发展这个主题。坚持"九二共识"，是实现两岸关系和平发展的重要基础；为两岸同胞谋福祉，是实现两岸关系和平发展的根本归宿；深化互利双赢的交流合作，是实现两岸关系和平发展的有效途径；开展平等协商，是实现两岸关系和平发展的必由之路。对于台湾同胞在特殊历史条件下形成的心态和感情，对于他们由于各种原因对大陆产生的误解和隔阂，要充分体谅包容，努力疏导化解，不断增加共识。只要不支持分裂民族和国家，只要不做损害两岸关系和平发展的事，只要愿意为中华民族伟大复兴作贡献，不论什么政党、什么人，也不论以前说过什么、做过什么，我们都要广泛团结、

积极争取。

在海外侨胞工作方面：几千万海外侨胞具有热爱祖国的光荣传统和报效祖国的强烈愿望，是推进我国现代化建设、实现祖国完全统一和中华民族伟大复兴的重要力量。要以凝聚侨心、汇集侨智、发挥侨力为目标，坚持把维护海外侨胞和归侨侨眷的根本利益作为侨务工作的出发点和落脚点。要鼓励和支持他们关心和参与祖国现代化建设，为祖国建设引进资金、技术、人才牵线搭桥，为我国企业开拓国际市场献计出力；鼓励和支持他们积极传承和传播中华民族的优秀文化，使居住国民众更多地了解中华文化，增强中华文化在世界上的影响力；鼓励和支持他们发挥血缘、亲缘的优势，以共同文化渊源、共同民族感情、共同民族利益为基础，促进两岸同胞的沟通和理解，为遏制"台独"分裂势力及其活动、促进祖国和平统一大业贡献智慧和力量；鼓励和支持他们发挥桥梁和纽带作用，促进祖国同居住国的经济文化交流，为增进中国人民和各国人民的友谊作出贡献。

（10）从加强中国共产党同党外人士的合作共事出发，就培养选拔党外干部提出了许多新论断和新要求

第一，党外干部是党和国家干部队伍的重要组成部分。要坚持干部队伍"四化"方针和德才兼备原则，充分发扬民主，注重实绩和群众公认，努力建设一支政治坚定、素质优良、结构合理、代表性强、同中国共产党亲密合作的党外干部队伍。第二，要把培养选拔党外干部纳入干部队伍建设和人才工作的总体规划，统筹考虑，既遵循干部工作的一般规律，又充分考虑党外干部的特殊性，拓宽选拔渠道，优化党外干部结构，改进和完善选拔任用方式，逐步形成有利于优秀党外干部脱颖而出的机制。第三，要充分发挥党外干部的作用，保证党外领导干部对其分管的工作享有行政管理的指挥权、处理问题的决定权和人事任免的建议权。党外领导干部要自觉服从党组（党委）的领导，切实履行岗位职责。

（11）从推动社会主义政治文明建设出发，就加强人民政协工作提出了许多新的论述

第一，进一步明确了人民政协的性质，指出中国人民政治协商会议是中国人民爱国统一战线的组织，是中国共产党领导的多党合作和政治协商的重要机构，是我国政治生活中发扬社会主义民主的重要形式。第二，提出社会主义民主的两种重要形式，即人民通过选举、投票行使权利和人民内部各方面在重大

决策之前进行充分协商，尽可能就共同性问题取得一致意见。发展社会主义民主政治，建设社会主义政治文明，要善于运用人民政协这一政治组织和民主形式。第三，人民政协的基本属性、主要职能、组织构成、工作原则和活动方式，与构建社会主义和谐社会的要求是完全一致的，同构建社会主义和谐社会的各项工作是紧密相连的。构建社会主义和谐社会，必须充分发挥人民政协的作用。第四，新世纪新阶段人民政协工作必须坚持以马克思列宁主义、毛泽东思想、邓小平理论和"三个代表"重要思想为指导，坚持中国共产党的领导，坚持在宪法和法律范围内开展工作，坚持社会主义初级阶段的基本路线、基本纲领、基本经验，坚持团结和民主两大主题，坚持科学发展观、把促进发展作为人民政协履行职能的第一要务，坚持把实现和维护最广大人民的根本利益作为人民政协工作的出发点和落脚点。

（12）从提高党的执政能力的高度，就加强党对统一战线工作的领导提出了许多新的要求

第一，善于运用统一战线的方式解决改革发展稳定中的问题，是提高党的执政能力、改进党的执政方式的重要体现，也是党政领导干部政治上成熟的重要标志。第二，要按照党总揽全局、协调各方和"精干、统一、高效"的原则，建立健全党委统一领导、统战部牵头协调、各有关部门和人民团体各负其责的体制。第三，各级党委要把统一战线工作摆上重要议事日程，及时研究解决统一战线的重大问题；把统战工作作为党政领导班子工作的考核内容，作为选拔任用领导干部的重要依据；把统战工作纳入宣传、新闻工作计划，扩大统一战线的社会影响；把统一战线理论政策作为各级党校、行政学院、干部学院的重要教学内容，作为培训党政干部的必修课程；把统一战线知识列入国民教育内容；把统一战线理论研究纳入马克思主义理论研究和建设工程。第四，各级党政主要领导同志要带头学习宣传党的统一战线的理论和方针政策，带头贯彻落实统一战线政策，带头参加统一战线的重要活动，带头广交深交党外朋友。第五，要按照政治素质高、工作能力强、具有民主作风、善于处理复杂问题的要求，配强配好统战部门领导班子；要努力建设一支勤奋学习、作风民主、求真务实、团结奉献、开拓创新的统战干部队伍。第六，统战工作必须坚持以人为本，按照尊重人、理解人、帮助人、团结人的要求，做好聚人心、暖人心、稳人心、得人心的工作。

13. 新世纪以来统一战线工作的基本经验是什么？

进入新世纪以来，统一战线始终与国家同发展，与时代共前进，呈现出良好的态势，积累了丰富的经验。概括起来主要是：

（1）巩固和发展最广泛的爱国统一战线，必须把握大方向

统一战线作为广泛的政治联盟，面对复杂多变的国际局势和繁重艰巨的国内建设任务，只有始终坚持以马列主义、毛泽东思想、邓小平理论和"三个代表"重要思想为指导，全面贯彻落实科学发展观，始终坚持中国共产党的领导，才能把广大成员紧密团结凝聚在党的周围，坚定不移地走中国特色社会主义道路。

（2）巩固和发展最广泛的爱国统一战线，必须立足大格局

统一战线历来是为党和国家中心工作服务的，其在国家社会政治生活中地位的高低、作用的大小，关键取决于能否最大限度地把各阶层、各党派、各团体和各界人士的意志、智慧和力量都凝聚到党和国家中心工作上来。因此，只有牢牢把握发展这个第一要务，在围绕中心中定位，在服务大局中尽职，统一战线才能体现价值、发挥优势、有所作为。

（3）巩固和发展最广泛的爱国统一战线，必须促进大团结

实现最广泛的大团结大联合，既是统一战线的安身立命之本，也是衡量统一战线工作成效的重要尺度。统一战线只有充分体现以人为本、求同存异、体谅包容的特点，发挥广交朋友、沟通感情、联络友谊的优势，团结一切可以团结的力量，调动一切积极因素，才能形成新气势、开创新局面，为党和国家事业发展提供广泛、强大而持久的力量支持。

14. 为什么说巩固和壮大统一战线是贯彻落实科学发展观、全面建设小康社会的必然要求？

胡锦涛同志指出："巩固和壮大统一战线，是贯彻落实科学发展观、全面建设小康社会的必然要求。"这一论断进一步强调了统一战线在党和国家大局中的地位和作用，也为新世纪新阶段统一战线发挥作用指明了方向。

我们党的一切奋斗、领导人民推进的一切事业，归根到底都是为了实现最广大人民群众的根本利益，归根到底都要依靠最广大人民来完成。进入新世纪，我们党提出要抓住重要战略机遇期，全面贯彻落实科学发展观，全面建设

惠及十几亿人口的更高水平的小康社会，集中力量加快推进社会主义现代化。这是一项空前伟大的事业，也是一项空前繁重的任务。特别是当前我国正处于发展机遇期和矛盾凸显期相交织的关键时期，随着经济社会的发展和改革开放的推进，我国社会结构深刻变革，利益关系深刻调整，各种深层次矛盾不断显现。这就需要更加精心、更加扎实地做好各方面的工作，更加充分、更加广泛地调动各方面的积极性，更加主动、更加有效地处理和化解各方面的矛盾，把全社会的智慧和力量集聚到全面建设小康社会的大目标上来。

统一战线具有凝聚人心、汇聚力量的重要作用，具有参政议政、民主监督的政治优势，人才荟萃、智力密集的人才优势，协调关系、化解矛盾的功能优势，能够随着形势任务和社会结构的发展变化，源源不断地凝聚和吸纳社会各方面的智慧，广泛充分地激发社会各方面的创造活力。我们必须充分发挥统一战线的优势和作用，调动一切有利于促进科学发展的积极因素，化解一切影响团结稳定的消极因素，坚定不移地抓好发展这个党执政兴国的第一要务，坚定不移地推进改革开放，坚定不移地促进社会和谐，为全面建设小康社会提供广泛而强大的力量支持。

15. 如何认识巩固和壮大统一战线是坚持"一国两制"基本方针、推进祖国统一大业的必然要求？

胡锦涛同志指出："巩固和壮大统一战线，是坚持'一国两制'基本方针、推进祖国统一大业的必然要求"。这一论断既赋予了统一战线新的时代内涵，也为新世纪新阶段统一战线的发展提出了新的要求。

解决台湾问题、实现祖国完全统一，是历史发展大势所趋，是全体中华儿女人心所向，也是中国共产党人的庄严使命。近年来，在我们党的积极推动和各方面的共同努力下，两岸关系中有利于遏制"台独"分裂势力及其活动的积极因素有所增加，两岸关系朝着和平稳定方向发展的势头不断增强，但反对"台独"分裂势力及其活动的形势依然严峻。台湾当局领导人竭力推行"台独"路线，企图通过所谓"宪政改造"谋求"台湾法理独立"，在"台独"分裂的道路上越走越远。"台独"分裂势力及其活动已成为破坏两岸关系稳定和台海和平的最大威胁，成为实现祖国和平统一的最大障碍，严重影响国家安全和现代化建设的大局。加强对台工作，有力打击和有效遏制"台独"分裂势力及其活动，事关维护我重要战略机遇期，事关中华民族的根本利益。要通过多种方式和手段，坚决挫败"台独"分裂图谋，维护国家领土和主权完整，维护两岸关系大局基本稳定，推进祖国和平统一进程。要完成这一重大任务，必须做好台湾人民工作，必须团结一切有利于促进祖国统一的积极力量。我们党和政府坚持一个中国原则，坚持两岸和平发展，既是从中华民族的根本利益出发，也是为台湾人民的福祉着想，其实质就是推动两岸不断求同存异、扩大共识、实现双赢。统一战线联系着广大的港澳同胞、台湾同胞和海外侨胞，在反"台独"、反分裂、促统一方面具有不可替代的作用。我们必须充分发挥统一战线反"独"促统的重要作用，在一个中国原则的基础上，努力求祖国统一、民族复兴之同，存社会制度、生活方式之异，促使两岸同胞联系更广泛、合作更深化、感情更融洽，为早日解决台湾问题创造条件。

16. 为什么说巩固和壮大统一战线是坚持走和平发展道路、为我国发展争取良好国际环境的必然要求？

胡锦涛同志指出："巩固和壮大统一战线，是坚持走和平发展道路、为我国发展争取良好国际环境的必然要求"。这一论断既从更广阔的角度强调了统一战线的重要性，又为统一战线发挥作用开拓了新的空间。

当今世界，国际形势继续发生着深刻复杂的变化。和平、发展、合作是不可阻挡的时代潮流，世界多极化和经济全球化的趋势深入发展，科技进步日新月异，国际产业和技术转移加速进行，我国同世界各国的经济技术合作日益广泛，我国发展正面临着难得的历史机遇。同时，影响和平与发展的不稳定不确定因素增多，国际竞争日趋激烈，地区冲突和摩擦此起彼伏，南北差距拉大，传统安全威胁和非传统安全威胁的因素均有上升的一面，我国发展也面临着严峻挑战。特别值得注意的是，近年来，一些西方国家为了实现他们的全球战略利益，打着"民主"、"自由"、"人权"等旗号，加大对别国的政治渗透，通过"和平的"、"非暴力的"街头政治发动所谓的"颜色革命"等，企图颠覆这些国家的政权，扶植亲西方势力上台。国际敌对势力始终没有放弃对我国实施西化、分化的战略图谋，正加紧对我国进行渗透、破坏活动，其渗透领域不断拓展、手段日益多样、形式更加隐秘。他们的目的，是妄图推翻中国共产党的领导和我国的社会主义制度。在这样的国际环境下，我们必须高举和平、发展、合作的旗帜，奉行独立自主的和平外交政策，坚持走和平发展道路，实施互利共赢的开放战略，既抓住机遇促进我国发展和扩大对外合作，又有力应对来自国际环境的各种挑战，高度警惕和严密防范国际敌对势力的渗透、破坏活动，切实维护我国的安全、主权和利益。

统一战线涉及的政党、民族、宗教等领域，是国际敌对势力对我国进行渗透、破坏的重点领域。进一步巩固和壮大统一战线，充分发挥其独特作用，直接关系到反渗透、反颠覆、反分裂斗争的胜利，关系到中国共产党执政地位的巩固，关系到我国社会主义制度的长期坚持。我们必须充分发挥统一战线对外交往广泛、反渗透反分裂作用突出的特点和优势，团结各党派、各团体、各民族、各阶层和各界人士，坚定不移地走中国特色社会主义道路，努力为改革开放和现代化建设争取良好的国际环境和周边环境，为建设持久和平、共同繁荣的和谐世界作出应有的贡献。

17. 为什么说巩固和壮大统一战线是加强党的执政能力建设和先进性建设、完成党的执政使命的必然要求？

胡锦涛同志在第20次全国统战工作会议上指出："巩固和壮大统一战线，是加强党的执政能力建设和先进性建设、完成党的执政使命的必然要求"。这一论断既充分肯定了统一战线在加强党的执政能力建设和先进性建设的重要作用，又为新世纪新阶段统一战线继续推进党的建设新的伟大工程提出了新的要求。

一个政党夺取政权不容易，执掌好政权尤其是长期执掌好政权更不容易。我们党提出加强执政能力建设和先进性建设的重大战略任务，就是要使我们党始终做到立党为公、执政为民，提高党的领导水平和执政水平，提高拒腐防变和抵御风险能力，始终为人民执好政、掌好权。从世界范围特别是东欧剧变、苏联解体的教训看，人心向背对一个执政党具有决定性意义。古今中外的大量事实表明，政权在手不一定人心在握，不掌握人心最终难以保持政权。我们党作为马克思主义政党，最大优势在于密切联系人民群众，执政后的最大危险在于脱离人民群众。越是执政的时间长，越要防止脱离群众的现象发生。要保持党同人民群众的血肉联系，就要坚持深入了解民情、充分反映民意、广泛集中民智、切实珍惜民力，使党的各项决策和工作符合客观实际、顺应人民意愿，使党从人民群众中获得推进事业发展的不竭力量源泉，使党的执政活动始终最广泛地赢得人心、凝聚人心，真正跳出"其兴也勃、其亡也忽"的历史周期律。

统一战线工作是党特殊的群众工作。长期以来，我们党通过巩固和壮大统一战线，实现最广泛的大团结大联合，扩大了党的执政基础，改善了党的执政方式，丰富了党的执政资源，优化了党的执政环境。实践证明，统一战线什么时候巩固发展，党的执政能力就会增强，党的事业就会顺利发展。新世纪新阶段，统一战线仍然是党加强同各方面群众联系、充分反映社情民意的重要途径，是扩大有序的政治参与和促进决策科学化、民主化的重要途径，是发挥民主监督作用、加强党风廉政建设和反腐败斗争的重要途径。我们必须充分发挥统一战线广泛联系群众、团结群众的重要作用，促进党的执政能力建设和先进性建设，使我们党始终同人民群众同呼吸、共命运、心连心，更好地做到为人民执政、靠人民执政，始终成为全国人民的主心骨，始终成为中国特色社会主义事业的坚强领导核心。

18. 新世纪新阶段怎样发挥统一战线不可替代的法宝作用？

统一战线法宝作用的充分发挥，高度重视是前提，善于运用是关键。在第20次全国统战工作会议上，胡锦涛同志的讲话和《中共中央关于巩固和壮大新世纪新阶段统一战线的意见》明确提出，"统一战线是我们党夺取革命、建设、改革事业胜利的重要法宝，是我们党执政兴国的重要法宝，是实现祖国完全统一和中华民族伟大复兴的重要法宝"。要求全党同志特别是各级领导干部，一定要从继续推进现代化建设、完成祖国统一、维护世界和平与促进共同发展这三大历史任务的战略高度，全面认识和准确把握统一战线工作的重大作用和发展要求，充分认识巩固和壮大统一战线的重大意义，而且对充分发挥统一战线的法宝作用提出了明确要求，强调要把巩固和壮大统一战线，作为提高党的执政能力的一项重要任务，作为发展中国特色社会主义事业的一项重要任务，作为增强中华民族凝聚力的一项重要任务，摆到全党工作的重要位置，真正抓紧抓实抓好。

在新世纪新阶段，充分发挥统一战线不可替代的法宝作用，主要是做到"六个把"：一是要把发展作为统一战线广大成员团结奋斗的第一要务，凝聚各方面智慧和力量推动经济社会实现又快又好发展；二是要把走中国特色社会主义道路作为统一战线必须牢牢把握的政治方向，努力促进党的领导、人民当家做主和依法治国的有机统一；三是要把维护团结稳定、促进社会和谐作为统一战线的突出任务，推动社会各阶层各尽其能、各得其所而又互相关爱、和谐相处局面的形成；四是要把保持香港、澳门长期繁荣稳定和促进两岸关系和平发展作为统一战线的重要使命，团结一切有利于实现祖国统一和中华民族伟大复兴的积极力量；五是要把巩固党的阶级基础、扩大党的群众基础作为统一战线的重要职责，努力促进党的执政能力建设和先进性建设；六是要把争取良好的国际环境和周边环境作为统一战线的重大课题，为建设持久和平、共同繁荣的和谐世界作出积极贡献。

19. 为什么说统一战线理论是科学社会主义学说的组成部分？怎样理解统一战线理论是一门科学？

科学社会主义是研究无产阶级解放运动一般规律的科学，即关于无产阶级解放运动的性质、条件和一般目的的学说。统一战线是无产阶级为团结自己，联合同盟者，孤立敌人而制定的战略策略。它本身不是目的，而是为无产阶级解放运动，为实现社会主义和共产主义目标服务的。所以，统一战线理论是科学社会主义学说的组成部分，是受科学社会主义的理论和纲领指导的。

统一战线同任何事物一样，有它产生、发展和变化的客观规律，研究统一战线发展规律的学问就叫统一战线科学或统一战线理论。

统一战线这门科学的研究对象，概括说来，主要就是工人阶级自身的团结、统一和同盟军问题。分别地说有两个层次。一个层次是工人阶级自身的团结和统一，即工人阶级内部的统一战线问题。工人阶级是最进步的阶级，但工人内部也存在不同的阶层、不同的政治派别，以至在有些国家形成不同的工人政党。共产党要团结其他阶级、阶层，首先必须争取工人内部的团结和统一。马克思和列宁对工人统一战线问题都有过论述并亲自进行过实践。现在我国进入新的历史阶段，统战工作对象大多数是各种社会主义劳动者、社会主义事业建设者和工人阶级的一部分成员。研究工人阶级统一战线问题不仅有着理论意义，而且有着现实意义。另一个层次是无产阶级联合其他阶级的问题，也就是同盟军问题。无产阶级政党根据社会各阶级的不同经济地位和政治态度，确定哪些同盟者是依靠的力量，哪些是团结、争取的对象；哪些是直接的同盟军，哪些是间接的同盟军。基于对同盟军的科学分析，制定正确的战略、策略。

统一战线理论是一门新的社会科学学科，它研究的领域广，方面多，内容丰富。它涉及政治、经济、文化各个方面，研究的内容包括阶级、政党、民族、宗教、知识分子、华侨、港澳、台湾问题等，研究的范围既包括国内统一战线，也包括国际统一战线。中国共产党十一届三中全会以来，把统一战线问题作为一门科学提出来，目的是要求大家重视统一战线理论的研究，研究统一战线的发展规律，在马列主义、毛泽东思想、邓小平理论和"三个代表"重要思想的指引下，全面贯彻落实科学发展观，总结统一战线历史的和现实的经验，探讨新时期统战工作实践中大量的新问题，把丰富的实践经验上升到理论高度，使统一战线更好地为建设中国特色社会主义服务。

马克思主义统一战线学（简称统战学）是一门正在建立的科学，它要研究在实现无产阶级历史使命的过程中，如何正确认识和处理各种社会政治力量之间的关系，揭示其内在的规律性，确定无产阶级政党对各种社会政治力量的正确政策，形成一种系统知识，并在实践中不断完善这个知识体系。

20. 新世纪新阶段的统战工作如何以邓小平理论和"三个代表"重要思想为指导，全面落实科学发展观？

在新世纪新阶段，坚持以邓小平理论和"三个代表"重要思想为指导，全面落实科学发展观，要注意把握以下几个方面：

（1）要坚持以人为本的观点

以人为本是科学发展观的核心。统战工作作为我们党一项特殊的群众工作和思想政治工作，说到底是做人的工作，特别是做党外代表性人士的工作，政治性很强，人情味很浓，更加需要贯彻以人为本的思想。要按照"尊重人、理解人、帮助人、团结人"的要求，把聚人心、暖人心、稳人心作为统战工作的出发点和落脚点，坚持平等相待、民主协商、正确引导、真诚服务，切实把统一战线广大成员团结到我们党的周围，把他们的智慧和力量凝聚到制定实施"十一五"规划、全面建设小康社会的伟大事业上来。

（2）要坚持全面、联系和发展的观点

统战工作作为党和国家工作的重要组成部分，必须放在党和国家工作全局中去思考、去谋划，在围绕中心中定位，在服务大局中尽职，既要坚持为社会主义经济建设服务，又要为社会主义政治建设、文化建设、社会建设和实现祖国完全统一服务，努力促进经济发展和社会全面进步。统战工作面广线长，涉及众多的领域和方面，彼此相互联系、相互影响。要树立"一盘棋"的思想，学会"弹钢琴"，统筹巩固根本力量与争取新力量、大陆范围内统战工作与大陆范围外统战工作、党外代表人士队伍建设与统战干部队伍建设、上层统战与基层统战、理论研究与工作实践等方面的协调发展，同时要善于抓主要矛盾，以重点问题的解决和难点问题的突破带动各领域工作的全面推进。矛盾都是对立统一的，可以相互转化。统战工作是做团结一切可以团结的力量、化消极因素为积极因素的工作，要能够化弊为利、转危为安，变被动为主动。要随着形势任务的发展变化，把继承与创新、当前与长远结合起来，善于通过思路创新、机制创新、举措创新，使工作不断有所突破、有所创造、有所前进。

(3) 要坚持求同存异的观点

统一战线是一定的社会力量为实现一定的共同目标组成的政治联盟，是同和异的矛盾统一体。求同存异是统一战线的一项原则。统一战线工作首先要善于寻求和增进共同点，这是统一战线工作的出发点和目的。统战工作就是要创造条件，突出同、发展同；要创造条件，促进异的变化。当然，对统一战线中各种不同的异要作具体分析。对于对抗性矛盾的异，必须又团结又斗争；对于非对抗性矛盾的异，必须求大同存小异；对于有益于同的异，则要存而不论，以异促同。

21. 新世纪新阶段爱国统一战线的性质、特征是什么？

党的十六大以来，以胡锦涛同志为总书记的党中央根据我国经济社会结构的深刻变化，进一步明确了新世纪新阶段统一战线的性质和特征，指出新世纪新阶段统一战线已经进一步发展成为全体社会主义劳动者、社会主义事业的建设者、拥护社会主义的爱国者和拥护祖国统一的爱国者的最广泛的联盟，具有空前的广泛性、巨大的包容性、鲜明的多样性和显著的社会性。

广泛性是指，随着改革开放的深入和社会主义市场经济的发展，新的社会阶层在我国出现，统战工作对象增多，同时由于"一国两制"的实施，团结的范围进一步扩大。包容性是指，实现中华民族伟大复兴，要把不同阶层、不同群体、不同党派、不同民族、不同信仰以及生活在不同社会制度下的全体中华儿女都团结起来，求同存异、共同奋斗。多样性是指，社会各方面成员在根本利益一致性不断增强的同时，呈现出不同的思想观念、价值取向、行为方式和利益要求，选择性、自主性和差异性日益增强。社会性是指，统战工作由政治领域拓展到经济、文化、社会领域，由大城市拓展到中小城市，由公有制单位拓展到非公有制单位，参与统战工作的部门和组织日益增多。

22. 新的历史条件下统一战线存在和发展的客观依据是什么？

新的历史条件下我国社会的一致性和多样性是统一战线存在和发展的客观基础。统一战线是同和异的矛盾统一体。有同无异，没有必要建立统一战线；有异无同，不可能建立统一战线；有同有异，才能建立统一战线。这里的同与异，实际上就是统一战线的一致性和多样性。江泽民同志从统一战线角度对我国社会的一致性和多样性作了深刻论述。《中共中央关于加强统一战线工作的决定》又进一步指出，"新的历史条件下我国社会的一致性和多样性是统一战线存在和发展的客观基础。"江泽民同志的重要论述和中央决定精神，深刻揭示了新形势下统一战线存在和发展的客观依据，是新时期统一战线理论的重要基石。

改革开放以来，我国社会的一致性和多样性都有了很大的发展。所谓一致性，就是海内外广大中华儿女的爱国主义、社会主义的一致性大大增强。大陆范围内，在经济上坚持社会主义公有制的主体地位，在政治上坚持中国共产党的领导地位，在思想文化上坚持马列主义、毛泽东思想、邓小平理论的指导地位，在建设中国特色社会主义的进程中，广大人民群众的根本利益、奋斗目标和共同理想更加一致。在大陆范围外，港澳同胞、台湾同胞和海外侨胞在爱国主义的基础上，拥护并致力于为实现祖国的完全统一和民族的全面振兴。实现中国的现代化和中华民族的伟大复兴，已成为海内外中华儿女的最大共识。

在我国社会一致性不断增强的同时，多样性也有了很大发展。随着我国经济和社会结构的深刻变化，出现了多种经济成分、多种分配方式，从而产生了许多新的利益群体和社会组织团体。人们思想的差异性明显增强，价值取向、行为方式越来越多样化，竞争意识、参与意识有了很大发展。多阶层、多党派、多民族、多宗教的情况继续存在，其内部状况也发生了新的变化，其中最深刻的变化是工人、农民和知识分子发生了程度不同的分化组合。工人已不再是单一的国有或集体企业里的工人，农民也不完全是传统意义上的农民，知识分子的分化流动更加明显。民主党派成员的数量增加到约70万人，宗教教职人员有30多万人，信教群众的数量达1亿多人，并且还在不断地增加。香港、澳门回归祖国后，还形成了不同社会制度共同存在的局面。

我国社会一致性和多样性的统一，是当代中国社会的重要特征，是社会主义市场经济发展的必然趋势，是新的历史条件下统一战线存在和发展的客观基础。我国阶级关系发生根本变化后，资产阶级作为阶级已不复存在，在这种情况下，统一战线还有无存在的必要？如果说有必要，它存在的依据是什么？改革开放以来，我国社会的一致性和多样性的发展，为统一战线的存在和发展提供了客观基础，从根本上回答了在新的历史条件下还要不要巩固和发展统一战线的问题。同时，我国社会的一致性与多样性发展，也为统一战线在党的领导下实现最广泛的团结，切实做好求同存异、体谅包容、协调关系、化解矛盾的工作，提出了新的更高的要求。

23. 新世纪新阶段爱国统一战线的主题是什么？

统一战线的根本任务是凝聚人心，汇聚力量，为实现共同目标而团结奋斗。因此，最大限度地团结和联合中国社会各阶级、阶层、党派、团体，形成浩浩荡荡的革命和建设大军，就成为中国共产党领导人民实现民族解放和民族振兴的基本战略，成为党战胜困难、夺取胜利的一大重要法宝。80多年来，党的统一战线的历史反复证明，围绕革命和建设的大目标，实现最广泛的大团结，既是统一战线的安身立命之本，是衡量统一战线工作成效的重要尺度，也是统一战线永恒不变的主题。

在新的历史条件下，我们要完成统一祖国、振兴中华的历史使命，更需要通过统一战线最大范围地把方方面面的力量都团结起来，最大限度地把各种积极因素都调动起来。团结的人越多，团结的面越宽，统战工作的成效就越显著，对党的事业也就越有利。目前，我国还存在着不同阶层、不同群体、不同党派、不同民族、不同信仰、不同所有制的状况。这就要求我们必须牢牢把握大团结大联合的主题，高举爱国主义和社会主义两面旗帜，充分发挥统一战线沟通感情、联络友谊、凝聚人心的独特优势，广泛团结全国各阶层、各民族、各党派、各团体和各界人士，团结港澳同胞、台湾同胞和海外侨胞，为中华民族的伟大复兴提供取之不尽、用之不竭的力量源泉。

24. 新世纪新阶段爱国统一战线的指导思想、基本任务是什么？

新世纪新阶段统一战线的指导思想、基本任务：坚持以马克思列宁主义、毛泽东思想、邓小平理论和"三个代表"重要思想为指导，全面贯彻落实科学发展观，高举爱国主义、社会主义伟大旗帜，团结一切可以团结的力量，调动一切积极因素，化消极因素为积极因素，为促进社会主义经济建设、政治建设、文化建设、社会建设服务，为促进香港、澳门长期繁荣稳定和实现祖国完全统一服务，为维护世界和平与促进共同发展服务。

25. 如何理解要把发展作为统一战线广大成员团结奋斗的第一要务？

胡锦涛同志在第20次全国统战工作会议上强调指出，"要把发展作为统一战线广大成员团结奋斗的第一要务"。

（1）发展是我们党执政兴国的第一要务

建设富强、民主、文明、和谐的社会主义现代化国家是中国共产党的历史使命，而发展是完成这一使命的根本途径。我国改革开放以来的历程证明，发展是硬道理，是解决一切问题的关键。只有发展，才能解决前进中出现的各种问题和矛盾；只有发展，才能实现社会主义现代化，才能从根本上改善和提高广大人民群众的物质文化生活，才能构建和谐社会，才能实现中华民族的伟大复兴。因此，党中央明确提出，必须把发展作为党执政兴国的第一要务。这个重要论断，从我们党执政兴国的战略高度强调了发展的重大意义，体现了"三个代表"重要思想的科学内涵，揭示了发展与执政兴国的内在关系，表明了中国共产党人始终坚持以发展为己任，以兴国为目标，以富民为根本的坚定决心。

（2）把发展作为统一战线广大成员团结奋斗的第一要务是落实科学发展观，全面建设小康社会的必然要求

发展是国家的根本战略，是全国各族人民的共同利益。改革开放以来，我国社会主义现代化建设取得了巨大成就，综合国力明显增强，但从总体而言，仍然处于社会主义初级阶段，仍然属于发展中国家。党的十六大确定了全面建设小康社会的宏伟目标，以胡锦涛同志为总书记的党中央提出了科学发展观和构建社会主义和谐社会的战略任务，国家经济社会的发展任务还相当艰巨繁重。当前，在世界经济全球化、政治多极化的背景下，在综合国力竞争日益激烈的情况下，发展对我国来说机遇与挑战并存，抓住本世纪头20年发展的重要战略机遇期，对我国实现全面建设小康社会的宏伟目标具有重大而紧迫的现实意义。我国的基本国情和国际形势决定了发展是我国的长远战略任务，是全国人民的共同愿望和共同利益，关系着国家和民族的前途命运，必然要求统一战线广大成员应自觉地把服务和促进国家的发展作为自己的第一要务。

(3) 统一战线广大成员只有把发展作为团结奋斗的第一要务，才能体现自身的价值和作用

服务于党和国家的中心工作是统一战线的根本价值所在。我们党领导的统一战线之所以能够不断巩固和壮大，一个重要原因就是统一战线广大成员能够紧紧围绕党和国家的中心任务努力奋斗。实践证明，统一战线广大成员只有在服务和促进国家的发展中才能找准位置、体现价值、发挥优势。只有把服务和促进国家的发展作为统一战线成员思想行动的出发点和落脚点，统一战线才会凝聚起无比强大的力量。当前，我国正处于发展机遇和矛盾凸显相交织的关键时期。随着经济社会的发展，我国社会结构深刻变革，利益关系深刻调整，各种深层次矛盾不断显现。党中央把全面加强社会主义经济建设、政治建设、文化建设、社会建设，构建社会主义和谐社会摆到更加突出的地位，这就进一步要求广大统战成员必须把促进发展作为团结奋斗的第一要务，把各自的智慧和力量都凝聚到发展这个第一要务上来。这就需要统一战线广大成员更加精心、更加扎实地做好各方面工作，发挥智力密集、人才荟萃、联系广泛的优势，积极有效地处理和化解各方面的矛盾，齐心协力实现全面建设小康社会的宏伟目标。

26. 如何在社会主义经济建设中发挥统一战线的优势？

要把发展作为统一战线成员团结奋斗的第一要务，树立落实科学发展观，按照全面建设小康社会和"十一五"规划的总体要求，努力把社会各方面的智慧和力量凝聚到促进国民经济持续快速协调健康发展上来。支持广大统一战线成员围绕经济建设的重大问题考察调研、建言献策；围绕实施人才强国战略和建设创新型国家的任务，充分发挥在知识创新、科技创新中的作用，增强自主创新能力；围绕完善社会主义市场经济体制，进一步优化非公有制经济的发展环境，提高企业素质，推动现代企业制度的建立，支持非公有制企业走出去，参与国际竞争和对外经贸交流；围绕社会主义新农村建设，大力开展光彩事业、智力支边和扶贫帮困及温暖工程等，开展"一企帮一村、多企帮一村"活动，促进城乡、区域协调发展。支持港澳台企业到祖国大陆投资，参与国家现代化建设。

27. 如何在中国特色社会主义政治建设中发挥统一战线的优势？

发展社会主义民主政治，建设社会主义政治文明，最根本的是坚持党的领

导、人民当家做主和依法治国的有机统一，坚定不移地走中国特色社会主义政治发展道路。要充分发挥统一战线在坚持和完善人民代表大会制度、中国共产党领导的多党合作和政治协商制度、民族区域自治制度中的重要作用，立足我国国情，借鉴人类政治文明的有益成果，切实体现我国政治制度和政党制度的特点和优势，绝不照抄照搬别国政治制度和政党制度的模式，绝不搞西方的多党制和议会制。积极稳妥地推进政治体制改革，不断丰富民主形式，扩大各党派、各团体、各民族、各阶层和各界人士有序的政治参与，支持他们依法参与管理国家，管理经济和文化事业，管理社会事务，不断推进我国社会主义民主制度化、规范化、程序化建设，保证人民当家做主权利的充分实现。坚持和遵循我国多党合作和政治协商的重要政治准则，支持民主党派切实履行参政党职能，发挥他们在国家政权建设、国家事务管理、国家方针政策和法律法规制定执行中的重要作用。人民政协要围绕团结和民主两大主题，认真履行政治协商、民主监督、参政议政的职能，充分运用这一政治组织和民主形式为实现党的总目标总任务服务。重视发挥政府参事在参政议政、建言献策、咨询国是中的作用。

28. 如何在社会主义先进文化建设中发挥统一战线的优势？

建设中国特色社会主义文化是中国特色社会主义事业的重要组成部分。当前，世界范围内各种思想相互激荡，进步和落后的文化观念相互影响，人民群众的文化需求日益增长。能否建立健全一整套符合中国国情的、与社会主义现代化建设相适应的先进的文化体系，关系到全民族整体素质的提高，关系到中国特色社会主义事业的发展方向。为此，要充分发挥广大统一战线成员在教育、文化、卫生、体育、新闻、出版等领域中的作用，继承和发扬中华民族优秀文化传统，吸收和借鉴世界各民族文化的有益成果，发展社会主义先进文化。

统一战线具有人才荟萃、智力密集、联系广泛等优势，汇集了大量高中级知识分子和专家学者。他们作为掌握科学技术和文化知识较多的一部分，既是先进生产力的开拓者，又是精神产品的生产者和传播者，在继承发展中华民族一切优秀文化传统，学习吸收一切外国优秀文化成果，提高全民族思想道德和科学文化素质等方面，担负着重要职责，发挥着显著作用。统一战线包括不同阶层、不同群体、不同党派、不同民族、不同信仰、不同所有制、不同社会制度的人士，他们在思想道德和科学文化素质上具有不同的特点和差异。他们思想道德和科学文化素质的提高，对全民族思想道德和科学文化素质的提高有着重要意义。因此，必须高举爱国主义和社会主义旗帜，把中国特色社会主义文化先进性要求和广泛性要求结合起来，努力发挥统一战线成员在文化建设中的积极作用，同时有针对性地加强广大统一战线成员的思想道德和科学文化建设，促进全社会共同理想和精神支柱的牢固确立，促进全民族科学文化素质的提高，为经济发展和社会进步提供强大的思想保证、精神动力和智力支持。特别是许多党外人士分布在教育、文化、卫生、体育、新闻、出版等领域，有的已经成为本领域的学术带头人，还有一些党外领导干部分管这些领域的工作。要对从事这些领域工作的党外专家学者的科研工作给予大力支持，激发他们的聪明才智，帮助他们解决工作、学习和生活中的困难，为他们创造良好的条件和环境。对分管这些领域工作的党外干部，要对他们充分信任，尊重他们的意见，放手发挥他们的作用，确保他们有职有权有责，推动他们为社会主义文化建设作贡献。

29. 如何在社会主义和谐社会建设中发挥统一战线的优势？

统一战线的团结是全社会和谐的重要基础。积极参与协调重大的政治关系和社会关系是统一战线在构建和谐社会中的优势所在。要正确认识和处理中国共产党与民主党派的关系，加强中国共产党领导的多党合作和政治协商制度建设，把加强党的领导和发扬社会主义民主有机结合起来，始终保持宽松稳定、团结和谐的政治环境，巩固中国共产党领导的多党合作的政治格局。正确认识和处理各民族特别是汉族和少数民族的关系，牢固树立汉族离不开少数民族、少数民族离不开汉族、各少数民族之间也相互离不开的思想，实现各民族共同团结奋斗、共同繁荣发展，不断巩固和发展平等、团结、互助、和谐的社会主义民族关系。正确认识和处理信教群众和不信教群众、信仰不同宗教群众之间的关系，坚持政治上团结合作、信仰上互相尊重，巩固和发展党同宗教界的爱国统一战线，团结和引导广大宗教界人士和信教群众共同致力于中国特色社会主义建设事业。正确认识和处理社会各阶层的关系，激发创造活力，注重公平正义，鼓励先富帮助后富，形成社会各阶层各尽其能、各得其所而又互相关爱、和谐相处的局面。正确认识和处理大陆同胞和港澳同胞、台湾同胞、海外侨胞的关系，在爱国主义旗帜下加强海内外中华儿女的大团结。要准确把握统一战线成员的思想状况,有针对性地加强教育引导,沟通思想,理顺情绪,化解矛盾,促进和谐。

30. 如何在保持香港、澳门长期繁荣稳定和实现祖国完全统一的事业中发挥统一战线的优势?

保持香港、澳门长期繁荣稳定是新形势下我们党治国理政的崭新课题,实现祖国完全统一是中华民族的核心利益。全面贯彻"一国两制"方针和香港特别行政区基本法、澳门特别行政区基本法,充分发挥统一战线的作用,不断发展壮大具有广泛包容性的爱国爱港和爱国爱澳力量,推进以爱国者为主体的"港人治港"、"澳人治澳";充分发挥港澳地区全国人大代表、各级政协委员及各方面代表人士和爱国团体的作用,支持特别行政区行政长官和政府依法施政,根据实际情况循序渐进地推进香港、澳门政治体制发展,促进香港、澳门长期繁荣稳定;重视和支持香港、澳门发展经济、改善民生,加强内地与港澳在经贸、科教、文化、卫生、体育等领域的交流与合作,加强同港澳社会各界特别是专业界人士和年轻一代的交流交往,增强港澳同胞的国家观念和民族意识。继续贯彻"和平统一、一国两制"的基本方针和现阶段发展两岸关系、推进祖国和平统一进程的八项主张,以及新形势下发展两岸关系的四点意见,贯彻实施《反分裂国家法》,反对和遏制"台独"分裂势力及其活动,推动两岸关系朝着和平稳定的方向发展;发挥各民主党派和无党派人士、工会、妇联、青联、工商联、台联、统促会等有关团体的作用,促进两岸民间交流与往来,加强与反对"台独"、主张发展两岸关系的台湾各党派、团体和各界人士的交流,努力做好争取台湾民心的工作。以凝聚侨心、汇集侨智、发挥侨力为目标,坚持把维护海外侨胞和归侨侨眷的根本利益作为侨务工作的出发点和落脚点,鼓励和支持他们关心和参与祖国现代化建设,为引进资金、技术、人才牵线搭桥,为我国企业开拓国际市场献计出力;鼓励和支持他们传承和传播中华民族的优秀文化,增强中华文化在世界上的影响力;引导华侨华人社团加强团结合作,推动全球"反独促统"运动,形成全体中华儿女共同致力于祖国统一和民族振兴的局面;鼓励和支持他们发挥桥梁和纽带作用,为增进中国人民和各国人民的友谊、促进和谐世界建设作出贡献。加强与华侨华人特别是华裔新生代代表人士的联系交流。

31. 如何引导统一战线成员为社会主义新农村建设作贡献？

建设社会主义新农村，是党中央在深刻分析当前国际国内形势、全面把握我国经济社会发展阶段性特征的基础上，从党和国家事业发展全局出发作出的一项重大战略决策。胡锦涛同志在第 20 次全国统战工作会议的讲话中指出，统一战线要推进社会主义新农村建设，使工农联盟在新形势下切实得到巩固和发展。要调动统一战线成员的积极性、主动性和创造性，引导他们为社会主义新农村建设作贡献。

充分认识统一战线为建设社会主义新农村服务的重大意义。为建设社会主义新农村服务是统一战线全面落实科学发展观、服从服务于党和国家工作大局的客观需要。统一战线必须按照党中央的部署要求，发挥优势，积极投入新农村建设，作出应有贡献。为建设新农村服务是巩固工农联盟、发展壮大统一战线的必然要求。工农联盟是我国人民民主专政的基础，也是统一战线巩固发展的基础。服务新农村建设是统一战线工作的题中应有之义，应尽最大努力调动整合资源优势，着力促进"三农"问题的解决，为巩固和发展新世纪新阶段最广泛的统一战线打下坚实基础。为建设新农村服务是新的历史条件下统战工作领域不断扩展的内在要求。随着社会主义市场经济的发展，随着统一战线内部结构的变化和工作范围的扩大，统战工作与农村工作的联系更加紧密。越来越多的统一战线成员把目光和活动拓展到农村地区。广大农民中涌现出越来越多的企业家、个体户、科技文化工作者，其中不少人成为统一战线新的工作对象。这些都要求统一战线要更加自觉地把推进新农村建设作为自己的重要工作，抓紧抓好。

帮助统一战线广大成员准确把握服务新农村建设的指导思想和主要任务。要坚持以邓小平理论和"三个代表"重要思想为指导，牢固树立和落实科学发展观，把科学发展观贯穿于为社会主义新农村建设服务的全过程和各个环节、各个领域，努力推动农村经济社会全面协调可持续发展。要按照"生产发展、生活宽裕、乡风文明、村容整洁、管理民主"的总要求，充分发挥统一战线人才荟萃、智力密集、联系广泛的优势，紧紧抓住发展农村经济这一首要任务，积极参与现代农业建设，提高农业综合生产能力，帮助解决农民生产生活中的实际困难和问题，为农民随着国家经济实力的增长得到更多实惠作出贡献；努力促进教育、卫生、文化等农村社会事业建设，提高农民科学文化水平，推动文明健康社会风气的形成，为培养造就新一代新型农民作出贡献；广泛开展爱国主义和社会主义教育，协助党和政府妥善处理涉及民族宗教因素的矛盾和问题，有效抵御境外的渗透和破坏，为维护农村社会稳定与和谐作出贡献。

带领统一战线广大成员积极探索服务新农村建设的途径和方法。动员民主党派、工商联和无党派人士紧紧围绕深化农村改革、发展农村经济、促进农民增收、保障农民权利、培育新型农民、保持农村社会稳定等事关长远的重大问题，多搞实地调查，多做深入研究，多献务实之策，到农村地区和边远地区开展咨询服务、捐资助学和科技扶贫，推动新农村建设又快又好地发展。要鼓励和引导非公有制经济人士通过投资办厂、开发资源，帮助和促进农村地区发展优势特色产业、增强自我发展能力，吸纳农村富余劳动力。通过一企帮一村，或多企帮一村，帮助农民脱贫致富。要切实推进"百县百万农民培训计划"，发展农村职业教育，培养更多的农村专业技术人员。发挥统一战线与港澳台同胞和海外侨胞联系广泛的优势，为农村吸引资金、技术、人才牵线搭桥，提供支持。发挥中华海外联谊会、欧美同学会等统战团体的作用，加强与海外留学人员的交流，支持留学人员为加快新农村建设、促进城乡区域协调发展献计出力。引导统一战线成员积极参与农村文化建设，大力学习宣传胡锦涛同志提出的以"八荣八耻"为主要内容的社会主义荣辱观，切实推动加强农村公民道德建设。鼓励文化、科技、卫生等行业中的统战成员积极参与"三下乡"等活动，为农村地区移风易俗，形成文明、健康的新风尚多办实事。支持统战成员积极投资、捐助农村文化基础设施建设，推动农村文化事业的发展和农民科学文化水平的提高。大力推动少数民族和民族地区农村经济社会发展，积极推进兴边富民行动和民族地区扶贫开发等工作。大力支持少数民族和民族地区各项社会事业的发展，切实改善少数民族和民族地区生产生活条件。维护农村地区民族团结、宗教和顺和社会稳定，让农村广大信教群众感受到党和政府的关怀，把智慧和力量凝聚到建设新农村上来。依法加强对农村宗教事务的管理，坚决抵御境外利用宗教进行渗透活动，及时妥善处理涉及民族、宗教因素的各种矛盾，努力维护农村社会稳定，为社会主义新农村建设创造良好的环境。

32. 新世纪新阶段爱国统一战线的工作范围是什么？

统一战线的工作范围由统一战线的性质所决定。在不同的历史阶段，由于统一战线的性质及任务不同，统一战线的工作范围和对象也有所不同。1979年召开的第14次全国统战工作会议从8个方面确定了统战工作的范围和对象，1981年召开的第15次全国统战工作会议从10个方面确定了统战工作的范围和对象，2000年召开的第19次全国统战工作会议又把统战工作范围概括为12个方面，即各民主党派成员，无党派人士，党外知识分子，少数民族人士，宗教界人士，非公有制经济人士，港澳同胞，台湾同胞，去台湾人员留在大陆的亲属和回大陆定居的台胞，出国和归国留学人员，海外侨胞和归侨侨眷，原工商业者，起义投诚的原国民党军政人员等。

《中共中央关于巩固和壮大新世纪新阶段统一战线的意见》科学分析了我国经济社会结构的深刻变革，明确指出我国社会各阶层发生了新的变化，在推进中国特色社会主义经济建设、政治建设、文化建设和社会建设，实现全面建设小康社会目标的伟大征程中，需要统一战线在巩固工农联盟的基础上，把包括新的社会阶层在内的社会各方面智慧和力量都凝聚起来、调动起来、发挥出来。保持港澳长期繁荣稳定，推进祖国完全统一，实现中华民族伟大复兴，仍然需要继续高举爱国主义旗帜，把包括港澳同胞、台湾同胞、海外侨胞在内的海内外中华儿女最大限度地团结起来。这些变化表明，新世纪新阶段统一战线已经进一步发展成为全体社会主义劳动者、社会主义事业的建设者、拥护社会主义的爱国者和拥护祖国统一的爱国者的最广泛的联盟。与此相适应，统一战线的工作范围在原12个方面的基础上增加了私营企业和外资企业的管理技术人员、中介组织从业人员、自由职业人员3个方面，进一步扩大为15个方面，主要包括：各民主党派成员，无党派人士，党外知识分子，少数民族人士，宗教界人士，非公有制经济人士，私营企业和外资企业的管理技术人员，中介组织从业人员，自由职业人员，原工商业者，起义和投诚的原国民党军政人员及眷属，香港同胞、澳门同胞、台湾同胞、去台湾人员留在大陆的亲属，出国和归国留学人员，海外侨胞和归侨侨眷等。

33. 新世纪新阶段爱国统一战线必须坚持的重要原则有哪些？

（1）必须坚持党对统一战线的领导

这是统一战线巩固和发展的根本保证，也是党在革命、建设和改革实践中得出的根本结论。新世纪新阶段，坚持党对统一战线的领导，就要坚持党的基本理论、基本路线、基本纲领和基本经验，加强党的执政能力和先进性建设，通过民主协商和广大党员的模范作用,使党的方针政策成为统一战线成员的普遍共识和自觉行动。

(2) 必须坚持为党和国家的中心任务服务

统一战线作为党的总路线总政策的重要组成部分,历来是为实现党的总目标总任务服务的。只有始终坚持为党和国家工作大局服务,才能顺应社会发展潮流,把握时代主题,凝聚强大的力量。新世纪新阶段,统一战线必须牢牢抓住发展这个第一要务,把各党派、各团体、各民族、各阶层和各界人士的智慧和力量都团结起来,充分发挥人才荟萃、智力密集、联系广泛的独特优势,积极探索有效形式和工作载体,为促进经济社会全面协调发展作出积极贡献。

(3) 必须坚持高举爱国主义、社会主义两面旗帜

在当代中国,爱国主义与社会主义本质上是统一的。社会主义是中国人民的历史选择,是中国走向现代化的必由之路。社会主义制度的确立,为我国社会生产力的发展和社会进步提供了可靠的保证与光明的前景,集中体现着国家、民族和人民的根本利益,在大陆实现各民族、各阶层、各党派和各界人士的大团结,必须高举社会主义旗帜。爱国主义具有强大的感召力和凝聚力,爱国与否是最大的政治分野。对台湾同胞、港澳同胞和海外侨胞,只要是爱国,赞成祖国统一,即使不赞成社会主义制度也要积极争取团结,在爱国的旗帜下,实现全体中华儿女的广泛团结。

(4) 必须坚持大团结大联合的主题

统一战线的本质是大团结、大联合。我们党在各个历史时期建立的统一战线,具体性质、目标、任务各有不同,但实现大团结大联合始终是一个永恒的主题。新世纪新阶段,我们要牢牢把握这一主题,凝聚人心,汇聚力量,最大范围地把各个方面的力量都团结起来,最大限度地把各种积极因素都调动起来,为推进中国特色社会主义事业提供广泛的力量支持。

(5) 必须坚持发扬社会主义民主

没有民主,就没有社会主义,就没有社会主义的现代化,就没有爱国统一战线的巩固和扩大。新世纪新阶段,我们要继续坚定不移地走中国特色政治发展道路,坚持和完善人民代表大会制度、共产党领导的多党合作和政治协商制度、民族区域自治制度,不断丰富民主形式,扩大有序政治参与,努力实现党的领导、人民当家做主和依法治国的有机统一。

（6）必须坚持求同存异、体谅包容

统一战线是同和异的统一体。有同无异，没有必要建立统一战线；有异无同，不可能建立统一战线；只有求同存异、体谅包容，才能建立和巩固统一战线。新世纪新阶段，统一战线在一致性增强的基础上多样性更加明显，坚持求同存异、体谅包容意义更加深远。要坚持求中国特色社会主义事业之同，存不同所有制和分配方式、不同阶层和利益群体、不同民族和宗教之异；坚持求爱国主义之同，存不同社会制度、意识形态、生活方式之异，把一切爱国的力量都团结、联合到实现国家统一、民族复兴上来。

（7）坚持"团结—批评—团结"

统一战线中的矛盾绝大多数属于人民内部矛盾，即使个别的对抗性矛盾，也可以通过非对抗性的方式来处理。"团结—批评—团结"，要求把团结作为出发点和归宿，以批评作为实现团结的主要手段，按照"不打棍子、不抓辫子、不扣帽子"的原则，支持统一战线成员"自己提出问题，自己分析问题，自己解决问题"，通过开展批评和自我批评，解决统一战线内部的思想认识问题和矛盾，巩固和发展团结和谐的政治局面。

（8）必须坚持以人为本、照顾同盟者利益

以人为本是科学发展观的核心，也是新世纪新阶段统一战线必须坚持的基本原则。统战工作是做人的工作，更需要认真贯彻以人为本的思想。要努力畅通统一战线成员利益表达渠道，建立健全照顾同盟者利益的机制，切实解决好同盟者最关心、最直接、最现实的利益问题。要坚持平等相待、以诚相见，民主协商、以理服人，和风细雨、循循善诱，努力增强统战工作的感召力，充分调动统一战线广大成员的积极性、主动性和创造性，为实现共同的目标而团结奋斗。

34. 中国共产党在历史上各个时期对统一战线的发展目标有过哪些论述？新世纪新阶段统一战线的发展目标是什么？

统一战线作为党和国家事业的重要组成部分，只有着眼时代进步和形势变化，不断明确努力的方向和目标，才能增强工作的主动性、计划性和预见性，取得更大的成绩，实现更大的发展。从历史上看，中国共产党在各个时期对统一战线的发展目标都有过论述。在建党初期，党的"二大"提出要建立一个联合全国一切革命党派、联合资产阶级民主派的民主的联合阵线。抗日战争时期，提出要建立一个全民族抗日的、长期性的、最广泛的抗日民族统一战线。解放战争时期，提出要建立一个联合工农兵学商各被压迫阶级、各人民团体、各民主党派、各少数民族、各地华侨和其他爱国分子的、极其广泛的全民族的统一战线。新中国成立后，提出要建设一个调动一切积极因素、团结一切可能团结的人、并且尽可能地将消极因素转变为积极因素、为建设社会主义社会这个伟大的事业服务的广泛的人民民主统一战线。进入改革开放新时期，邓小平根据新的形势和任务，提出要建设一个全体社会主义劳动者、拥护社会主义的爱国者和拥护祖国统一的爱国者的广泛团结的爱国统一战线。党的十三届四中全会后，江泽民同志提出要建设一个实现全国各民族、各党派、各阶层、各方面人民最广泛团结的爱国统一战线。这些都有力地推动了统一战线事业的蓬勃发展。

新世纪以来，随着我国进入全面建设小康社会新的发展阶段，统一战线也进入了新的发展时期。根据新的形势和任务，《中共中央关于巩固和壮大新世纪新阶段统一战线的意见》进一步提出了新世纪新阶段统一战线的发展目标。即全面加强新世纪新阶段统一战线建设，推动统一战线事业蓬勃发展，使中国共产党同各民主党派和无党派人士的团结更加巩固，各民族的关系更加和谐，社会各阶层的关系更加协调，宗教与社会主义社会更加适应，大陆同胞和港澳同胞、台湾同胞、海外侨胞的联系更加密切，努力建设具有强大凝聚力和可持续发展的统一战线，为增强党的执政能力、提高国家综合实力、激发社会创造活力提供广泛支持和有力保障。

35. 如何正确认识和把握涉及党和国家工作全局的重大关系？

胡锦涛同志指出，政党关系、民族关系、宗教关系、阶层关系、海内外同胞关系，是我国政治领域和社会领域中涉及党和国家工作全局的一些重大关系，也是统一战线需要全面把握和正确处理的重大关系。正确认识和处理这五个方面的重大关系，保持和促进这五个方面的重大关系和谐，事关中国特色社会主义事业的全局，事关构建社会主义和谐社会的进程，事关党和国家的兴旺发达和长治久安。

第一，政党关系是现代民主国家一个至关重要的关系，没有政党关系的和谐，就没有国家政治关系的和谐，也就没有社会政治局面的稳定。正确处理中国共产党和民主党派的关系，是发展社会主义民主政治、建设社会主义政治文明的重要内容，也是构建社会主义和谐社会的重要内容。

第二，民族关系，过去、现在、将来都是涉及党和国家工作全局的一个重大关系。能不能正确处理民族关系，在很大程度上决定着能不能实现民族团结、促进社会和谐、维护国家统一、保卫领土完整。

第三，我国是一个多宗教的国家，处理好信教群众和不信教群众、信仰不同宗教群众之间的关系，引导宗教与社会主义社会相适应，是构建社会主义和谐社会的重要工作。

第四，全体人民各尽其能、各得其所而又和谐相处，是社会和谐的重要标志，也是党和人民事业发展的重要保证。在改革开放和社会主义市场经济条件下，必须正确处理我国社会各阶层关系，全面兼顾和实现各阶层群众的利益，充分发挥社会各阶层在推动经济社会发展中的作用，努力使整个社会更加生机勃勃、更加融洽和谐。

第五，大陆同胞、香港特别行政区同胞、澳门特别行政区同胞、台湾同胞、海外侨胞是血脉相连的中华儿女。处理好大陆同胞和港澳台同胞、海外侨胞的关系，对保持香港、澳门长期繁荣稳定，推动两岸关系和平发展，团结全体中华儿女共同致力于实现祖国的完全统一和中华民族的伟大复兴，具有十分重要的意义。

在新世纪新阶段，统一战线围绕中心、服务大局，就要充分发挥自身优势，积极开展工作，在协调和处理以上五个方面的重大关系中积极发挥作用，为全面建设小康社会、实现祖国完全统一大业和中华民族伟大复兴提供广泛、持久的力量支持。

第三部分 民主党派工作和多党合作制度建设

36. 什么是民主党派？我国有哪几个民主党派？

我国的民主党派原指接受中国共产党的领导，参加人民民主统一战线的民族资产阶级和小资产阶级政党的统称。在我国新民主主义革命时期，曾有众多的民主政党，他们原来的社会基础是民族资产阶级、城市小资产阶级以及同这些阶级、阶层相联系的知识分子和其他的爱国民主分子。在他们中也有一定数量的革命知识分子和少数共产党人。民主党派主要反映这些阶级、阶层的民主革命要求，是具有或带有阶级联盟和统一战线性质的政党。

随着形势的发展，各民主党派在革命斗争中经受了严峻的考验，其政治态度不断变化。在党的统一战线政策影响下，最后接受了中国共产党的领导和新民主主义革命理论，为新民主主义革命在全国的胜利作出了重要的贡献。到1949年9月，参加中国人民政治协商会议第一次全体会议的共有11个民主党派，即中国国民党革命委员会（民革）、中国民主同盟、中国民主建国会、中国民主促进会、中国农工民主党、中国致公党、九三学社和台湾民主自治同盟、三民主义同志联合会（民联）、中国国民党民主促进会（民促）、中国人民救国会。嗣后，民联、民促与民革合并，中国人民救国会自行宣布解散，从而形成了我国八个民主党派的格局。

我国的八个民主党派是中国国民党革命委员会、中国民主同盟、中国民主建国会、中国民主促进会、中国农工民主党、中国致公党、九三学社和台湾民主自治同盟。

37. 如何认识当前我国民主党派的性质？在我国为什么会产生民主党派？

（1）民主党派的性质

民主党派性质是多党合作中一个重要的理论和实践问题。在新民主主义革命和社会主义改造时期，民主党派主要是民族资产阶级、小资产阶级及其知识分子的政党。1956年社会主义改造基本完成后，民族资产阶级和小资产阶级及其知识分子逐步成为自食其力的社会主义劳动者，民主党派的性质随之发生了根本性的变化，成为为社会主义服务的政治团体和政治力量。对此，党的八大政治报告曾经明确指出："在社会主义改造完成以后，民族资产阶级和上层小资产阶级的成员将变成社会主义的劳动者的一部分。各民主党派将变为这部分劳动者的政党。"但是，在1957年反右派斗争扩大化后，特别是在"文化大革命"期间，民主党派又一度被看成"资产阶级政党"。

改革开放以后，随着"左"倾错误指导思想的彻底纠正，中国共产党彻底恢复对民主党派性质的正确认识，并有了新的发展。1979年6月，邓小平在《新时期的统一战线和人民政协的任务》中指出："我国各民主党派在民主革命中有过光荣的历史，在社会主义改造中也作出了重要的贡献。这些都是中国人民所不会忘记的。现在它们都已经成为各自所联系的一部分社会主义劳动者和一部分拥护社会主义的爱国者的政治联盟，都是在中国共产党领导下为社会主义服务的政治力量。"1989年12月，《中共中央关于坚持和完善中国共产党领导的多党合作和政治协商制度的意见》进一步强调："各民主党派是各自所联系的一部分社会主义劳动者和一部分拥护社会主义的爱国者的政治联盟，是接受中国共产党领导的，同中共通力合作、共同致力于社会主义事业的亲密友党，是参政党。"2000年，江泽民同志在第19次全国统战工作会议上，又明确指出了民主党派的进步性和广泛性特点及其内涵，强调"民主党派的进步性，是与它们积极参加我们党领导的建立新中国和建设新中国，实现中国的独立、统一、民主和富强的历史伟业紧密联系在一起的。现阶段，这种进步性集中体现在各民主党派同我们党通力合作，共同致力于建设有中国特色社会主义事业。民主党派的广泛性，是同其社会基础及自身特点联系在一起的。各民主党派的成员来自不同的社会阶层和群体，负有更多地反映和代表它们所联系的各部分群众的具体利益与要求的责任。民主党派具有的这种进步性和广泛性，就是民主党派长期存在的理由,也是我们实行共产党领导的多党合作的基础。"2004年,适应形势发展,宪法修正案把新的社会阶层作为社会主义事业建设者纳入统一战线内部构成,政协章程也将"社会主义事业建设者"写入民主党派性质的表述中。

在此基础上,《中共中央关于进一步加强中国共产党领导的多党合作和政治协商制度建设的意见》从民主党派构成的社会基础、与中国共产党的关系、在致力于中国特色社会主义奋斗目标中的地位三个方面,将新世纪新阶段民主党派的性质表述为三句话:"民主党派是各自所联系的一部分社会主义劳动者、社会主义事业建设者和拥护社会主义爱国者的政治联盟,是接受中国共产党领导、同中国共产党通力合作的亲密友党,是进步性与广泛性相统一、致力于中国特色社会主义事业的参政党"。这一表述,将更加有利于巩固中国共产党与各民主党派团结合作的政治基础,有利于民主党派发挥参政党作用,共同为建设中国特色社会主义事业而奋斗。

(2) 产生民主党派的原因

我国产生民主党派是由中国社会当时的阶级状况和具体历史条件所决定的。旧中国是一个半殖民地、半封建的国家,中华民族同帝国主义的矛盾,人民大众同封建主义的矛盾,是近代中国社会的主要矛盾。中国人民的任务,是在中国共产党领导下进行新民主主义革命。新民主主义革命是无产阶级领导的,人民大众的,反对帝国主义、封建主义和官僚资本主义的革命。

在半殖民地、半封建的旧中国,无产阶级和大地主、大资产阶级都只占少数,最广大的人民是农民、城市小资产阶级及其他中间阶级。这决定了我们党在领导中国革命的斗争中,必须在巩固工农联盟的基础上,争取广大的中间势力。我国各民主党派所代表和联系的阶级、阶层,由于身受帝国主义、封建主义和官僚买办势力的压迫、剥削,一般具有强烈的爱国心和反帝反封建的要求。但是,由于其自身的弱点,主要是民族资产阶级的软弱性和小资产阶级的散漫性,也由于旧中国社会历史条件的限制,主要是国家长期不统一,国民党的法西斯统治不给人民以任何民主自由权利,使它们不可能形成独立的强大的政治力量。这些阶级、阶层要摆脱帝国主义的压迫和封建主义的束缚,就必须向工农革命阶级寻求支持与合作。无产阶级在领导革命斗争中,也迫切需要在工农联盟的基础上,争取联合这些阶级、阶层,建立广泛的统一战线,以便彻底孤立和打击最主要的敌人。各民主党派就是在我国这种具体历史条件下,经过长期的孕育、发展，在抗日战争时期和抗战胜利后两个中国之命运决战时期形成的。所以，中国各民主党派的产生，是由中国具体历史条件和阶级状况所决定的，是中国革命历史的必然。

38. 什么叫执政党？什么叫参政党？

执政党这一概念，在西方国家和社会主义国家具有不同的含义，在西方国家，执政党一般解释为政府党，即在议会选举获胜后负责组阁的党。在社会主义国家中，这一概念大体上指的是执掌国家政权、在政权中处于领导地位的党。在我国，中国共产党是社会主义事业的领导核心，是执政党，这是在我国长期革命斗争历史中形成的，也是由我国社会主义性质和中国共产党的阶级基础和先进性质所决定的。

参政党的概念是总结我国历史经验，根据我国的实际情况提出来的。其含义就是参加国家政权，参与国家大政方针和国家领导人选的协商，参与国家事务的管理，参与国家方针、政策、法律、法规的制定执行。

39. 中国共产党关于民主党派工作的主要方针政策是什么？

"长期共存、互相监督、肝胆相照、荣辱与共"的方针是中国共产党在多党合作长期实践中逐步总结形成的。1956 年 4 月，毛泽东同志在《论十大关系》中提出，究竟是一个党好，还是几个党好？现在看来，恐怕是几个党好。不但过去如此，而且将来也可以如此，就是长期共存，互相监督。同年 9 月，中共八大将"长期共存、互相监督"的方针写入了决议。1957 年 2 月，毛泽东同志在《关于正确处理人民内部矛盾的问题》中对此方针作了更为系统的阐述，指出凡属一切确实致力于团结人民从事社会主义事业的、得到人民信任的党派，我们没有理由不对它们采取长期共存的方针。一个党同一个人一样，耳边很需要听到不同的声音。主要监督共产党的是劳动人民和党员群众，但是有了民主党派，对我们更为有益。在这一正确方针的指导下，形成了我国共产党同各民主党派既真诚合作又互相监督的新型政党关系，奠定了共产党领导的多党合作的基本格局。在新的历史时期，随着国内阶级状况的根本变化，民主党派的性质也发生历史性变化，统一战线内部爱国主义和社会主义的一致性进一步增强，团结合作有了更加坚实的基础。1982 年，中共十二大明确提出了中国共产党同民主党派"长期共存、互相监督、肝胆相照、荣辱与共"的方针。这个方针是"长期共存、互相监督"方针的丰富和发展，是正确处理中国共产党同民主党派的关系的重要准则。

"长期共存"，是指共产党存在多久，民主党派就存在多久，一直要共存到将来社会发展不需要政党的时候为止。"互相监督"，是指共产党可以监督民主党派，民主党派也可以监督共产党，但由于共产党居于领导地位，主要是民主党派监督共产党。"肝胆相照"是讲开诚相见，"荣辱与共"是讲共同的事业把共产党和民主党派的命运联系在一起。"长期共存、互相监督"体现了中国共产党同民主党派长期合作的思想，"肝胆相照、荣辱与共"则生动地表述了中国共产党同各民主党派之间彼此信任、真诚合作的关系。这一方针肯定了中国共产党同各民主党派合作的战略意义，明确了合作共事的重要方式，体现了中国共产党与各民主党派新型的社会主义政党关系。《中共中央关于进一步加强中国共产党领导的多党合作和政治协商制度建设的意见》进一步把这一方针明确为新世纪新阶段我国多党合作和政治协商必须坚持的一条重要政治准则，对于发扬团结合作、协商共事的优良传统，发展社会主义民主政治，建设社会主义政治文明，具有重要意义。

40. 民主党派组织发展的原则是什么？

民主党派的组织发展工作，既是民主党派自身建设的重要内容，也是关系到中国共产党领导的多党合作和政治协商制度长期存在与发展的重大问题。做好组织发展工作，是民主党派发挥参政党作用的需要，也是加强自身建设的需要。1996年《各民主党派关于组织发展若干问题座谈会纪要》、1999年《各民主党派关于自身建设若干问题座谈会纪要》和2004年《关于进一步做好民主党派组织发展工作座谈会纪要》，是经各民主党派中央负责人认真讨论、充分交换意见，并经各民主党派中央共同研究形成的，是指导民主党派做好组织发展工作的政策依据。在三个《纪要》的基础上，《中共中央关于进一步加强中国共产党领导的多党合作和政治协商制度建设的意见》再次重申，按照"三个为主"、注重质量、保持特色、组织发展与后备干部队伍相结合的原则，协助民主党派做好组织发展和成员的教育管理工作。

（1）坚持"三个为主"

"以协商确定的范围和对象为主，以大中城市为主，以有代表性的人士为主"，符合民主党派的历史特点，符合参政党参加国家政治生活的基本特点和现实要求，必须长期坚持。

（2）注重质量

注重质量是组织发展的核心问题，民主党派作用的大小主要取决于成员政治素质和代表性。在组织发展中注重质量，是民主党派坚持正确的政治方向的必然要求，也是提高参政党自身素质和参政能力的迫切需要。要坚持发展自觉接受中国共产党领导、承认民主党派章程、具有较高专业水平和社会影响力的代表性人士。只追求数量，不注重质量，不符合组织发展方针的要求。

（3）保持特色

各民主党派在发展中形成的特色，是其存在和发展的重要依据。坚持各自特色，有利于民主党派发挥各自优势，更好地履行参政党职能。

（4）组织发展与后备干部队伍建设结合

后备干部队伍建设是民主党派顺利实现新老交替的基础工作。组织发展与后备干部队伍建设相结合，注意吸收政治素质好、层次高、代表性强、有发展潜力的无党派知识分子，并把他们及时充实到后备干部队伍中来。

41. 中国共产党对民主党派领导的性质和内容是什么？

共产党与民主党派是执政党与参政党的关系，民主党派在组织上是独立的，在党际关系上与共产党是平等的。共产党对民主党派实行政治领导，"绝不意味着我们党可以把它们当作附属的团体，绝不意味着我们党可以去命令、干涉或者控制它们"。各民主党派接受共产党的领导，并不是在组织上是共产党的附属，而是对共产党政治主张的赞同，是对共产党领导能力与执政水平的肯定，是对在共产党领导下可以实现其政治意愿和利益的确认。民主党派组织上的独立性和党际关系上的平等性，决定了中国共产党在我国政治生活和多党合作中的领导只能是政治领导，而不是行政领导。如果把对民主党派的政治领导变成行政领导，不仅会改变对民主党派领导的性质，而且会丧失多党合作的基础，从根本上取消多党合作。

中国共产党对民主党派政治领导的内容，主要是政治原则、政治方向和重大方针政策的领导。所谓政治原则，就是坚持四项基本原则，坚持把"三个代表"重要思想作为全党和全国人民团结奋斗的共同思想基础。所谓政治方向，就是由共同奋斗目标决定的前进方向，就是社会主义方向，即走建设中国特色社会主义的道路。所谓重大方针政策，就是在坚持这些基本政治原则和政治方向过程中，共产党与各民主党派经过充分协商制定的事关全局和长远发展的基本政策，就是指共产党提出的建设中国特色社会主义经济、政治、文化、社会和祖国统一的基本政策。可以说，只要这些政治原则、政治方向和重大方针政策在民主党派中得到贯彻落实，就是在多党合作中全面实现了中国共产党的政治领导。

42. 中共基层组织与民主党派基层组织是什么关系？

中共基层党组织是指企业、农村、机关、学校、科研院所、街道社区、社会团体、社会中介组织等基层单位的组织。中共基层组织与民主党派基层组织是政治上领导与被领导的关系。当然也要说明，政治领导不同于组织上的隶属关系。中共各级组织包括基层组织，不能命令各民主党派做什么，不做什么，不能包办代替和干涉民主党派的内部事务。政治领导主要是通过协商和深入细致的思想政治工作以及中共党员的先锋模范作用来实现的。

《中共中央关于进一步加强中国共产党领导的多党合作和政治协商制度建设的意见》明确要求：有民主党派基层组织的单位，要明确中共基层党组织在加强民主党派工作方面的任务，经常召开座谈会，认真听取民主党派的意见，发挥他们的作用。

基层单位民主党派工作是党的基层统战工作和群众工作的重要组成部分，是整个民主党派工作的重要基础，对坚持和完善中国共产党领导的多党合作和政治协商制度建设具有重要意义，明确基层党组织的工作任务，加强基层民主党派工作，有利于密切党同群众的联系，巩固和扩大党的群众基础；有利于发挥民主党派及他们所联系的那部分群众的积极性、主动性和创造性，了解和反映社情民意，为基层中心工作服务；有利于密切中共基层党组织同民主党派基层组织的关系，更好地发挥民主党派的作用。

总结中共基层党组织加强民主党派工作、推进社会主义民主政治建设的经验，中共基层党组织在加强民主党派工作方面的任务：依靠党的正确路线及广大党员的先锋模范作用，团结民主党派为实现共同任务而奋斗；经常召开座谈会，认真听取意见，使他们理解和接受党的正确主张；充分尊重民主党派及其成员，照顾他们的利益，了解他们的思想情况和具体要求，切实帮助他们解决实际问题；帮助民主党派基层组织加强自身建设，学习马克思列宁主义、毛泽东思想、邓小平理论和"三个代表"重要思想，学习党和国家的路线方针政策，学习各党派的章程和历史，按有关规定稳步发展成员，搞好班子团结；反映党派成员对国家和地方的大政方针以及所在单位工作的意见和建议，发挥他们的作用。

中共基层党组织负责人要同民主党派基层组织负责人保持联系，在政治上、思想上互相了解和帮助，把同他们交朋友作为一项重要政治任务，既以诚相见、平等待人，又坚持原则，同他们交挚友、诤友。中共基层组织有关部门要加强与民主党派基层组织的协作，主动通报中共基层组织开展的有关活动，积极支持民主党派基层组织开展工作。

43. 关于民主党派组织发展的地区、范围有何规定？

民主党派组织发展"以大中城市为主"、"以有一定代表性人士为主"，具体有以下几点：一是在少数经济文化较发达、工作对象较集中、具有一定骨干力量的县级市的市区，在事先与中共省级党委协商一致和充分考虑组织工作的承受力的情况下，有领导、有计划、有步骤地发展成员，建立组织。二是大中城市中已完全转为生产民品的军工企业，对同民主党派有一定的历史联系、开展统战工作特殊需要的人士，在所在单位同意的前提下，可个别发展，但不建立组织。三是各民主党派可适当发展回大陆定居的香港和澳门的拥护祖国统一、致力于社会主义现代化建设的爱国者。四是只在新疆、内蒙等少数民族地区的主要城市发展成员，建立组织；不在西藏发展。五是不去发展的部门主要指：军队、公安、安全、外交系统、广播电台、电视台和中国共产党机关（包括党报）。已在上述部门的民主党派成员，应保留他们的民主党派党籍，但不在单位开展组织活动。六是不在中共党员、共青团员、工人、农民、在校学生中发展。

44. 各民主党派发展成员的重点是什么？

民主党派的组织发展以共同协商确定的范围和对象为主，有利于各民主党派保持各自的优势和特色，应继续坚持。根据目前各民主党派的章程，民革的发展对象是同原中国国民党有关系的人士、同民革有历史联系和社会联系的人士、同台湾各界有联系的人士和其他中上层人士；民盟的发展对象是从事文化教育以及科学技术和其他工作的知识分子；民建的发展对象是经济界人士以及有关专家学者；民进的发展对象是从事教育、文化、出版以及科技等其他工作的知识分子；农工党的发展对象是从事医药卫生以及科技、教育和其他工作的知识分子；致公党的发展对象是归侨、侨眷中的中上层人士和其他有海外关系的代表性人士；九三学社的发展对象是从事科学技术工作以及高等教育、医药卫生等方面的高、中级知识分子。各民主党派在坚持重点分工的前提下，可适当发展一些其他方面有代表性的中高级知识分子。这部分人士一般掌握在发展成员总数的30%以内。鉴于台盟情况特殊，仍坚持发展在祖国大陆的台湾省人士。

45. 共青团员能否加入民主党派？

为了更好地贯彻执行党的有关方针政策，协调好各组织之间的关系，中央统战部经与各民主党派和团中央协商，就共青团员能否加入民主党派和对已加入民主党派的团员怎样对待等问题达成协议：

（1）各民主党派不在共青团员中发展成员。

（2）已经加入民主党派的共青团员，可不退出团组织，同时也不要求他们退出民主党派。

（3）已经加入民主党派的团员应以参加团组织的活动为主，在必要时也可适当参加民主党派的活动。

（4）民主党派可以在超龄团员（包括未办理离团手续的超龄团员）中发展成员。

46. 民主党派成员为什么不能以民主党派身份而只能以个人身份参加政府工作？

民主党派成员不以党派身份而以个人身份参加政府工作和司法工作，这是由我国政权性质决定的。宪法规定："国家行政机关、审判机关、检察机关都由人民代表大会产生，对它负责，受它监督。"这与西方国家的政府通过政党竞选由获胜的政党组阁有着本质的区别。因此民主党派成员是以国家公务员身份参加政府工作。

当然，担任各级政府及司法机关领导职务的民主党派成员也具有一定的代表性。《中共中央关于进一步加强中国共产党领导的多党合作和政治协商制度建设的意见》中明确指出："民主党派成员和无党派人士担任国家和政府的领导职务，是实现共产党领导的多党合作的一项重要内容。"民主党派成员、无党派人士参加政府工作，有助于政府机关更广泛地联系群众，听取各种意见和建议，也有助于加强政府和各民主党派的联系，从而使政府在制定政策时更加全面，贯彻执行时更有成效。

47. 为什么要支持民主党派加强自身建设？

民主党派加强自身建设，是中国共产党领导的多党合作和政治协商制度长期存在和发展的必然要求，是提高整体素质、更好地履行参政党职能的客观需要。我国多党合作事业的巩固和发展，一方面取决于共产党的领导水平、执政水平，另一方面取决于民主党派自身建设的成效。《中共中央关于坚持和完善中国共产党领导的多党合作和政治协商制度的意见》颁发以来，各民主党派认真学习中国共产党加强党的建设的经验，结合参政党的特点和各自实际，在自身建设方面做了大量工作，取得积极成效，成员政治素质得到提高，成员结构进一步优化，参政议政能力进一步加强。进入新世纪新阶段，国际国内形势发生了复杂而深刻的变化，民主党派自身建设也面临许多新情况新问题。从国际上看，在经济全球化的浪潮下，国际敌对势力加紧对我实施西化、分化的政治图谋；从国内看，随着我国进入全面建设小康社会、加快推进社会主义现代化的新的发展阶段，对民主党派的工作提出了更高要求；随着我国改革开放的深化和社会主义市场经济的建立和发展，民主党派自身也发生了较大变化，民主党派的社会基础、成员结构发生了新的变化，组织规模有了较大发展，成员在价值观念和思维方式等方面的多样性特征更加明显；经过新老交替，新一代代表人物成为民主党派领导班子的主体。新形势、新任务和民主党派自身的发展和变化，对参政党建设提出了新的更高的要求。各民主党派适应历史和时代发展的要求，进一步加强自身建设，坚持正确的政治方向，不断提高政治把握能力、参政议政能力、组织协调能力和合作共事能力，对于巩固和发展与中国共产党在新世纪的长期合作，具有重大意义。

中国共产党作为与各民主党派亲密合作的友党，在支持民主党派加强自身建设方面负有义不容辞的政治责任。按照《中共中央关于进一步加强中国共产党领导的多党合作和政治协商制度建设的意见》的要求，党委要把支持民主党派加强自身建设作为一项重要政治责任，支持民主党派根据各自章程规定的参政党建设目标和原则，以思想建设为核心，以组织建设为基础，以制度建设为保障，把自身建设提高到新的水平，以更好地发挥参政党作用，同中国共产党一道不断开创多党合作事业的新局面。

48. 民主党派加强思想建设的内容是什么？

思想建设是民主党派自身建设的核心。面对深刻变化着的国际、国内形势和民主党派自身的变化，加强民主党派思想建设日益重要。《中共中央关于进一步加强中国共产党领导的多党合作和政治协商制度建设的意见》强调：支持民主党派加强思想建设。要学习邓小平理论和"三个代表"重要思想，提高成员的政治素质和思想道德水平，增强对建设中国特色社会主义的共识，提高贯彻基本路线和基本纲领的自觉性，深化对参政党地位、性质和历史使命的认识，为巩固和发展同中国共产党的团结合作奠定坚实的思想基础。这是民主党派思想建设的根本任务。当前，加强思想建设的主要内容：

（1）基本理论教育

理论学习是思想建设的根本。组织、引导成员学习邓小平理论和"三个代表"重要思想，增进对建设中国特色社会主义的共识，进一步巩固和发展民主党派同中国共产党长期合作的思想政治基础。

（2）基本国情和基本路线教育

引导成员正确认识国情，明确中国特色社会主义道路是实现国家富强、民族振兴、人民幸福唯一正确的道路，自觉贯彻基本路线和基本纲领，紧密围绕国家的中心任务发挥作用。

（3）多党合作历史和优良传统教育

学习多党合作的历史和各自党派的历史及章程，充分认识我国多党合作和政治协商制度确立和实行的必然性、特点和优越性；继承和发扬老一代领导人与中国共产党风雨同舟、团结合作的优良传统；深化对参政党内涵和职能的认识等，坚持正确的政治方向。

（4）形势、政策和任务教育

引导成员从大局出发，正确认识国内外形势，认真学习、深刻理解中共中央、国务院的重要方针政策，正确对待深化改革中出现的矛盾和困难，理顺情绪，增强信心，服务大局。

（5）爱国主义、社会主义和集体主义教育

进一步激发成员的爱国热情，调动为建设中国特色社会主义事业服务的积极性。加强社会主义道德建设，树立正确的世界观、人生观和价值观，坚持理想和信念。

49. 统战部门在民主党派工作方面的职责是什么？

当前统战部门在民主党派工作方面的主要职责是：协助党委宣传我国多党合作制度和贯彻有关方针政策，督促检查对民主党派政策的执行情况；充分发挥民主党派参政议政、民主监督作用，协助党委做好同民主党派的民主协商；同民主党派保持密切联系，协调党和民主党派的关系，了解民主党派成员及所联系群众的思想情况，反映他们的意见和要求；调查研究民主党派及其成员思想上、工作上存在的普遍性问题，向党委提出政策性建议；做好民主党派代表人物的政治安排，积极举荐民主党派成员和无党派人士担任各级政府及司法机关的领导职务；支持民主党派参加改革开放和现代化建设的实践，支持和帮助民主党派加强自身建设。培养、选拔一批同中共真诚合作的新一代民主党派领导人和骨干；积极为民主党派开展工作创造条件，排忧解难，帮助他们解决办公条件、编制、经费等问题。

统战部门作为党委的职能部门，要把党对民主党派工作的方针、政策贯彻好，执行好，主要应当在加强联系和做好服务上下功夫，即：协助党委切实加强同民主党派的联系，沟通情况，反映意见，通过广泛深入的协商和讨论，使中国共产党的主张成为各民主党派的共识；同时，积极主动、扎实有效地为民主党派服务，照顾他们的政治利益和物质利益，做到政治上充分信任、工作上大力支持、生活上关心照顾；为民主党派发挥作用服务，支持民主党派独立自主地处理内部事务，维护本党派成员及其所联系群众的合法利益，统战部门对民主党派进行适当的帮助是必要的，但是决不要把帮助和代替、干涉混同起来。我们应当充分认识到，民主党派越是能够独立自主地开展工作，其作用越是得到正确有效的发挥，就越有利于增强我们党对民主党派成员及所联系群众的凝聚力，越有利于坚持党的领导。

50. 如何进一步完善特约人员工作？

《中共中央关于坚持和完善中国共产党领导的多党合作和政治协商制度的意见》提出，聘请一批符合条件和有专门知识的民主党派成员、无党派人士担任特约监察员、检察员、审计员和教育督导员等。在实践中，特约人员工作领域逐步扩大，在原有特约"四员"（特约监察员、检察员、审计员、教育督导员）基础上，增加了国土资源监察员、税务监察员等。特约人员工作是健全和发展我国社会主义监督体系的一项创举，是加强党和政府以及司法机关同人民群众联系的有效渠道，是民主党派民主监督的有效形式。在总结多年来特约人员工作经验基础上，《中共中央关于进一步加强中国共产党领导的多党合作和政治协商制度建设的意见》提出：进一步完善特约人员工作制度，拓宽政府部门和司法机关聘请特约人员的领域，明确特约人员的职责和权利，切实发挥他们的作用。适应形势发展的要求，要进一步完善特约人员工作制度。

（1）中共党委和政府以及司法机关要牢固树立统战观念，从建设社会主义政治文明、坚持和完善中国共产党领导的多党合作和政治协商制度的高度来认识、规划、部署和开展特约人员工作，认真贯彻落实中共中央关于特约人员工作的各项规定和要求。

（2）在总结经验的基础上，根据工作的需要，逐步拓宽政府部门和司法机关聘任特约人员的领域。

（3）加强特约人员工作的制度建设，明确特约人员职责、权利和义务，规范各项具体制度，明确各有关方面的职责。中共党委要从统一战线工作的大局出发，重视特约人员队伍建设。党委统战部要有专职干部负责特约人员的培养、选拔、考察、推荐和管理，要把特约人员队伍建设与民主党派、无党派人士后备干部队伍建设结合起来，不断推进特约人员工作制度化、规范化。

51.《中共中央关于进一步加强中国共产党领导的多党合作和政治协商制度建设的意见》的颁布有什么重要意义？

《中共中央关于进一步加强中国共产党领导的多党合作和政治协商制度建设的意见》的颁布实施是我国政治生活中的一件大事，对统一战线和多党合作事业的发展产生了重大而深远的影响。

（1）文件的颁布是发展社会主义民主政治、建设社会主义政治文明的重要步骤

建设社会主义政治文明，是中国共产党领导人民坚持和发展人民民主长期实践的必然结论，是全面建设小康社会的重要目标。制度建设是社会主义政治文明建设的核心。中国共产党领导的多党合作和政治协商制度作为我国一项基本政治制度，与人民代表大会制度、民族区域自治制度一道，构成了我国政治

制度的基本构架，是发展社会主义民主政治、建设社会主义政治文明的重要内容。文件的制定实施是我国多党合作和政治协商的制度化、规范化、程序化建设的重要体现，对于坚持和完善中国共产党领导的多党合作和政治协商制度，更好地体现和发挥我国社会主义政党制度的特点和优势，不断增强我国政治体制的活力，必将产生巨大的推动作用。

（2）文件的颁布是落实科学发展观、全面建设小康社会的客观需要

全面建设小康社会是实现现代化建设第三步战略目标必经的承上启下的发展阶段，是全党全国人民在新世纪新阶段为之奋斗的重大战略任务，集中体现了以人为本、全面协调可持续的发展观。实现这一宏伟目标，需要统一全国人民的意志，凝聚方方面面的力量。中国共产党作为工人阶级的先锋队，作为中国人民和中华民族的先锋队，具有广泛的群众基础，代表最广大人民的根本利益；各民主党派作为一部分社会主义劳动者、社会主义事业的建设者、拥护社会主义的爱国者的政治联盟，可以更多地反映和代表各自所联系成员和群众的具体利益。共产党和各民主党派通过团结合作，可以最大限度地团结一切可以团结的力量，调动一切积极因素，共同推进中国特色社会主义的伟大事业。它适应了全面建设小康社会新阶段多党合作面临的新形势、新任务，对于更好地把各民主党派、各方面的智慧和力量都凝聚、团结和调动起来，集中力量办大事，齐心协力谋发展，具有十分重要的意义。

（3）文件的颁布是维护社会政治稳定、构建社会主义和谐社会的有力保障

实现社会和谐，建设美好社会，始终是人类孜孜以求的一个社会理想，是包括中国共产党和各民主党派在内的全体中国人民的共同愿望，也是确保各项事业顺利发展和国家长治久安的迫切要求。推动经济、政治、文化与社会和谐发展，构建社会主义和谐社会，政党间的团结合作是重要政治保证。我国的政党制度的显著特征是共产党领导、多党派合作，共产党执政、多党派参政，充分体现了民主协商的特点，强调以协商、合作代替竞争、冲突，具有西方多党制和其他政党制度不可比拟的优越性，有助于政局的稳定、人民的团结和各方面积极性的发挥。文件的制定实施，有利于巩固和发展中国共产党与各民主党派亲密合作的友党关系，巩固安定团结的政治局面，为建设一个民主法治、公平正义、诚信友爱、充满活力、人与自然和谐相处的社会主义和谐社会作出重要贡献。

（4）文件的颁布是抵御国际敌对势力西化、分化图谋，发挥我国政治制度和政党制度优势的战略举措

新世纪新阶段，和平、发展、合作是国际形势的主流，但天下并不太平，特别是国际敌对势力不但没有放弃敌视、对抗甚至颠覆社会主义国家的立场，而且加剧了对我国进行西化、分化的政治图谋。他们把推行西方政党制度作为重要突破口，利用多种手段鼓吹西方意识形态、价值观念，企图以多党制和议会制取代我国的人民代表大会制度和多党合作制度。国内也有一些人不同程度地受到西方民主观念和政治制度的影响。在这种形势下，文件的制定实施，对于保证新世纪新阶段我国政党制度的健康发展，充分发挥这一制度的优越性，实现和发展人民民主，从根本上抵御西方议会制、多党制的影响，始终不渝地走中国人民选择的政治发展道路有非常重大的意义。

52.《中共中央关于进一步加强中国共产党领导的多党合作和政治协商制度建设的意见》在理论观点和政策思想方面有哪些新的丰富和发展？

《中共中央关于进一步加强中国共产党领导的多党合作和政治协商制度建设的意见》在总结1989年《中共中央关于坚持和完善中国共产党领导的多党合作和政治协商制度的意见》颁布实施以来多党合作理论成果和实践经验的基础上，结合新的形势和任务，提出了一系列新的理论观点和政策思想。主要有以下12个方面：

（1）明确了坚持和完善中国共产党领导的多党合作和政治协商制度是建设社会主义政治文明的重要内容

文件强调在新的历史条件下，发展社会主义民主政治、建设社会主义政治文明，其中一个重要方面就是坚持和完善中国共产党领导的多党合作和政治协商制度，扩大各界人士有序的政治参与，拓宽社会利益表达渠道，促进社会和谐发展，实现中国共产党的领导、人民当家做主和依法治国的有机统一。

（2）概括了我国多党合作和政治协商必须认真坚持和遵循的重要政治准则

必须坚持以马克思列宁主义、毛泽东思想、邓小平理论和"三个代表"重要思想为指导，坚持中国共产党的领导，坚持社会主义初级阶段的基本路线、基本纲领和基本经验，坚持长期共存、互相监督、肝胆相照、荣辱与共的

基本方针，保持宽松稳定、团结和谐的政治环境。中国共产党和各民主党派都必须以宪法为根本活动准则，负有维护宪法尊严、保证宪法实施的职责。

（3）强调发展是中国共产党执政兴国的第一要务，也是各民主党派参政议政的第一要务

多党合作和政治协商要牢牢把握发展这个根本任务，树立和落实科学发展观，紧紧围绕经济建设这个中心，自觉服务于改革发展稳定的大局，把各方面的智慧和力量凝聚到实现全面建设小康社会的奋斗目标上来，促进社会主义物质文明、政治文明、精神文明的协调发展和人的全面发展，实现中华民族的伟大复兴。

（4）完善了对我国民主党派性质的表述

民主党派是各自所联系的一部分社会主义劳动者、社会主义事业建设者和拥护社会主义爱国者的政治联盟，是接受中国共产党领导、同中国共产党通力合作的亲密友党，是进步性与广泛性相统一、致力于中国特色社会主义事业的参政党。同时强调民主党派组织各自成员积极参与社会主义现代化建设，反映和代表各自所联系群众的具体利益和要求，同香港特别行政区同胞、澳门特别行政区同胞、台湾同胞和海外侨胞有着广泛联系，是发展先进生产力、社会主义民主政治、社会主义先进文化和构建社会主义和谐社会的一支重要力量，也是实现祖国统一、民族振兴的一支重要力量。

（5）进一步明确了无党派人士在多党合作中的地位、职能和作用

无党派人士是我国政治生活中的一支重要力量，并把无党派人士界定为"没有参加任何党派、对社会有积极贡献和一定影响的人士，其主体是知识分子"；提出"应充分发挥无党派人士的自身优势，鼓励和支持无党派人士在参政议政、民主监督中发挥积极作用"，强调"积极稳妥地培养、选拔和安排新一代无党派代表人士，推进新老交替"。

（6）进一步完善了政治协商的内容、形式和程序

把政治协商纳入决策程序，就重大问题在决策前和决策执行中进行协商作为政治协商的重要原则，提出政治协商包括两种基本方式，一种是中国共产党同各民主党派之间的协商，一种是中国共产党在人民政协同各民主党派和各界代表人士的协商。文件规范了中国共产党同各民主党派政治协商的内容和程序，并提出要按照《中国人民政治协商会议章程》的要求，推进人民政协政治协商的制度化、规范化和程序化。

（7）进一步提出要充分发挥民主党派、无党派人士的参政议政作用

文件提出在全国和省级人大常委会中应有民主党派成员或无党派人士担任副秘书长。重点在涉及行政执法监督、与群众利益密切相关、紧密联系知识分子、专业技术性强的政府工作部门领导班子中选配民主党派成员、无党派人士担任领导职务。符合条件的可以担任正职。国务院有关部委领导班子中要注意选配民主党派成员和无党派人士。各省、自治区、直辖市可根据各级政府机构设置情况，明确需要选配的工作部门的适当比例。提出要保证民主党派成员和无党派人士等在各级政协中占有较大比例，并作出具体规定。同时，还提出要进一步加强政府与民主党派联系，积极为民主党派和无党派人士发挥作用创造条件。

（8）进一步明确了民主监督的若干理论和政策

文件指出中国共产党与民主党派实行互相监督，这种监督是在坚持四项基本原则的基础上通过提出意见、批评、建议的方式进行的政治监督，并对民主监督的内容、形式作出明确规定，提出要拓宽民主监督的渠道、完善民主监督机制、加大民主监督力度。

（9）进一步提出要加强与党外人士的合作共事

文件强调这是我们党坚定不移的方针，并明确培养选拔党外干部的总体要求和具体政策，拓宽党外干部的选配领域，充分发挥党外干部的作用，努力建设一支政治坚定、素质优良、结构合理、代表性强、同中国共产党亲密合作的党外干部队伍。

（10）进一步强调要发挥人民政协的作用

文件提出人民政协要围绕团结和民主两大主题，认真履行政治协商、民主监督、参政议政的职能。要围绕中心、服务大局，突出特点、发挥优势，努力促进参加政协的各党派、无党派人士开展协商，团结合作。要广泛联系社会各界人士，畅通反映社情民意的渠道，广开言路、广求良策、广谋善举，为巩固和发展民主团结、生动活泼、安定和谐的政治局面发挥积极作用。

（11）进一步提出要支持民主党派自身建设

文件要求要支持民主党派根据各自章程规定的参政党建设目标，按照坚持中国共产党的领导、发扬社会主义民主、体现政治联盟特点、体现进步性和广泛性相统一的原则，以思想建设为核心，以组织建设为基础，以制度建设为保障，把自身建设提高到新的水平。

（12）进一步明确了加强和改善中国共产党对多党合作和政治协商的领导

文件要求各级党委要从提高党的执政能力、发展社会主义民主、构建社会主义和谐社会、推进改革开放和现代化建设胜利发展的战略高度，进一步提高认识。进一步明确领导原则，即中国共产党对民主党派的领导是政治领导，即政治原则、政治方向和重大方针政策的领导。对改进领导方法提出明确要求，如要善于通过广泛深入的协商和讨论，使党的主张成为各民主党派的共识，要充分发扬社会主义民主，支持民主党派独立自主地处理内部事务等。对中共党委重视多党合作和民主党派工作提出了具体要求，包括纳入重要议事日程定期研究，纳入各级党校、行政学院的教学计划，纳入党委宣传部门和主要新闻媒体的宣传计划，党委主要领导和分管领导要带头做民主党派工作，明确中共基层党组织在加强民主党派工作方面的任务等。要求切实为民主党派和无党派人士履行职能、发挥作用创造条件，提出"要把民主党派的办公经费和考察调研、教育培训等专项经费列入同级财政预算。根据民主党派组织发展和开展工作的需要，研究解决民主党派地方机关在人员编制方面存在的问题。"

53. 新世纪新阶段我国多党合作的主要内容和形式是什么？

（1）中国共产党和各民主党派之间的合作与协商

中国共产党同民主党派进行协商，是我国多党合作和政治协商制度的一项重要内容，也是我国多党合作的主要形式。中共中央在做出重大决策之前，一般都召集各民主党派，无党派人士协商会、座谈会，通报情况，共商国是，听取意见。总结建国以来行之有效的经验，主要采取以下三种协商形式：① 中共中央主要领导人邀请各民主党派主要领导人和无党派人士举行民主协商会，就中共中央将要提出的大政方针问题进行协商。② 中共中央主要领导人根据形势需要，不定期地邀请民主党派主要领导人和无党派人士举行高层次、小范围的谈心活动，就共同关心的问题自由交谈、沟通思想、征求意见。③ 由中共中央召开民主党派、无党派人士座谈会，通报或交流重要情况，传达重要文件，听取他们提出的政策性建议或讨论某些专题。除协商会议外，民主党派中央（市委）可向中共中央（市委）提出书面建议。协商的内容包括：中共全国代表大会、中共中央委员会的重要文件；宪法和重要法律的修改建议；国家领导人的建议人选；关于推进改革开放的重要决定；国民经济和社会发展的中长期规划；关系国家全局的一些重大问题；通报重要文件和重要情况并听取意见，以及其他需要同民主党派协商的重要问题等。

（2）民主党派成员、无党派人士在人民代表大会中发挥作用

人民代表大会是我国人民行使国家权力的机关，也是民主党派成员、无党派人士参政议政和发挥监督作用的重要机构。为了更好地发挥民主党派成员、无党派人士在人大的参政议政和监督作用，就要保证他们在人大代表、人大常委和人大常设专门委员会中占有适当比例，在各级人大领导班子成员中有适当数量。在全国和省级人大常委会中应有民主党派成员或无党派人士担任副秘书长。此外，还要根据条件采取一些新的活动方式：中共人大党组成员与担任人大领导职务的民主党派和无党派人士经常交流情况，沟通思想；人大常设专门委员会聘请有相应专长的民主党派成员、无党派人士担任顾问；人大、人大常委会组织关于特定问题的调查委员会，人大各专门委员会在组织有关问题的调查研究时，吸收人大代表中的民主党派成员和无党派人士参加，或聘请民主党派、无党派的专家。民主党派成员、无党派人士中的人大代表依照《宪法》及《全国人民代表大会组织法》、《全国人民代表大会议事规则》等法律规定在人大进行活动，不在人大设立议会党团。

（3）举荐民主党派成员、无党派人士在各级政府及司法机关中担任领导职务，与共产党合作共事

民主党派成员和无党派人士担任国家和政府的领导职务，是实现中国共产党领导的多党合作的一项重要内容。建国以来，政府和司法机关一直有民主党派和无党派人士的代表人物参加工作，有些担任了领导职务。除举荐民主党派成员、无党派人士担任政府及司法机关的领导职务外，还在政府工作中开辟了民主党派成员、无党派人士参政和监督的多种渠道，促进他们参与国家事务的管理。这方面的主要内容和形式有：国务院和各级地方政府根据需要召开有民主党派负责人和无党派人士参加的座谈会，就拟提交人民代表大会审议的政府工作报告、有关重大政策措施和关系国计民生的重大建设项目征求意见，通报国民经济和社会发展的有关情况；政府召开全体会议和有关会议，可视情邀请民主党派负责人和无党派人士列席；政府组织的有关廉政建设、社会治安综合治理和规范市场经济秩序等检查工作，可根据需要请民主党派成员和无党派人士参加。政府有关部门根据工作业务范围同相关民主党派建立和加强联系，重要专业性会议和重要政策、规划的制定，根据需要邀请相关的民主党派负责人参加。政府参事的聘任，以民主党派成员和无党派人士为主体，发挥他们参政

议政、建言献策、咨询国是、统战联谊的作用。中共党委和政府可以委托民主党派就有关问题进行考察调研，提出建议；聘请符合条件和有专门知识的民主党派成员、无党派人士担任特约人员。

（4）民主党派在人民政协中的作用

人民政协是我国爱国统一战线组织，也是共产党领导的多党合作和政治协商的一种重要组织形式，其主要职能是对国家大政方针、地方重要事务、政策法令的贯彻、群众生活和统一战线中的重大问题，进行政治协商和民主监督，成为各党派、各人民团体、各界代表人士团结合作、参政议政的重要场所。人民政协的监督虽是一种民主监督，不具有国家权力的性质，没有法律约束力，但它与人大的监督相辅相成，在社会主义民主政治建设中可以起到国家权力机关所不能代替的积极作用。要保证民主党派可以以本党派的名义在政协大会上发表意见和主张，可以提出代表本党派组织的提案，可以自主开展调查研究活动。要保证民主党派和无党派人士在各级政协中占有较大比例，坚持做到政协委员中非共产党人士多于共产党员，这是中共的一贯政策，自第一届政协以来，基本上都是这样做的。民主党派成员和无党派人士在政协各专门委员会负责人中应有适当数量，在委员中占有适当比例。政协机关中应有一定数量的民主党派和无党派人士担任专职领导干部。

（5）支持民主党派为社会主义现代化建设事业服务

民主党派为社会主义现代化建设事业服务主要包括，民主党派就国家和地方经济、社会、政治等重大问题开展调查研究和考察活动，提出意见和建议；民主党派按照国家政策规定，有计划地开展对台湾同胞、港澳同胞、海外华侨和外籍华人的联谊工作，协助引进资金、技术和人才，发展经济往来，推进大陆与台、港、澳及海外的科技、文化、学术、体育交流；民主党派开展经济、科技、教育、法律、队卫、文化等咨询及社会服务活动；民主党派开展智力支边、扶贫工作等。各级政府和有关部门要积极支持民主党派为社会主义现代化建设和统一祖国事业多作贡献。

总之，我国的多党合作体现在我国政治生活的各个重要领域。随着我国社会主义民主政治建设的发展，我国的多党合作也将进一步发展，合作的内容、形式将更加充实和丰富。

54. 多党合作必须坚持的重要政治准则是什么？

我国多党合作事业之所以能够长期存在并取得显著成就，一个重要原因就在于，中国共产党与各民主党派在多党合作中具有共同的政治基础，并在长期实践中形成并坚持了一些重要的政治准则。

新中国成立后，第一届中国人民政治协商会议形成的《共同纲领》，成为多党合作的政治基础和基本政治准则。1997年12月23日，江泽民同志同党外人士座谈时，在总结中国共产党与各民主党派半个多世纪团结合作历史经验的基础上，提出了多党合作的四条准则：坚持邓小平理论为指导，坚持社会主义初级阶段的基本路线和纲领，坚持中国共产党领导的多党合作和政治协商制度，坚持"长期共存、互相监督、肝胆相照、荣辱与共"的方针。2000年12月31日，《中共中央关于加强统一战线工作的决定》将这四条准则发展为：坚持中国共产党的领导，坚持以邓小平理论为指导，坚持社会主义初级阶段的基本路线和基本纲领，坚持"长期共存、互相监督、肝胆相照、荣辱与共"的基本方针。

《中共中央关于进一步加强中国共产党领导的多党合作和政治协商制度建设的意见》根据形势任务的发展变化，一是在"坚持以邓小平理论为指导"中，增加了马克思列宁主义、毛泽东思想和"三个代表"重要思想；二是按照中共十六大精神，把"坚持社会主义初级阶段的基本路线和基本纲领"，完善为"坚持社会主义初级阶段的基本路线、基本纲领和基本经验"；三是将江泽民同志在2000年全国统战工作会议讲话中提出的在多党合作中"保持宽松稳定、团结和谐的政治环境"的原则，作为一条新的政治准则；四是进一步强调中国共产党和各民主党派都必须以宪法为根本活动准则，负有维护宪法尊严、保证宪法实施的职责，从而形成了在新世纪新阶段我国多党合作和政治协商必须坚持的重要政治准则。即坚持以马克思列宁主义、毛泽东思想、邓小平理论和"三个代表"重要思想为指导，坚持中国共产党的领导，坚持社会主义初级阶段的基本路线、基本纲领和基本经验，坚持"长期共存、互相监督、肝胆相照、荣辱与共"的基本方针，保持宽松稳定、团结和谐的政治环境。中国共产党和各民主党派都必须以宪法为根本活动准则，负有维护宪法尊严、保证宪法实施的职责。这些重要政治准则是中国共产党与各民主党派在长期团结合作中形成的政治共识，是共产党领导的多党合作和政治协商制度保持强大生命力的根本所在，为新世纪新阶段多党合作始终沿着正确的方向健康发展，提供了重要的政治规范。

55. 多党合作为什么要坚持中国共产党的领导？

坚强有力的领导核心，是有效凝聚国家政治力量的重要保证。在我国，中国共产党是中国特色社会主义建设事业的领导核心。坚持中国共产党的领导，是巩固和发展我国多党合作的首要前提，是多党合作和政治协商制度的核心问题。

（1）坚持中国共产党的领导是由我国社会主义国家性质和政治制度所决定的

邓小平同志曾深刻地指出："中国由共产党领导，中国社会主义现代化建设事业由共产党领导，这个原则不能动摇。动摇了中国就要倒退到分裂和混乱，就不可能实现现代化。"中国共产党领导的多党合作和政治协商制度作为我国一项基本政治制度，是我国整个政治体制的重要组成部分。坚持共产党对社会主义国家整个政治制度的领导这一根本原则，就决定了作为政治制度组成部分的多党合作制度理所当然地也要以共产党的领导为根本原则。共产党对多党合作的领导，是政治领导，即政治方向、政治原则和重大方针政策的领导。

（2）共产党的领导是在长期的革命斗争中形成的，是各民主党派的自觉选择

新民主主义革命时期建立的我国的各民主党派，是民族资产阶级、城市小资产阶级以及它们的知识分子的阶级联盟。民主党派当中，有许多志士仁人，为民族的独立和国家的解放奔走呼号，抛洒热血，但是由于阶级和历史的局限性，他们无法完成反帝、反封建的任务，更无法承担独立领导中国革命的重任。中国共产党在领导新民主主义革命走向胜利的艰苦卓绝的斗争中确立了在中国人民中的领导地位。一方面，民主革命时期，民主党派的政治主张与共产党的最低纲领是基本一致的。因而，民主党派一登上历史舞台，就是作为共产党的同盟者出现的，并在与共产党的合作中，不断进步，不断发展。另一方面，国民党实行的一党专制，本质上是大地主、大资产阶级的专政。它不允许其他政党合法存在。各民主党派在斗争的实践中认识到，只有在共产党的领导下，才能实现民族解放，国家振兴。各民主党派在1948年响应中共"五一"口号的宣言中指出："中共在中国革命艰苦而长期的斗争中，贡献最大而又最英勇，为全国人民起了先导和模范作用。因此，这次新政协的召开，无疑我们

得承认它是领导者和召集人。"表明了当时各民主党派在作出接受共产党领导历史性选择时的思考和认识。

（3）坚持共产党对多党合作的领导，对民主党派自身的发展有着极其重要的意义

首先，共产党对多党合作实行政治领导的原则，决定了民主党派具有不同于西方政党的政治目标、合作方式和党际关系。在这一原则下，民主党派的政治目标不是像西方国家的政党那样以夺取政权为主要目的，而是通过与共产党的合作，参与国家的决策。民主党派的基本职能是参政议政、民主监督。民主党派同共产党的关系是肝胆相照、荣辱与共的亲密合作关系，而不是分庭抗礼的政治反对派。其次，共产党对多党合作的领导是以民主党派存在与发展为前提的，并把支持和帮助民主党派加强自身建设作为重要政治责任。这对于民主党派履行职能和自身发展，开展各项政治活动、社会活动、发展成员和机关建设等，都是必不可少的。因此，《中共中央关于进一步加强中国共产党领导的多党合作和政治协商制度建设的意见》把坚持中国共产党的领导作为我国多党合作和政治协商必须认真坚持和遵循的重要政治准则之一。这是中国共产党与各民主党派在长期团结合作中形成的政治共识，是共产党领导的多党合作和政治协商制度保持强大生命力的根本所在。

56. 衡量我国政党制度的主要标准是什么？

衡量我国的政治制度和政党制度，最根本的是要从我国的国情出发，以能否促进社会生产力持续发展和社会全面进步，能否保持和发挥社会主义制度的特点和优势，能否实现和发展人民民主、增强党和国家的活力，能否保持国家政局的稳定和社会安定团结，能否实现和维护最广大人民的根本利益为标准。坚持和完善我国的政党制度，要借鉴人类政治文明的有益成果，但绝不能照搬照抄别国政治制度的模式。

57. 为什么说中国共产党领导的多党合作和政治协商制度体现了我国政治制度的特点和优势？

中国共产党领导的多党合作和政治协商制度，既是我国的基本政治制度，也是符合国情的社会主义政党制度。这一政党制度的显著特征是：共产党领导、多党派合作，共产党执政、多党派参政，具有根本不同于其他政党制度的

特点和优势。

（1）我国的多党合作以中国共产党的领导为前提

中国共产党是我国革命、建设和改革事业的领导核心，始终代表中国先进生产力的发展要求，代表中国先进文化的发展方向，代表中国最广大人民群众的根本利益，是我国革命、建设和改革事业不断从胜利走向胜利的根本保证。在我国多党合作制度中，坚持共产党领导是基本前提和政治基础，也是各民主党派的自觉选择。半个世纪的历史实践证明，只有坚持中国共产党的领导，才能保持多党合作的正确政治方向，才能使各民主党派在与共产党的团结合作中不断取得历史性的进步，才能同心协力地把共同事业不断推向前进。可以说，在共产党领导下，各民主党派与共产党长期共存，互相监督，团结合作，为共同的目标团结奋斗，是我国政治制度和政党制度区别于西方多党制的根本特点，也是我国政治制度和政党制度的优势所在。

（2）各民主党派是与共产党共同致力于中国特色社会主义事业的亲密友党，是参政党，而不是反对党或在野党

因为我国民主党派与共产党在政治目标和根本利益上具有一致性。在新民主主义革命时期，各民主党派同中国共产党共同进行推翻三座大山的伟大斗争。新中国成立后，各民主党派与中国共产党以《共同纲领》为共同政治基础，进行了向社会主义的伟大转变。在改革开放和现代化建设新时期，各民主党派与中国共产党共同致力于建设中国特色社会主义伟大事业。在中国共产党执政的半个多世纪中，各民主党派作为参政党，参加国家政权，参与国家大政方针和国家领导人选的协商，参与国家事务管理，参与国家方针、政策、法律、法规的制定执行，积极发挥参政议政和民主监督作用，从而使我国既保持了团结稳定的政治局面，又创造了振奋活跃的民主气氛，这与西方多党制中以谋取执政地位为目的的反对党、在野党具有本质的不同。

（3）中国共产党的领导和执政地位与各民主党派作为亲密友党和参政党地位，决定了我国多党合作制度的实质是团结合作

各民主党派与中国共产党的关系是肝胆相照、荣辱与共的挚友、诤友关系，是参政党与执政党在国家政治生活中亲密团结、合作共事的关系，而不是多党竞争、轮流执政、互为对手、彼此倾轧的势不两立关系。这种团结合作关系，既有利于共产党与各民主党派在共同政治基础上加强团结合作，通过平等协商形成科学决策，集中力量办大事；又有利于避免多党竞争、互相

倾轧造成的政治动荡和一党专制、缺少监督造成的种种弊端。这与以竞争为特征的西方多党制政治体制形成了鲜明的对照，也是区别于西方多党制的显著特征。

58. 为什么说实行中国共产党领导的多党合作和政治协商制度是中国社会历史发展的必然选择？

中国共产党领导的多党合作和政治协商制度是我国一项基本政治制度。这一制度的形成和确立，既是历史发展的必然，也是中国人民长期探索和奋斗的成果，是中国共产党和中国人民政治经验和政治智慧的结晶，是马克思主义基本原理同中国政治发展实际相结合的产物。1840年鸦片战争后，中国沦为半殖民地半封建社会，无数仁人志士为救国图存开始向西方国家寻找真理，翻译和介绍了大量西方资产阶级政治学说，其中包括政党政治理论，也组建了一些旨在反对封建专制统治、摆脱帝国主义奴役的政治团体。1905年，孙中山创立同盟会，成为我国第一个现代意义上的政党，由此揭开了我国政党历史的第一页，也开始了对我国政党制度艰难曲折的探索和实践。辛亥革命后，中华民国临时政府颁布了具有资产阶级共和国宪法性质的《临时约法》，全面照搬西方的议会政治，并允许人们结社组党。一时间，各类政治团体蜂涌而起，出现了政党丛生、党派林立的局面，多时达300多个。但是，随着袁世凯刺杀宋教仁，解散国民党，取消国会，恢复帝制，民国初年多党议会制彻底宣告失败。民国初年实行的多党制，是中国政党制度的第一次尝试。相对封建专制而言，这是一个历史性进步，也是中国政治发展和政党制度发展的一个重要环节，但其最终失败是不可避免的。中国有两千多年的封建统治历史，封建专制的政治势力非常强大，封建思想文化根深蒂固，实行政党政治在当时缺乏必要的社会基础。同时，在强大的反动势力面前，革命的、民主的阶级与各种政治力量只有联合起来，才能完成艰巨的革命任务，而效仿西方采取的竞争性政党制度却加剧了各政党间的互相厮杀和彼此争斗，在客观上削弱了民主的力量。民国初年政党政治的实践表明，多党制由于不符合中国的实际情况，注定在中国是行不通的。

1927年"四一二"反革命政变后，国民党实行一党专制，独揽国家一切权力，推行"一个党、一个主义、一个领袖"，极力排斥工人阶级、农民阶级、小资产阶级和民族资产阶级，并对中国共产党和各民主党派实行排斥、迫害和镇压政策。一党专政、军事独裁加上特务统治,从思想、理论和组织上置一切政党于死地,成为国民党专制统治的主要特征。抗日战争全面爆发后,迫于国内外压力,蒋介石政府表面上允许共产党和其他党派合法存在,但实际上始终不忘"限共、溶共、反共",并掀起一次次反共高潮,其一党专制的实质没有发生根本变化。抗日战争结束后,蒋介石国民党一党独裁的反动面目迅速暴露,拒绝中国共产党和民主党派提出的建立民主联合政府的主张,发动全面内战,最终导致了政治上的孤立、经济上的崩溃和军事上的失败。这表明,在中国实行排斥其他党派的一党专制,是违背历史潮流和人民愿望的,同样是行不通的。

在深刻总结历史经验和教训的基础上,中国共产党把马克思主义政党学说与中国革命实践相结合,同我国各民主党派一起,创立和发展了中国共产党领导的多党合作和政治协商制度。1949年新政协的召开,标志着这一制度的正式形成。总之,在中国确立和实行中国共产党领导的多党合作和政治协商制度,是中国社会历史发展的必然结果,是包括民主党派在内的全体中国人民自觉的、历史的选择,符合中国特色社会主义事业的发展要求和全国各族人民的根本利益。

59. 坚持和完善我国的政治制度为什么不能照搬别国的政治模式?

《中共中央关于进一步加强中国共产党领导的多党合作和政治协商制度建设的意见》强调指出:"坚持从我国国情出发,不断发展和完善我国社会主义政党制度";"坚持和完善我国的政党制度,要借鉴人类政治文明的有益成果,但绝不能照抄照搬别国政治制度的模式"。这是发展社会主义民主政治、完善社会主义政党制度的重要经验,也是我国多党合作事业今后发展必须牢牢把握的政治方向。

确立和实行适合国情的政治制度和政党制度,对一个国家的经济发展、政局稳定、社会进步、人民幸福,具有极其重要的意义。但是,世界是丰富多彩的,各国的历史传统、经济文化发展水平和社会制度不同,其政治制度和政党制度必然不同,没有也不可能有一个放之四海而皆准的政治制度和政党制度模式,没有也不可能存在统一适用于各国的"民主模式"。因此,确立和实行适合国情的政治制度和政党制度,必须从本国的国情出发,以本国的政治制度、文化传统、经济基础为依据。否则,必然会给国家和人民带来灾难性的后果。

我国的多党合作和政治协商制度，是中国共产党领导人民经过长期实践探索出来的，与新中国相伴而生，深深根植于中国土壤中，符合中国特色社会主义事业发展要求和全国各族人民的意愿和根本利益，具有鲜明的中国特色。这一制度以共产党领导、多党派合作，共产党执政、多党派参政为显著特征，强调团结、合作、和谐，在国家重大问题上民主协商、科学决策，集中力量办大事，具有巨大的优越性。新中国成立半个多世纪以来，经济和社会发展取得举世瞩目的成就，国家面貌发生了翻天覆地的变化，与始终坚持共产党领导的多党合作和政治协商制度是分不开的。无论是中国共产党还是各民主党派、无党派人士，都要倍加珍惜、自觉维护，在坚持的基础上不断完善。坚持走中国特色社会主义政治发展道路，最重要的是要在借鉴人类政治文明有益成果的基础上，更好地坚持和完善我国的政治制度和政党制度，但决不照搬照抄别国的政治制度模式。离开社会主义中国的国情，不顾中国人民的实践效果，企图照搬西方的政治制度模式来代替我国的政治制度和政党制度，在理论上政治上是极其错误的，在实践上必然造成灾难性的、无法挽回的后果。

60. 我国实行的中国共产党领导的多党合作和政治协商制度与资本主义国家的多党制和两党制有什么不同？

西方资本主义国家的多党制或两党制是伴随资本主义经济发展而产生的一种为资产阶级利益服务的政治制度。不管两党制也好，多党制也好，都是维护资产阶级的根本利益的。我国的多党合作制同西方的多党制或两党制有着根本的不同：

（1）作为上层建筑，各自所赖以存在的经济基础不同

资本主义国家的多党制或两党制是建立在资本主义私有制基础上，从总体上是为巩固资本主义私有制服务的；而我国的多党合作制则是建立在社会主义公有制基础上，为巩固社会主义经济基础服务的。

（2）两种政党制度所反映的阶级关系不同

资本主义的政党制度反映的是各垄断资本集团之间争权夺利的矛盾和相互倾轧的竞争状态。而我国的多党合作制所反映的则是社会主义条件下各部分劳动者根本利益的一致性和具体利益差异性的统一。

（3）政党之间的关系也根本不同

资本主义国家的两党制或多党制，有的表现为资产阶级各政党之间为了争

夺统治劳动人民的权力，勾心斗角，彼此倾轧，而反映为"在朝"与"在野"政党之间的矛盾关系；有的表现为资产阶级政党之间"执政党"同"反对党"的矛盾。而我国的政党制度则是以共产党为领导，在共同的奋斗目标基础上，各党派真诚合作又相互监督的一种新型的社会主义政党关系，不存在"在朝"与"在野"，更不存在执政党与反对党的关系。

在我国不允许成立反对四项基本原则、危害国家政权的政治组织。我国的政党制度是适合我国国情的政治制度，体现了我国社会主义民主政治的优越性。因此，我们只能通过不断完善、充实共产党领导的多党合作制来进一步发挥其优越性，而绝不能实行西方的多党制。

61. 为什么在我国人民代表大会中不能搞议会党团？

西方国家议会中搞议会党团，是由它们的议会制度和政党制度决定的。为了适应议会竞选和政党斗争的需要，各党派在议会中组成议会党团，以统一本党的意志和采取一致的行动。

我国人民代表大会制度不是像西方国家的议会那样以政党活动为基础组成的，与西方议会制度有本质的区别。这一制度确认人民是国家的主人，保证人民行使管理国家的权力，我国宪法规定："全国人民代表大会和地方各级人民代表大会都由民主选举产生，对人民负责，受人民监督"；"全国人民代表大会由省、自治区、直辖市和军队选出的代表组成"；"全国人民代表大会代表受原选举单位的监督"。因此，在人大中不能搞议会党团，民主党派成员中的人大代表不以党派身份而以个人身份进行活动。

62. 中国共产党与民主党派互相监督的性质是什么？

中国共产党与民主党派实行互相监督是在坚持四项基本原则的基础上通过提出意见、批评、建议的方式进行的政治监督，是我国社会主义监督体系的重要组成部分。这一表述，阐明了互相监督的性质，它包含三层意思：一是中国共产党与民主党派的互相监督是政党之间的监督。这与西方政党制度中反对党和在野党以执政党为对立面搞权力制衡有着本质的区别。这种监督是建立在根本利益一致的基础上，其目的是更好地致力于共同事业。二是这种监督是在坚持四项基本原则基础上进行的政党之间的政治监督，监督的主要内容是党和国家的重大方针政策和重大问题，具有层次高、范围广、形式多样的特点。三是这种监督属于民主监督的范畴，是通过提出意见、批评、建议的方式进行，不同于国家权力机关的监督和行政、司法监督，不具备国家权力性质和法律约束力，同时又具有自己的独特优势和作用，和国家权力机关的监督以及其他监督相互配合，相互补充，共同构成我国的社会主义监督体系。

63. 民主党派民主监督的主要内容和形式是什么？

民主党派民主监督的主要内容：国家宪法和法律法规的实施情况；中国共产党和政府重要方针政策的制定和贯彻执行情况；党委依法执政及党员领导干部履行职责、为政清廉等方面的情况。明确民主党派民主监督的内容，使民主党派的民主监督有章可循，对于充分发挥民主党派民主监督的作用具有重要意义。

民主党派履行监督职能的主要形式：在政治协商中提出意见；在深入调查研究的基础上，向党委及其职能部门提出书面意见；人大及其常委会和各专门委员会在组织有关问题的调查研究时，可邀请民主党派成员和无党派人士参加；通过在政协大会发言和提出提案，在视察调研中提出意见或其他形式提出批评和建议，参加有关方面组织的重大问题调查和专项考察等活动；应邀担任司法机关和政府部门的特约人员等。明确了民主党派民主监督的形式，有利于民主党派在多党合作的制度框架内，更好地发挥民主监督作用。

64. 如何理解民主党派民主监督不具备法律的约束力？

民主党派的监督，本质上属于民主监督范畴，主要是通过提出意见、批评、建议的方式进行的。一是民主监督是人民民主权利的一部分，其方式是提意见、作批评。如果其具有法律约束力，那就不是民主监督而是法律监督了。二是广大统一战线成员所提的意见、建议和批评，不少是正确和合理的，也有不够全面的或不正确的，需要择善而从。有些意见虽然是好的，但由于条件的限制，一时还难以实行。如果凡是意见建议都要通过法律约束强制执行，不仅是有害的，而且是不可行的。三是把民主监督搞成具有法律的约束力，必将影响中国共产党和民主党派"肝胆相照、荣辱与共"的政党关系。我国实行的是多党合作的政党制度，共产党和各民主党派坚持社会主义的一致性和团结合作的政党关系，如果把这种监督搞成具有法律的约束力，就等于从法律上规定，民主监督所提出的意见必须采纳，如果不采纳，就是违反了法律，这样就破坏了团结合作的政党关系的基础。四是把民主监督搞成具有法律的约束力，是与我国政体不相符合的。我国是人民当家做主的国家，体现在政体上就是实行人民代表大会制度。人民政协是我国的统一战线组织，人民政协的不可替代性正是表现在它的统一战线性质上。民主监督既是民主党派的一项基本职能，也是人民政协的一项基本职能。如果把民主监督搞成具有法律的强制性，就等于赋予政协法律监督的权力。这样，政协就不是统一战线组织，而是权力机关了，这就违背了宪法，形成两个国家权力机关。当前，我们要加强民主监督的规范化和制度化建设，加大民主监督的力度。同时，也要准确把握民主监督的性质，保证民主监督沿着正确的方向健康发展。

65. 新世纪新阶段怎样巩固和发展我国社会主义政党关系？

胡锦涛总书记在第 20 次全国统战工作会议上指出："正确认识和处理中国共产党和民主党派的关系，保持和促进我国政党关系和谐，是发展社会主义民主政治、建设社会主义政治文明的重要内容，也是构建社会主义和谐社会的重要内容。"我们党坚持"长期共存、互相监督、肝胆相照、荣辱与共"的方针，高度重视同民主党派和无党派人士的团结，形成了中国共产党领导、多党派合作、中国共产党执政、多党派参政的多党合作的政治格局，发展了我国各政党民主团结、生动活泼的良好政治关系。这种中国特色社会主义政党制度，体现了我国社会主义民主政治的本质要求，是我国社会主义制度的一个政治优势。

巩固发展我国社会主义政党关系，实现我国政党关系长期和谐，根本在于坚持走中国特色社会主义政治发展道路，关键在于坚持和完善中国共产党领导的多党合作和政治协商制度。中国特色社会主义政治发展道路，是一条符合我国国情、顺应时代潮流，能够为国家富强、民族振兴、人民幸福、社会和谐提供根本政治保证的政治发展道路，体现了全国各族人民的根本利益。中国共产党领导的多党合作和政治协商制度，是中国共产党和各民主党派、无党派人士的共同选择，具有历史的必然性和巨大的优越性，为正确处理我国政党关系提供了基本制度保证。我们要坚持和遵循我国多党合作和政治协商长期实践形成的基本政治制度和重要政治准则。同时，我们要立足国情，继续积极稳妥地推进政治体制改革，推进中国共产党领导的多党合作和政治协商的制度化、规范化、程序化。我们要借鉴人类政治文明的有益成果，但绝不照搬别国政治制度和政党制度的模式，绝不搞西方式的多党制和议会制。

巩固和发展我国社会主义政党关系，要注重把握好以下几个方面：一是既要坚持中国共产党的领导，又要促进多党派团结合作。二是既要提高党的执政能力，又要发挥民主党派参政议政的作用。三是既要重视做好民主党派的思想引导工作，又要真诚接受他们的民主监督。四是既要全面推进党的建设新的伟大工程，又要积极支持民主党派加强自身建设。

66. 如何在经济建设中发挥民主党派、工商联和无党派人士的作用？

《中共中央关于进一步加强中国共产党领导的多党合作和政治协商制度建设的意见》提出，要"按照全面建设小康社会和'十一五'规划的总体要求，努力把社会各方面的智慧和力量凝聚到促进国民经济持续快速协调健康发展上来。"在我们党领导的统一战线中，各民主党派、工商联和无党派人士为推动社会经济发展、促进社会和谐做了大量工作，发挥了重要作用。在新世纪新阶段，新形势新任务要求民主党派、工商联和无党派人士继续发挥优势作用，为经济建设献计出力，作出新贡献。

（1）强化服务意识

民主党派、工商联和无党派人士要牢固树立为经济建设服务的意识，最大限度地把各自所联系成员的意志、智慧和力量都凝聚到经济建设上来，不断探索为经济建设服务的途径和方法。要了解和反映社情民意，自觉维护安定团结的政治局面，为党和政府分忧解难，为经济建设营造良好的政治环境。要积极宣传我国经济社会发展所取得的巨大成就和经济发展的良好环境，增强广大海内外投资者的信心，广泛联系港澳台同胞、海外侨胞以及世界各国的经济界人士和工商社团，以有利于我国引进资金、技术和人才。加强内引外联，鼓励和支持有条件的非公有制企业"走出去"，更好地利用国内国际两个市场、两种资源。

（2）考察调研，建言献策

各民主党派、工商联和无党派人士要围绕完善社会主义市场经济体制、构建社会主义和谐社会等重大经济社会问题，深入调研，积极建言，提出有价值的意见建议。他们中的专业人才要开展经济方面的理论政策研究，为规范和完善社会主义的市场经济秩序服务。他们中的各级人大代表、政协委员以及各类特约人员要研究经济发展的现状，就经济建设中的热点难点问题开展专项调研和考察活动，提出建设性意见，为各级党委和政府决策提供依据。各级党委和政府通过召开各种协商会、通报会、座谈会等，听取他们的意见建议。

（3）智力支边、扶贫开发，定点合作

民主党派、工商联和无党派人士要配合国家实施西部大开发、振兴东北老工业基地、中部崛起、建设社会主义新农村等重要战略任务，积极参与和开展智力支边、光彩事业、凝聚力工程和"温暖工程"等活动，引导他们到老少边穷地区开展扶贫开发、职业培训和生态保护等建设活动，鼓励和支持他们与贫困地区开展定点合作，以帮助当地加快发展、脱贫致富。

（4）丰富扩展"社会办学"、"科技兴农"、"对口联系"等一系列为经济发展服务的模式

要鼓励支持民主党派、工商联和无党派人士在落后地区开展"社会办学"、"科技兴农"等活动，不断提高当地人民群众的文化水平和依靠科技致富的能力。建立政府有关部门与各民主党派、工商联的对口联系制度，围绕经济问题交流信息、通报情况，便于各民主党派、工商联和无党派人士将经济发展的意见建议直接反映给政府部门，促进民主决策、科学决策。

第四部分 党外干部和党外知识分子工作

67. 什么是党外代表人士？

党外代表人士是在中国共产党领导的革命和建设中形成的特定概念。它是指中国共产党以外的各民主党派、无党派人士、民族界、宗教界、新的社会阶层以及港澳台同胞和海外侨胞中具有较大社会影响和一定代表性的人士，而不是指普通的党外群众。一般说，党外代表人士应具有一定文化水平，在所从事的专业领域具有较深造诣或较大影响，有较广泛的社会联系和一定活动能力，有较强的参政议政能力。主要包括六个方面：各民主党派、工商联及有关人民团体中的领导骨干；在改革开放和社会主义建设中作出贡献的无党派知识分子；行政、司法部门的党外领导干部；民族界、宗教界代表人物；爱国、敬业、诚信、守法、贡献的非公有制经济代表人士；台湾同胞、港澳同胞、海外侨胞中拥护祖国统一并有一定影响、有一定经济实力或有学术造诣的代表人士。

68. 为什么要加强党外代表人士队伍建设？

加强党外代表人士队伍建设直接关系到党与党外人士合作的水平，关系到中国共产党领导的多党合作和政治协商制度的坚持和完善，关系到统一战线的持续发展。

（1）加强党外代表人士队伍建设，是我们党推进科学发展，实现科学执政的必然要求

我们党建党已 80 多年、执政半个多世纪，领导改革开放也已有 30 年。实践表明，党执政以后的各方面的建设，最终必须体现到巩固党的执政地位、提

高党的执政能力和实现科学执政。加强党外代表人士队伍建设，从党外人士中培养选拔干部，开阔了选人视野，可以为领导班子提供更大的选择空间，使之形成充足的人员构成、合理的年龄梯次、互补的知识结构，实现优化配置和组合，增强班子的整体执政能力。党外代表人士很多是在某一领域颇有造诣的专家，在直接参与政府和司法机关领导工作时，可以从不同的角度来考虑问题，从而在下决心时更全面、更谨慎、更准确、更符合实际，提高决策的民主程度和科学程度。

（2）加强党外代表人士队伍建设，是加强同党外人士合作共事，更好地发挥我国社会主义政党制度特点和优势的重要内容

加强党外代表人士队伍建设，培养选拔他们担任政府和司法机关的领导职务，参加国家政权，参与国家事务的管理，参与国家方针、政策、法律、法规的制定执行，是坚持和完善中国共产党领导的多党合作和政治协商制度的具体体现。党外代表人士作为广大统一战线成员与各级政府之间沟通的重要桥梁，可以围绕国家和地区发展战略进行调查研究、科学论证、建言献策，提高参政的质量和水平，从而为中国特色社会主义事业的发展广泛凝聚智慧和力量。同时，通过在各级政府和司法机关使用党外干部，可以使他们在合作共事的实践中增长才干，提高组织协调能力和社会知名度，从而为坚持和完善共产党领导的多党合作和政治协商制度提供坚强的组织保证。

（3）加强党外代表人士队伍建设，是坚持党管人才原则，把全社会各类优秀人才集聚到党和国家事业中来的重要措施

加大对党外干部的培养选拔力度，充分发挥他们在人大、政府、政协和司法机关的作用，是坚持党管人才原则的必然要求，也是一项重要举措。这不仅可以为优秀党外人才施展才华、实现抱负提供更加广阔的舞台，使他们在更高层次为国家发展和社会进步作出更大的贡献，而且有利于培育人才辈出、脱颖而出的成才环境，有利于浓厚尊重知识、尊重人才的爱才氛围，有利于营造不拘一格、选贤任能的用才导向，有利于形成英才荟萃、群贤毕至的聚才效应，从而把方方面面的优秀人才源源不断地集聚到党和国家的事业中来，把各类人才的积极性、主动性和创造性都调动起来，为改革开放和现代化建设提供坚强的人才保证和智力支持。

（4）加强党外代表人士队伍建设，是不断巩固和壮大统一战线，实现可持续发展的客观需要

党外代表人士队伍建设,是统一战线的一项基础性工作。特别是当前,统一战线处于整体性新老交替和政治交接的关键时期,加强党外代表人士队伍建设尤为重要,十分迫切。我们要按照科学发展观的要求,从战略和全局的高度出发,把党外代表人士队伍建设抓好,为实现统一战线可持续发展提供有力的组织保障。

69. 党外代表人士队伍建设工作的原则是什么?

(1) 党管干部、党管人才的原则

要把党外代表人士队伍建设作为党的人才工作的重要组成部分,纳入领导班子和干部队伍建设总体规划,列入党委(党组)重要议事日程,建立健全党委统一领导、统战部门牵头抓、有关部门职责明确、协调配合的运作机制,党委领导亲自抓,分管领导具体抓,职能部门认真抓的领导机制,努力做到各司其职、各负其责,使之形成积极配合、共同参与党外代表人士队伍建设的良好格局。

(2) 进步性和代表性相统一

要坚持干部队伍"四化"的方针和德才兼备的原则,坚持党外代表人士的政治标准。特别是在思想建设工作中,不能只强调进步性,忽视广泛性,失去党外代表人士自身存在的价值,也不能只强调广泛性,忽视进步性,失去团结合作的政治基础。因此,党外代表人士队伍建设既要按照坚持和发展进步性、继续保持广泛性的要求,既讲共同理想,坚定政治方向,又讲求同存异,不提过高要求,不搞"纯而又纯",从而达到进步性与广泛性的和谐统一。

(3) 政治教育和实践锻炼相结合

要坚持不懈地加强党外代表人士的政治引导,组织他们深入学习"三个代表"重要思想,学习统一战线的理论方针政策,学习多党合作的光荣历史和老一代民主党派成员、无党派人士与中国共产党真诚合作的优良传统。同时,要采取多种形式加强实践锻炼,建立健全党外代表人士轮岗、挂职锻炼等培养机制,为了解情况、磨炼意志、积累经验、增长才干创造条件。

(4) 统筹兼顾,全面安排

要坚持照顾同盟者利益的原则,按照民主协商的方法,充分酝酿,综合平衡,兼顾各方,对各方面党外代表性人士做出适当安排,使他们在国家政治、经济和社会发展中各得其所,各尽其能,使各方面代表人士资源得到合理配置。要根据经济社会发展带来的人才资源分布的新变化，逐步消除区域、部门、行业、身份、所有制等限制，积极探索从新的社会阶层和留学回国人员中选拔优秀党外人才担任领导职务，使党外干部队伍结构不断优化，领导班子的整体功能进一步增强。

（5）发扬民主，沟通协商

要充分发扬民主，坚持走群众路线，采取多种形式听取各方面意见。特别在重要人事安排问题上，要与民主党派、无党派人士及有关方面充分交换意见，经反复酝酿和协商达成共识，真正做到协商在前，决策在后，使民主协商贯彻于党外代表人士队伍建设工作的始终。

70. 党外代表人士队伍建设的总体要求是什么？

党外代表人士队伍建设的总体要求是：解放思想、拓宽视野、抓住源头、打好基础、完善机制、推进选拔，努力造就一支能自觉接受中国共产党领导，坚定不移地走中国特色社会主义道路，具有广泛代表性和较强参政议政能力、与党长期亲密合作、德才兼备的党外代表人士队伍。

（1）解放思想、拓宽视野

坚持以邓小平理论和"三个代表"重要思想为指导，牢固树立以人为本的观念，树立人才资源是第一资源的观念，树立党外代表人士是党和国家干部队伍和人才队伍重要组成部分的观念，认真坚持干部队伍"四化"方针和德才兼备的选人用人原则，坚决克服僵化思维、"清一色"思想，把党外代表人士的培养、选拔、安排、使用，放到当代世界和中国深刻变化着的大背景下，放到党和国家事业发展的大局中，放到新一代党外人士成为统一战线人士队伍主体的大趋势中来认识和落实。当前，就是要在做好科教文卫系统选拔工作的同时，注重从民主党派领导成员及工作骨干、无党派代表人士和人民团体、科研院所、国有企业中选拔党外代表人士；逐步消除区域、部门、行业、身份、所有制的限制，积极探索从新的社会阶层和留学回国人员中选拔优秀党外人才；在抓好体制内党外代表人士的物色培养的同时，着力推进公有制外党外代表人士的物色培养。只有这样，才能不断拓展选拔渠道、广识各界人才、广开进贤之路，才能营造鼓励党外人士干事业、支持党外人士干成事业、帮助党外人士干好事业的良好环境，使党外代表人士队伍始终充满生机和活力，充分发挥人才资源开发在经济社会发展中的基础性、战略性、决定性作用。

（2）抓住源头、打好基础

党外代表人士的培养选拔安排使用，要切实抓住科教文卫系统特别是高等院校这个产生党外代表人士的"源头"，着力抓好党外代表人物培养教育这项重点和基础工作。知识分子是统一战线代表人士的主体，高校是知识分子集中的地方。抓住了这个源头，人才就会源源不断地输送到党外代表人士队伍中来。同时，高校在培养党外代表人士方面，组织力量比较强，工作机构比较健全，具有较好的现实基础。据统计，在政府和司法机关担任省地两级领导职务的党外干部中，直接来自高校的就有20%多。当前，法院、检察院系统安排党外干部门槛升高，从事法律教学和科研工作的人员可以直接进入法院、检察院系统，相对其他领域，高校在培养选拔党外人士方面更有优势。目前，新一代党外代表人士普遍学历高、职称高、学术地位高，同时由于他们特殊的成长经历，在政治阅历、参政意识、管理能力方面还需要加强培养和锻炼。要结合这支队伍的实际情况，加强培养教育，突出政治性、强化代表性、着眼复合型，打牢素质和能力基础。

（3）完善机制、推进选拔

要建立健全培养选拔党外干部工作的科学机制，改进和加强党外代表人物的选拔任用工作。这是做好党外人士工作的重要制度保证。培养选拔党外人士，要与党和国家干部人事制度改革相协调、相适应，与民主党派、无党派代表人士的政治交接和新老交替的需要相协调、相适应，逐步建立健全党外代表人物考察评价体系、选拔任用机制和管理监督机制，把工作纳入制度化和规范化的轨道。特别是要把握新世纪新阶段党外代表人士的成长规律，树立"选拔使用也是培养"的观念，加强对党外人才的选拔工作和使用性开发。这既是合作共事的必然要求，也是增强党外代表人物的社会影响和能力，培养代表性人物的重要环节。

总之，解放思想、拓宽视野，抓住源头、打好基础，完善机制、推进选拔，是一个有机联系，缺一不可的整体。要切实抓好每个环节，实现互相促进，统筹推进。要以发现人才为重点，以培养人才为基础，以用好人才为关键，以识才的慧眼、用才的气魄、爱才的感情、聚才的方法，营造尊重知识、尊重人才的社会环境，把各类党外代表人才聚集到党和国家的各项事业中来，努力造就一支坚持中国共产党的领导，坚定不移地走建设中国特色社会主义道路，具有广泛代表性和较强参政议政能力、与党长期亲密合作的党外代表人物队伍。

71. 党外代表人士队伍建设的重点是什么？

党外代表人士队伍建设的重点：各民主党派和工商联各级组织负责人，各级人大代表、政协委员和有关社会团体领导班子中党外人士，无党派和民族宗教界人士。加大在政府及其工作部门和司法机关担任领导职务的党外干部的培养选拔力度，加大重点高等院校、科研院所、国有大中型企业以及人民团体领导班子中的党外干部培养选拔力度。加强对爱国宗教团体负责人和教职人员的培养培训。努力建设一支爱国爱港、爱国爱澳代表人士队伍。

72. 党外代表人士应具备什么素质？

（1）政治把握能力

新世纪新阶段，国际形势复杂多变，改革发展任务艰巨，社会矛盾错综复杂，党外代表人士必须着力提高政治把握能力，坚持以邓小平理论和"三个代表"重要思想为指导，牢固树立和落实科学发展观，科学判断形势，明辨大是大非，把握正确方向，才能始终保持政治上的清醒与坚定，自觉接受中国共产党领导，共同把中国特色社会主义伟大事业推向前进。

（2）参政议政能力

参政议政是党外代表人士在国家政治社会生活中发挥优势和作用的基本方式。新世纪新阶段，党外代表人士要切实做到参政参到点子上、议政议到关键处，推动党和政府决策的科学化、民主化，就必须努力提高参政议政能力。要紧紧围绕经济建设这个中心，着眼于推进科学发展和构建社会主义和谐社会，就国民经济和社会发展中的重大问题，组织党外代表人士深入基层、深入实际、深入群众，开展考察调研，了解社情民意，努力谋长远之道，建有用之言，献务实之策，切实把党外代表人士的人才、智力优势转化为现实的参政议政成果。

（3）组织协调能力

党外代表人士大多长期从事教学、科研和专业技术工作，是学有所长的专家，但组织协调能力、政治社会活动经验，往往尚需积累和提高。党外代表人士要更好地在国家和社会事务管理中发挥积极作用，更好地反映所联系群众的利益和愿望，必须提高组织协调能力。要通过在人大、政府、政协、司法机关以及有关人民团体任职和多岗位交流等形式加强实践锻炼，真正使他们成为在中国共产党领导下，团结各方面群众不断走向进步、致力于共同事业的桥梁和纽带。

（4）合作共事能力

合作共事是统一战线中最经常、最大量、最普遍的关系。这就要求党外代表人士以高度的政治责任感和使命感，不断增强与共产党团结合作的自觉性和主动性，与共产党同心同德、和衷共济，在实现共同奋斗目标中发挥自身作用，在亲密合作中达到共同进步。

73. 党外代表人士后备队伍建设的基本要求是什么？

党外代表人士后备队伍建设是党的干部人才工作的重要组成部分，是实现党外人士队伍建设可持续发展的必然要求。按照干部队伍建设的基本要求和党外人才成长规律，把党外代表人士后备队伍建设工作纳入人才和干部队伍建设的总体规划，要认真抓好6项工作。

（1）要总体纳入

要按照干部队伍建设的基本要求和党外人才成长规律，把党外代表人士后备队伍建设工作纳入人才和干部队伍建设的总体规划。

（2）要健全制度

要健全党外代表人士后备队伍培养选拔制度，形成充分考虑党外干部的特点，通过多种形式和途径，广泛推荐党外后备干部人选的举荐制度。形成遵循党外人才的成长规律，立足当前，着眼长远，有针对性地制定培养计划，明确培养目标，落实培养措施，全面提高党外后备干部素质的培养制度。形成科学合理的后备队伍结构，掌握不同层次的后备队伍名单，实行动态管理的管理制度。

（3）要把握职数

对拟在各级人大、政府、政协、司法机关和人民团体领导班子中任职的党外人士，按照多于可安排职数的要求建立后备队伍。

（4）要备用结合

要拓宽视野，坚持标准，重点培养，梯次配备，促进党外代表人士队伍建设工作与干部人事制度改革相适应，逐步形成后备人才培养与使用相结合的机制,以保证党同党外人士合作共事的连续性、稳定性。

(5) 要改进方法

要引入竞争机制,稳妥地开展公开选拔党外领导干部工作。

(6) 要坚持政策

要有意识地把一些优秀人士保留在党外,特别是要让那些有成就的专家学者和有比较广泛社会影响的人士留在党外,更有利于发挥他们的作用。

74. 怎样完善党外代表人士培养选拔任用工作机制?

党外代表人士培养选拔工作是一项长期的战略任务,涉及多个部门、多个领域、多个环节,必须建立健全一套系统的、有约束力的、可操作性强的制度规范和运行机制,不断推进党外代表人士的新老交替和政治交接。

(1) 明确部门职责

党的组织部门是党委分管干部工作的职能部门,统战部门是党委分管党外人士工作的职能部门。统战部要会商有关部门,负责人大代表和人大常委会委员中的党外候选人的推荐提名工作;加强与组织部门的沟通联系,认真做好党外干部的发现、推荐和培养,并协助组织部门做好考察等工作。在党委决定对党外干部任免、调动、交流前,组织部门要征求统战部门的意见。统战部要对政府参事、文史研究馆馆员的遴选聘任工作加强指导。

(2) 健全有关制度

完善党委及其部门负责人与党外代表人士联系交友制度。广交深交党外朋友是统一战线的优良传统,也是培养选拔党外代表人士的重要方法,要坚持统筹规划、建立名单、领导带头、形成制度。要建立党外代表人士举荐和考察责任制,进一步强化责任,明确程序和标准,努力提高工作质量和水平。

(3) 明确和完善各级政协常委、委员的推荐提名工作

按照中央有关文件精神,要保证党外人士在各级政协中占有较大比例。各级政协委员的人选推荐工作,党内的由同级党委组织部提名,党外的由同级党委统战部提名,建议名单由统战部汇总,在征求组织部、政协党组意见后,报党委审定,然后按政协章程规定的程序办理。统战部、组织部要按照中央有关规定和程序,在充分协商的基础上做好各级政协常委、委员的推荐提名工作。

75. 如何拓宽党外干部的选拔渠道?

(1) 要从坚持和完善多党合作制度、发展社会主义民主政治和增强我们

党执政能力的高度,提高认识,广纳群贤,坚持走群众路线,注重社会公论,在更大范围选拔党外干部。

(2)要进一步发挥各民主党派、工商联和各人民团体推荐党外领导干部人选的作用,有计划地组织民主党派和有关人民团体推荐党外后备领导干部。

(3)要在做好教科文卫系统特别是高等院校选拔党外干部的同时,注意从民主党派领导成员及工作骨干、无党派代表人士和人民团体、科研院所、国有企业中选拔党外干部,及时发现和培养新产生的代表人物和领导骨干,把其中符合条件的纳入到党外后备干部名单。

(4)要根据经济社会发展带来的人才资源分布的新变化,逐步消除区域、部门、行业、身份、所有制等限制,积极探索从新的社会阶层和留学回国人员中选拔优秀党外人才担任领导职务,对于综合素质较高、发展潜力较大、有培养前途的优秀人才要大胆选拔任用。

76. 党的十六大以来党中央在培养选拔党外干部方面有哪些新论述?

(1)党外干部是党和国家干部队伍的重要组成部分,要坚持干部队伍"四化"方针和德才兼备原则,充分发扬民主,注重实绩和群众公认,努力建设一支政治坚定、素质优良、结构合理、代表性强、同中国共产党亲密合作的党外干部队伍。

(2)要把培养选拔党外干部纳入干部队伍建设和人才工作的总体规划,统筹考虑,既遵循干部工作的一般规律,又充分考虑党外干部的特殊性,拓宽选拔渠道,优化党外干部结构,改进和完善选拔任用方式,逐步形成有利于优秀党外干部脱颖而出的机制。

(3)要充分发挥党外干部的作用,保证党外领导干部对其分管的工作享有行政管理的指挥权、处理问题的决定权和人事任免的建议权。党外领导干部要自觉服从党组(党委)的领导,切实履行岗位职责。

77. 如何充分发挥党外领导干部的作用?

充分发挥党外干部特别是领导干部的作用,要注意处理以下三个关系:

(1)要正确处理政府和司法机关党组与党外领导干部的关系

党组要根据党外干部的特点,扬长避短,合理分工,调动他们的积极性和创造性。对党外领导干部分管工作范围内的重要事项,应事先听取并尊重他们的意见和建议。除有特殊规定外，可邀请党外领导干部列席党组会议，有关文件要送他们阅知，重大问题要向他们通报，使他们及时准确全面地了解党的方针政策，提高执行党的方针政策的自觉性和主动性。党组负责同志要有宽广的胸怀，帮助党外领导干部解决工作困难、弥补缺点和不足，当党外领导干部在工作中出现失误时，对他们不要求全责备，应该体谅包容、共担责任。

（2）要正确处理集体领导与发挥党外领导干部作用的关系

要坚持民主集中制，把集体领导和个人分工负责相结合。党外领导干部要自觉服从党组织的领导，积极参与集体决策，讨论问题畅所欲言，形成决定坚决执行。要保证党外领导干部在其位、主其事、负其责，对分管工作真正享有行政管理的指挥权、处理问题的决定权和人事任免的建议权。

（3）要正确处理党外领导干部履行职责与做好其他兼职工作的关系

担任各级领导职务的党外干部往往具有双重身份，既要履行领导岗位职责，又要在社会事务或专业领域发挥参政议政或学术带头人作用。正确处理二者的关系，就能相互促进、相得益彰。各级党组织要根据党外领导干部的实际情况，统筹考虑，合理安排，引导党外领导干部以履行本职岗位职责为主，并在此基础上，通过从事一些与代表人士身份相符的其他工作，了解国情，拓宽视野，更好地发挥参政议政作用。

78. 什么是无党派人士？

无党派人士是指没有参加任何党派、对社会有积极贡献和一定影响的人士，其主体是知识分子。

79. 如何建立健全无党派人士的工作机制？

（1）建立健全无党派人士工作牵头协调机制

无党派人士分散在不同的工作单位，没有自身的组织系统，要切实保证他们在多党合作和政治协商中履行好职责，发挥好参政议政、民主监督的作用，充分发挥党委统战部的牵头协调作用至关重要。各级统战部要注意与有关部门协调配合，完善负责无党派人士工作的机构，明确专人负责无党派人士工作，建立开展无党派人士工作的制度，并逐步探索有效的工作载体。召开民主党派、工商联领导人等党外人士参加的座谈会、协商会、情况通报会以及开展考察调研活动时，要邀请无党派人士参加。

（2）要进一步完善无党派人士培养选拔机制

要把无党派人士的培养选拔工作列入统战部门党外代表人士队伍建设的总体规划，及时发现优秀人才，掌握重点人物名单，确定后备人选，并及时与同级党委组织部门沟通，定期通报名单，使这项工作逐步规范化、制度化。要注重通过多种形式、多种途径开展对无党派人士的思想教育和培训，提供实践锻炼机会，帮助他们提高政治觉悟和理论水平，扩大视野，了解国情，增强团结合作意识，提高参政议政能力。另外，还要为无党派人士开展工作提供必要的经费保证。

80. 如何充分发挥无党派人士在我国政治生活中的作用？

（1）加强新一代无党派代表人士的培养、选拔和安排的力度，切实解决新老交替问题

随着各民主党派等党外人士新老交替的加快，无党派代表人士存在年龄偏大、数量偏少的现象。必须下大力做好无党派代表人士特别是新一代代表人士的培养、教育和选拔工作，努力建立一支综合素质好、年龄结构合理、有较大代表性和影响力的无党派人士队伍，做到后继有人。

（2）进一步加强与无党派代表人士的联系和沟通，认真听取无党派代表人士的意见，为无党派人士充分发挥作用创造更多的条件和机会

要在各级政协保留无党派代表人士的界别，召开民主党派、工商联领导人等党外人士参加的座谈会、协商会、情况通报会以及考察调研等活动，要邀请无党派代表人士参加，充分发挥他们的政治协商、民主监督和参政议政的作用。

81. 为什么说知识分子是工人阶级的一部分？

知识分子是工人阶级的一部分，是我们党对马克思主义关于知识分子理论的发展，是新的历史条件下党的知识分子政策的理论依据。知识分子作为工人阶级队伍中主要从事脑力劳动的一部分，是整个工人阶级完成历史使命必不可少的重要力量。把知识分子排除在工人阶级之外，对他们采取不信任甚至歧视的态度，是完全错误的。把知识分子说成是居于工人阶级之上的独立阶层，从而同工人阶级割裂开来，同产业工人和广大劳动群众对立起来，也是完全错误的。

知识分子是工人阶级的一部分，其本质意义还在于向知识分子提出了坚持

工人阶级立场，自觉担负工人阶级历史使命和历史责任的要求。知识分子作为工人阶级的一部分，应当对我们的国家和民族具有主人翁的责任感，应当具有坚定的社会主义信念，应当自觉接受党的领导，应当努力学习马列主义、毛泽东思想、邓小平理论和"三个代表"重要思想，在改造客观世界的同时改造主观世界，做到又红又专。党员知识分子更应当坚持党的立场，忠诚于党的事业。

知识分子作为工人阶级的一部分，大大增强了我国工人阶级的思想道德素质和科技文化素质，发展了工人阶级的先进性，增强了党的阶级基础。随着改革开放的深入和经济文化的发展，工人阶级队伍不断壮大，素质不断提高，包括知识分子在内的工人阶级、广大农民，始终是推动我国先进生产力发展和社会全面进步的根本力量。

82. 新世纪新阶段党的知识分子工作的基本政策和指导方针是什么？

党的知识分子工作的基本政策："培养人才、用好人才、吸引人才"。江泽民同志明确指出："要进一步落实和完善党的知识分子政策，着重做好培养人才、用好人才、吸引人才的工作。"在这"三才"政策中，培养人才是基础，吸引人才是重点，用好人才是关键。党的知识分子工作的指导方针：尊重劳动、尊重知识、尊重人才、尊重创造。

83. 无党派人士与党外知识分子的主要区别是什么？

（1）参政的内容和方式不同

无党派人士的参政是多党合作制度内的参政，其参政的基本点是参加国家政权，参与国家大政方针和国家领导人选的协商，参与国家事务的管理，参与国家方针、政策、法律、法规的制定执行；党外知识分子的参政是履行公民权利的一般政治活动。

（2）影响的领域不同

无党派人士的影响主要在政治领域，党外知识分子的影响主要在专业领域。

84. 为什么说党外知识分子是统战工作对象？

党外知识分子历来就是统一战线的重要成员。新民主主义革命时期的统一战线，是工人阶级、农民阶级、小资产阶级和民族资产阶级四个阶级的联盟，其中小资产阶级的代表主要是党外知识分子。社会主义改造基本完成后，广大知识分子包括从旧社会过来的知识分子，绝大多数成为工人阶级的一部分，但同时仍作为统一战线成员在社会主义建设中发挥作用。新的历史条件下，爱国统一战线是全体社会主义劳动者、社会主义事业的建设者、拥护社会主义的爱国者和拥护祖国统一的爱国者的最广泛的联盟，包括党外知识分子在内的知识分子作为工人阶级的一部分，同工人、农民共同构成了统一战线的重要基础。

党外知识分子是爱国统一战线各个领域代表人物的"源头"。民主党派成员、无党派人士、民族宗教界人士、非公有制经济人士等，特别是他们的代表人物，都来源于党外知识分子。做好党外知识分子工作，就抓住了各个领域党外代表人士的"源头"，就可以源源不断地为党外干部队伍输送人才。如果不把党外知识分子工作做好，爱国统一战线势必收缩，并将影响整个统一战线和各个领域统战工作的开展。

85. 党外知识分子工作的内容和重点是什么？

当前，统战部门在党外知识分子工作方面的内容：联系各界党外知识分子代表人物，了解他们的思想情况，反映他们的意见和要求；调查研究党外知识分子思想上、工作上和生活上存在的普遍性问题，提出政策性建议，协调党和党外知识分子的关系；参与制定知识分子政策，检查知识分子政策在党外知识分子中贯彻落实的情况，发现、培养、选拔党外知识分子中的代表性人物，做好对他们的举荐工作，等等。各级统战部门要不断总结经验，逐步完善党外知识分子工作的运行机制，努力使工作规范化、制度化。

统战部门对党外知识分子的工作是有重点的，主要工作对象是文教、科技、医药、卫生等各条战线上的中、高级知识分子，特别是其中有代表性、有影响的人士。做好这些骨干人物的工作，就会带动其他党外知识分子。北京市统战部门的工作范围一般应是大专院校讲师以上，科研单位助理研究员以上，工矿企业工程师以上，医院主治医师以上，以及相当上述职务、职称的其他党外知识分子；区县、局总公司、大专院校统战部门，可结合本地区本单位的知识分子状况，具体研究自己的工作范围。

86. 怎样发挥知识分子在自主创新、建设创新型国家中的作用？

建设创新型国家是党中央提出的重大战略决策。胡锦涛总书记在第 20 次全国统战工作会议上指出，要着眼于建设创新型国家，激发广大知识分子的创新精神，支持他们的创新实践，拓宽他们施展才干的舞台，鼓励他们在提高自主创新能力上建功立业，为经济社会发展提供强劲的科技和智力支持。发挥好党外知识分子的作用，应做到如下几个方面：

（1）要高度重视党外知识分子在建设创新型国家中的作用

党外知识分子是我国人才队伍的重要组成部分，是建设创新型国家的一支重要力量。发挥党外知识分子在自主创新、建设创新型国家中的作用，总的来说是要全面贯彻尊重劳动、尊重知识、尊重人才、尊重创造的方针，尊重他们的劳动创造，发挥他们的聪明才智，鼓励他们把实现个人价值与建设创新型国家结合起来。按照培养人才、吸引人才和用好人才的要求，积极为党外知识分子从事教育、科研创造条件，帮助他们解决实际困难和问题。

（2）要牢固树立人才资源是第一资源的观念

要努力营造鼓励人才干事业、支持人才干成事业、帮助人才干好事业的社会环境，形成有利于优秀人才脱颖而出的体制机制。倡导创新精神，完善创新机制，大力提倡敢为人先、敢冒风险的精神，大力倡导敢于创新、勇于竞争和宽容失败的精神。发展创新文化，努力培育全社会的创新精神，最大限度地激发党外知识分子的创新激情和活力，为广大党外知识分子施展才干提供更多机会和更广阔的舞台。

（3）引导党外知识分子把个人价值与推进自主创新、建设创新型国家紧密结合起来，在建设创新型国家中实现自我，在自主创新中服务国家

广大党外知识分子要就国家科技发展战略、重大科研项目深入调查，研究论证，刻苦攻关，取得新成果。要积极为科研体制改革，优化科技结构布局，促进科研成果转化，推进国家创新体系建设，献计献策，不断作出新贡献。要继承和发挥我国科技界心系祖国、自觉奉献的爱国精神，求真务实、勇于创新的科学精神，不畏艰险、勇攀高峰的探索精神，团结协作、淡泊名利的团队精神，坚持真理、诚实劳动、亲贤爱才、密切合作的职业道德，做自主创新的先锋，做拼搏奉献的楷模。

（4）充分发挥党外知识分子在科普教育和培养科技人员工作中的作用

科普教育在建设创新型国家中具有基础性地位。要支持党外知识分子献身科普教育事业，做提高全民科学素质的推动者。要发挥他们在基础教育中的优势作用，为国家培养出更多的具有自主创新能力的科技人员，不断发展壮大我

国科技人才队伍,作出新的贡献。

(5)要积极做好党外知识分子的思想引导工作

要把思想工作寓于服务党外知识分子投身自主创新的科研之中。要协调有关方面,完善和实施激励自主创新的各项政策措施,及时帮助党外知识分子解决科研工作中遇到的困难和问题,创造有利于提高自主创新能力的条件。关心和爱护广大党外知识分子,努力改善他们的工作生活条件,维护他们的权益,保护他们的知识产权,使之在实现自我价值的过程中自觉接受党的领导,实现自我发展与奉献社会的有机统一。

87. 怎样发挥党校、行政学院和社会主义学院在培训党外人士中的作用?

党校、行政学院和社会主义学院是为党和国家培养干部的重要基地和场所。充分发挥党校、行政学院和社会主义学院在培训党外人士中的作用,对于建设一支素质优良、结构合理、数量充足的党外代表人士及其后备队伍至关重要。

党外干部是党和国家干部队伍的重要组成部分,他们作为国家公务员在政府和司法机关参政议政,履行职能,也需要了解和把握党的基本理论、基本路线和基本政策。所以,培训党外人士同样是各级党校的重要职责。各级党校要充分认识培训党外人士的重要性,将培训党外人士列入党校教学计划,充分发挥党校管理层次高、师资队伍强等工作优势,结合党外干部的特点,认真组织党外干部培训工作。

行政学院是负责培养公务员、高层次管理人员和政策研究人才,提供政府管理政策咨询、开展公共管理等领域理论研究的机构。各级政府和行政学院,要把党外人士的培训纳入人才培训和公务员培训的计划,在培训内容上,在加强社会主义市场经济的基本知识、行政管理专业知识和现代科学技术知识学习的同时,要注重安排统一战线、多党合作的课程,提高党外干部的思想政治素质、业务能力和解决实际问题的能力。在方式方法上,行政学院还可以开办专门的党外人士培训班,也可以同社会主义学院共同办班。

社会主义学院是中国共产党领导的统一战线性质的政治学院,是民主党派、无党派人士的联合党校,是开展党的统一战线工作的重要部门,承担着培养高素质党外干部的重要职责。要从提高党的执政能力、推进社会主义民主政治建设的高度，加大对党外干部的教育培训力度。要进一步规范教学管理，改革教学内容、方法和手段，抓好专兼职教师队伍建设，加强教学理论、教学规律和教学中的重点、难点问题的研究，不断提高教学培训的质量和水平，更好地发挥在培训党外人士工作中的作用。

第五部分 民族工作

88. 什么是民族？我国有多少个民族？民族的特点是什么？

民族是一个历史范畴，有它自身发生、发展和消亡的过程。民族是指人们在历史上形成的一种具有共同语言、共同地域、共同经济生活以及表现于共同的民族文化特点上的共同心理素质的稳定的共同体。

我国共有 56 个民族，它们分别是：汉族、蒙古族、回族、藏族、维吾尔族、苗族、彝族、壮族、布依族、朝鲜族、满族、侗族、瑶族、白族、土家族、哈尼族、哈萨克族、傣族、黎族、傈僳族、佤族、畲族、高山族、拉祜族、水族、东乡族、纳西族、景颇族、柯尔克孜族、土族、达斡尔族、仫佬族、羌族、布朗族、撒拉族、毛南族、仡佬族、锡伯族、阿昌族、普米族、塔吉克族、怒族、乌孜别克族、俄罗斯族、鄂温克族、德昂族、保安族、裕固族、京族、塔塔尔族、独龙族、鄂伦春族、赫哲族、门巴族、珞巴族、基诺族。由于汉族人口众多，其他 55 个民族人口相对汉族来说较少，所以习惯上把这 55 个民族统称为少数民族。

我国民族的特点：

第一，各民族的人口数量极不平衡。据 2000 年中国第五次人口普查统计，汉族人口占 91.59%，55 个少数民族人口为 10449 万人，占全国总人口的 8.41%。在我国 55 个少数民族中，人口数量也不平衡，人口在 10 万以上的有 33 个，其中壮族人口达 1500 万，人口在 10 万以下的有 22 个民族，珞巴族仅 2312 人。

第二，各民族的分布格局是大杂居、小聚居、相互交错居住。汉族地区有少数民族聚居，少数民族地区有汉族居住。这是由于长期历史发展过程中各民族间相互交往、流动而形成的。

第三,少数民族地区地域广大,战略地位十分重要。少数民族人口虽少,但分布很广。民族自治地方占全国总面积的64.5%。全国各省、自治区、直辖市都有少数民族居住,绝大部分县级单位都有两个以上的民族居住。目前,少数民族主要分布在内蒙古、新疆、宁夏、广西、西藏、云南、贵州、青海、四川、甘肃、辽宁、吉林、湖南、湖北、海南、台湾等省、自治区。可见,西部和边疆绝大部分地区都是少数民族聚居区。全国有2万多公里的陆地边防线几乎都在少数民族地区。可见,其战略地位十分重要。

第四,资源比较丰富,是国家重要的能源基地。少数民族地区物产资源十分丰富,全国4大林区有3个在少数民族地区,森林面积达7.18亿亩。5大牧区都在少数民族地区,草原面积达45亿亩。内蒙古的煤炭、新疆的石油储量都极为可观,是国家重要的能源基地。

89. 什么是民族问题?

民族问题是指民族的生存发展问题和民族间的相互关系问题。主要通过政治、经济、文化、语言文字和风俗习惯等方面反映出来。民族问题贯穿于民族的形成、发展和消亡的全过程。

90. 中国共产党关于民族问题的基本观点和政策主要是什么?

(1) 民族是在一定的历史发展阶段形成的稳定的人们共同体

一般来说,民族在历史渊源、生产方式、语言、文化、风俗习惯以及心理认同等方面具有共同的特征。有的民族在形成和发展的过程中,宗教起着重要作用。

(2) 民族的产生、发展和消亡是一个漫长的历史过程

在人类社会发展的进程中,民族的消亡比阶级、国家的消亡还要久远。

(3) 社会主义时期是各民族共同繁荣发展的时期,各民族间的共同因素在不断增多,但民族特点、民族差异和各民族在经济文化发展上的差距将长期存在

(4) 民族问题既包括民族自身的发展,又包括民族之间、民族与阶级、国家之间等方面的关系。在当今世界,民族问题具有普遍性、长期性、复杂性、国际性和重要性

（5）中国特色社会主义道路是解决我国民族问题的根本道路

我国的民族问题，只有在建设中国特色社会主义、实现中华民族伟大复兴的共同事业中才能逐步解决。

（6）我国是各族人民共同缔造的统一的多民族国家

祖国统一是各族人民的最高利益，各族人民都要继承和发扬爱国主义传统，自觉维护祖国的安全、荣誉和利益。我国的民族问题是我国的内部事务，反对一切外部势力利用民族问题对我国进行渗透、破坏和颠覆活动。

（7）各民族一律平等

各民族不分人口多少、历史长短、发展程度高低，一律平等。国家为少数民族创造更多更好的发展机会和条件，保障各民族的合法权利和利益，各族人民都有义务维护宪法和法律的尊严。

（8）民族区域自治是我们党解决我国民族问题的基本政策，是我国的基本政治制度

民族区域自治是我们党解决我国民族问题的基本政策，是符合我国国情的一项基本政治制度，是发展社会主义民主、建设社会主义政治文明的重要内容，必须长期坚持和不断完善。民族区域自治法是民族区域自治制度的法律保障，必须全面贯彻执行。

（9）我国社会主义民族关系的本质特征是平等、团结、互助、和谐

平等、团结、互助、和谐是我国社会主义民族关系的本质特征，汉族离不开少数民族，少数民族离不开汉族，各少数民族之间也相互离不开。各族人民要互相尊重、互相学习、互相合作、互相帮助，不断巩固和发展全国各族人民的大团结，构建社会主义和谐社会。

（10）各民族共同团结奋斗、共同繁荣发展是现阶段民族工作的主题

加快少数民族和民族地区经济社会发展，是现阶段民族工作的主要任务，是解决民族问题的根本途径。要坚持科学发展观，大力支持、帮助少数民族和民族地区加快发展。

（11）少数民族文化是中华文化的重要组成部分

文化是民族的重要特征，国家尊重和保护少数民族文化，支持少数民族优秀文化的传承、发展、创新，鼓励各民族加强文化交流。大力发展教育、科技、文化、卫生、体育等各项事业，不断提高各族群众的思想道德素质、科学文化素质和健康素质。

（12）培养选拔少数民族干部是解决民族问题、做好民族工作的关键，是管长远、管根本的大事。

要努力造就一支宏大的德才兼备的少数民族干部队伍。民族地区人才资源开发是一项战略任务，要大力培养民族地区现代化建设需要的各级各类人才。

91. 关于民族工作的"三句话"是什么？

1993 年 11 月，江泽民同志在第 19 次全国统战工作会议上谈到我们党对民族工作的方针时，强调了三句话：一是继续巩固和发展社会主义的民族关系，二是坚持和完善民族区域自治制度，三是加快民族地区的经济发展和社会进步。

92. "三个离不开"的具体内容是什么？

汉族离不开少数民族，少数民族离不开汉族，各少数民族之间也相互离不开。

93. 新世纪新阶段我国民族工作的主题是什么？

在 2006 年 7 月召开的第 20 次全国统战工作会议上，胡锦涛总书记进一步强调了"共同团结奋斗、共同繁荣发展"是新世纪新阶段我国民族工作的主题，为解决新形势下民族工作的一系列重大理论和实践问题指明了方向，具有丰富的时代内涵和重大的现实意义。

94. 我国社会主义民族关系的本质特征是什么？怎样正确认识和处理民族关系？

平等、团结、互助、和谐的社会主义民族关系，体现了中华民族多元一体的基本格局。平等是社会主义民族关系的基石，各民族只有一律平等，才能共同行使当家做主的权力，更好地参与国家事务和地方事务的管理。团结是社会主义民族关系的主线，各民族只有同心同德、携手共进，才能巩固和发展民主团结、生动活泼、安定和谐的政治局面，形成中华民族的强大凝聚力和牢固向心力。互助是社会主义民族关系的保障，各民族只有互相支持、互相帮助、优势互补，才能实现共同发展、共同富裕。和谐是社会主义民族关系的本质，各民族只有和睦相处、亲如一家，才能充分发挥中华民族的整体优势和创造活力，更好地实现中华民族的伟大复兴。

要始终不渝地坚持民族平等，加强民族团结，推动民族互助，促进民族和谐，牢牢把握各民族共同团结奋斗、共同繁荣发展的主题，充分发挥民族区域自治制度的优越性，全面贯彻落实民族区域自治法，重点做好以下三个方面的工作。一是要加快少数民族和民族地区经济社会发展。发展问题是现阶段处理我国民族关系的首要问题。只有发展问题解决好了，才能真正实现民族平等和民族和谐。二是要加快少数民族和民族地区人力资源能力建设。加强人力资源能力建设，提高思想道德素质和科学文化素质，是加快少数民族和民族地区发展的根本之策。三是要加强和维护民族团结。巩固和加强民族团结，是解决民族问题的重要前提，也是保持全国安定和谐的重要条件，必须作为民族工作的重要着力点。

95. 怎样加强散居和城市少数民族工作？

党和政府历来重视散居和城市少数民族工作，进一步做好这项工作，要把握以下几个方面：

（1）要帮助散居和城市少数民族群众发展经济

在社会主义市场经济环境中，一些散居和城市少数民族群众在生产、生活等方面面临着一定的困难和压力。各级党委和政府应从政策、资金、技术等方面给予倾斜，采取保护性措施，提供优惠条件，以帮助散居和城市少数民族群众排忧解难、改善生活、加快发展。要培养选拔那些不仅能自己致富，而且能带领群众致富的经济能人进入散居地区领导岗位，充分利用各种优势，帮助这些地区的少数民族成员尽快走上富裕之路。

（2）要切实保障散居和城市少数民族群众的各项权益

与少数民族聚居地区相比，散居和城市少数民族群众居住分散，民族种类多样，他们的具体利益、实际困难往往容易被忽视。各级党委和政府要落实好有关方针政策，充分保障他们的各项平等权利，尊重他们的宗教信仰和风俗习惯，避免和坚决制止伤害民族感情和民族权益的事情发生。

（3）要在散居地区和城市大力开展民族团结进步教育活动

散居和城市少数民族群众与汉族群众接触机会较多，发生摩擦、产生误会的因素会随之增多。要加大宣传和落实有关民族政策和法律法规的力度，使散居地区群众都能认识到，民族之间经济文化的交流有利于当地的长远发展，从而在交流联系中增进理解、消除隔阂、互相帮助、共同发展。

（4）要建立健全散居和城市民族工作网络和机制

加强对散居和城市少数民族工作的领导，把散居和城市少数民族工作与所在地区和城市的整体工作结合起来，与聚居地区少数民族工作结合起来，逐步建立适合当地实际情况的灵活有效的管理机制和管理网络，及时妥善处理涉及民族宗教因素的突发事件，有效维护社会稳定。

96. 我国民族工作的主要任务是什么？

坚持以邓小平理论和"三个代表"重要思想为指导，以科学发展观统领经济社会发展全局，围绕全面建设小康社会的宏伟目标，牢牢把握各民族共同团结奋斗、共同繁荣发展的主题，全面贯彻执行党和国家的民族政策和民族法律法规，坚持和完善民族区域自治制度，巩固和发展社会主义民族关系，大力培养少数民族干部和各类人才，加快少数民族和民族地区经济社会发展，为我国社会主义物质文明、政治文明、精神文明与和谐社会建设全面发展作出贡献。

97. 我国法律对维护祖国统一和民族团结方面主要有什么规定？

（1）中华人民共和国是全国各族人民共同缔造的统一的多民族国家。平等、团结、互助的社会主义民族关系已经确立，并将继续加强。

（2）各少数民族聚居的地方实行区域自治，设立自治机关，行使自治权。各民族自治地方都是中华人民共和国不可分离的部分。

（3）中华人民共和国各民族一律平等。国家保障各少数民族的合法权利和利益，维护和发展各民族的平等、团结、互助、和谐的关系。禁止对任何民族的歧视和压迫，禁止破坏民族团结和制造民族分裂的行为。

（4）中华人民共和国公民有维护国家统一和全国各民族团结的义务。

（5）在维护民族团结的斗争中，要反对大民族主义，主要是大汉族主义，也要反对地方民族主义。国家尽一切努力，促进全国各民族的共同繁荣。

98. 什么是民族区域自治制度？

民族区域自治，是中国共产党运用马克思列宁主义关于民族问题的理论解决我国民族问题的基本政策，是我国的一项基本政治制度。民族区域自治制度是在国家统一领导下,各少数民族聚居的地方实行区域自治,设立自治机关,行使自治权,是民族自治和区域自治结合起来的制度。各民族区域自治地方都是中华人民共和国不可分离的部分,各自治机关都是在国家统一领导下的一级地方国家政权。我国现在有5个自治区、30个自治州、120个自治县(旗)。

99. 我国民族区域自治的优势是什么?

民族区域自治,是我们党处理民族问题的基本政策,是我国的一项基本政治制度。这一制度适合我国国情和各民族根本利益,得到各族人民衷心拥护,具有巨大的优越性和旺盛的生命力。

(1) 民族区域自治是解决我国民族问题的伟大创举

我国自古就是一个统一的多民族国家,民族问题始终是关系国家统一、领土完整和社会稳定的重大问题。历代中央政权都曾制定和实施一系列处理民族问题的政策,以维护其统治,但由于历史和阶级的局限,都不可能从根本上解决民族问题。中国共产党历来高度重视民族问题,坚持把马克思主义的民族理论与中国实际相结合,积极探索解决民族问题的正确途径,作出实行民族区域自治的重大决策。50多年的实践证明,这一重大决策是完全正确的,完全符合我国国情。这项制度体现了民族因素与区域因素、政治因素与经济因素、历史因素与现实因素的有机统一,是我们党对马列主义的一个独创性贡献,是建设中国特色社会主义必须长期坚持的基本经验,也是坚持走中国特色政治发展道路的重要标志。

(2) 民族区域自治是实现少数民族当家做主的重要途径

发展人民当家做主的社会主义民主,是我们党始终不渝的奋斗目标,是建设社会主义政治文明的核心内容和本质要求。民族区域自治制度的建立和发展,保障了少数民族与汉族人民同等的民主权利,并且享有自主管理本民族内部事务的权利。一方面,根据我国《宪法》规定,无论是在民族自治地方之内,还是在自治地方之外,少数民族与汉族一样享有参与国家和地方事务管理的平等权利。另一方面,我们建立了包括自治区、自治州、自治县等多层次的自治地方,颁布实施了《民族区域自治法》,不仅使人口多的少数民族实现了区域自治,人口少的少数民族也实现了区域自治;不仅聚居的少数民族获得了自治权利,有一定聚居区的散居少数民族也享有自治权利,从而最大限度地满足了少数民族人民实现自治和管理本民族内部事务的愿望。我国民族自治地方的自治机关享有广泛的民主权利，如制定自治条例和单行条例的权利，变通执行或停止执行上级国家机关不适合民族自治地方实际情况决定的权利，以及管理经济、财政、教育、培养和任用少数民族干部、发展民族文化等方面的自主权。这些都表明，只有在中国共产党领导下的社会主义新中国，实行了民族区域自治制度，我国少数民族才享有如此广泛而彻底的平等权利。

（3）民族区域自治是发展社会主义民族关系的重要保障

实行民族区域自治，正确处理了汉族与少数民族、少数民族与少数民族之间的关系，揭开了我国民族关系的新的一页，彻底废除了民族剥削与民族压迫制度，完成了民主改革和社会主义改造，建立民族自治地方，引导各民族共同走上社会主义道路，为社会主义新型民族关系提供了根本的政治基础；在党的坚强领导下，各民族共同致力于中华民族的伟大复兴，根本利益一致，奋斗目标相同，"三个离不开"的观念日益深入人心，为社会主义新型民族关系提供了深厚的思想基础；国家大力支持帮助少数民族和民族地区发展生产，各民族之间互助合作不断增强，少数民族和民族地区经济社会发展发生历史性飞跃，为社会主义新型民族关系提供了坚实的物质基础；少数民族宗教信仰和风俗习惯受到尊重，各民族相互了解和理解进一步加深，对民族差异更加包容，为社会主义新型民族关系提供了良好的心理基础。从民族区域自治的实践中，我们可以看出，只有坚持和完善民族区域自治制度，才能处理好汉族与少数民族、少数民族与少数民族以及各民族内部之间的关系，加快少数民族和民族地区的发展，使各民族在祖国大家庭里和睦相处、和衷共济、和谐发展。

党中央明确指出，民族区域自治作为解决我国民族问题的一条基本经验不容置疑，作为我国的一项基本政治制度不容动摇，作为我国社会主义的一大政治优势不容削弱。这是我们党站在历史和全局的高度，对民族区域自治制度的地位和作用做出的科学论断，也是对坚持和完善民族区域自治制度提出的明确要求。新世纪新阶段，我们要完成全面建设小康社会的历史任务，应对西方敌对势力对我国进行西化、分化的严峻挑战，必须充分认识民族区域自治的极端重要性和巨大优越性，坚定不移地坚持和完善民族区域自治制度。

100. 新世纪新阶段民族团结进步事业的内涵是什么？

我国民族团结进步事业是建设中国特色社会主义伟大事业的重要组成部分。发展我国民族团结进步事业，就是要在巩固和发展社会主义民族关系的基础上，使全国各族人民和睦相处、和衷共济、和谐发展、同心同德，为促进社会主义祖国的繁荣昌盛、维护社会主义祖国的统一安全、实现中华民族的伟大复兴而奋斗。

101. 开展民族团结进步表彰活动的意义是什么？首都民族团结进步表彰大会共召开过几次？

民族团结进步表彰活动源于20世纪50年代在民族地区先后开展的民族团结月活动，在活动中主要进行多种形式的民族团结宣传教育，检查民族政策的执行情况，表彰在维护和加强民族团结方面有突出贡献的集体和个人。党的十一届三中全会以来，全国各地都普遍开展了民族团结月和民族团结进步表彰活动，通过这些活动，增进了各民族之间的相互了解和信任，使党的民族政策进一步贯彻落实，激发了各族人民携手共进建设伟大祖国的积极性和主动性，对巩固和发展社会主义民族关系，维护社会的稳定和国家的统一，产生了深远的影响。

"首都民族团结进步奖"作为市委、市政府表彰奖励项目之一，自1984年以来，每五年表彰一次，到2006年止，北京市召开了五届首都民族团结进步表彰大会。通过表彰，宣传首都民族团结进步先进单位和先进个人的事迹，盛赞党的民族政策，盛赞中国特色的社会主义，盛赞各族人民对党的民族政策的拥护，展示中国社会主义新型民族关系，展示社会祥和稳定、民族团结进步、优化发展环境的新局面。

102. 处理涉及民族宗教因素突发事件的原则和方法是什么？

处理涉及民族、宗教因素的突发事件，是一个政治性、政策性非常强的工作，必须从国家长治久安的大局着眼，从事件发生的具体环境、性质和特点着手，有针对性地加以解决。

（1）依照政策和法律妥善处理

要把突发事件的处理纳入到法制框架，及时向卷入事件的群众说明有关的法律法规及违法的危害性，引导群众通过法律渠道反映他们的要求。要严格区分两类不同性质的矛盾，本着是什么问题按什么问题解决的原则，对事件当中的民事或刑事问题要依法进行处理，对事件当中涉及的民族、宗教关系的问题，则要按照党和政府的有关政策，运用统一战线的方式妥善处理。

（2）建立快捷、灵活、高效的预防和应对机制

要建立健全信息工作机制，加强对涉及民族、宗教因素的社会热点问题的研究，多渠道、多层次地收集信息，增强对不稳定因素的分析预测。要建立健全矛盾纠纷协调排查机制，定期与不定期相结合，经常性地开展涉及民族、宗教因素的社会矛盾纠纷排查工作，分兵把口、落实责任，努力使矛盾纠纷化解在萌芽状态，解决在基层单位。要建立健全快速反应机制，制订处理突发事件的预案，果断决策，把握先机，争取主动，在最短的时间内控制事态发展。

（3）最大限度地团结和依靠广大群众

要始终把群众作为我们基本的依靠力量，团结大多数人，孤立和打击极少数别有用心的人，认真倾听群众的意见和呼声，切实帮助群众排忧解难，尽最大努力做好思想疏导工作。要在群众中大力宣传党的民族宗教政策和有关法律法规，开展民族团结进步教育，增强群众遵纪守法意识。要充分发挥民族、宗教界代表人士的积极作用，通过他们及时了解少数民族群众和信教群众的意见、呼声，准确掌握有关问题的动向，协助党和政府做好工作。

103. 北京市的民族工作应坚持"四个服务"方针的内容是什么？

中共北京市委、北京市政府根据首都民族工作的实际，对民族工作提出了"四个服务"的方针，即"要坚持为中央服务、为北京市的少数民族服务、为来京的少数民族服务、为支援边疆民族地区的经济建设服务"。

104. 为什么要大力培养选拔少数民族干部？

大力培养选拔少数民族干部是党的一贯方针，是贯彻执行民族政策、增强民族团结、解决我国民族问题的关键。少数民族干部在维护社会稳定和祖国统一、推进民族团结进步事业等方面具有不可替代的作用。少数民族干部同本民族人民群众有密切联系，熟悉本民族的语言文字和风俗习惯，了解本民族人民的思想感情和要求愿望，了解本民族和本地区的特点，他们是党联系少数民族群众的桥梁。

105. 对少数民族干部队伍建设有哪些要求？

坚持"四化"方针和德才兼备的原则，热情关心，严格要求，全面提高少数民族干部队伍的素质，不断改善结构，重视培养选拔少数民族中高级领导

干部，努力建设一支数量充足、结构合理，坚定地同党中央保持高度一致，坚决维护民族团结和祖国统一，善于领导改革开放和社会主义现代化建设，深受各族群众拥护的高素质的少数民族干部队伍。

106. 国家机关录用公务员对少数民族公民有何特别规定？

考虑到现阶段少数民族干部队伍建设的实际情况，国家对少数民族公务员的录用，制定了相应的优惠政策。公务员法规定：民族自治地方政府和各级政府事务部门录用国家公务员时，对少数民族报考者应予照顾。对少数民族报考者的照顾办法，由录用主管机关规定。

107. 国家关于民族语言文字的基本政策是什么？

各民族语言文字一律平等；各民族都有使用和发展自己语言文字的自由；民族自治地方的自治机关在执行公务时，使用当地民族通用的一种或几种语言文字；同时使用几种通用的语言文字执行职务的，可以以实行区域自治的民族的语言文字为主；各民族公民都有使用本民族语言文字进行诉讼的权利。

108. 少数民族实行计划生育有什么政策规定？

计划生育是我国的基本国策，是每一位公民应尽的义务。为了提高少数民族地区的经济文化水平和民族素质，在少数民族中也要实行计划生育。国家对少数民族的计划生育确定了比汉族适当放宽的政策，并且采取了因地区制宜、因民族制宜、分类指导、不搞"一刀切"的方针。具体规定，由地方人民政府根据当地实际情况制定。

109. 党和国家关于少数民族风俗习惯的基本政策是什么？

尊重少数民族的风俗习惯，各民族都有保持或者改革本民族风俗习惯的自由。

110. 宣传报道少数民族的风俗习惯应把握什么原则？

（1）过去存在而现在已经不存在了的，不要再翻出来宣传报道。
（2）即使现在还存在但本民族群众已不愿再宣扬的，不要再宣传报道。
（3）作为学术研究的要与公开报道的严格区别开来。

(4) 要准确，不能道听途说、主观臆断和胡编乱造。

(5) 要有利于各民族的团结进步，不能伤害民族感情。

111. 我国少数民族主要有哪些传统节日？

蒙古族新年，蒙古族的新年在农历正月，过年时大家穿新衣，互相拜年、献哈达、送礼品。

那达慕大会，蒙语"那达慕"有娱乐或游戏的意思。那达慕大会是一种传统的群众性聚会，内容有摔跤、赛马、射箭、歌唱、舞蹈等。内蒙古自治区、盟、旗都举行那达慕大会，一般一年一次。

转山会，藏族传统节日，每逢农历四月初八庆祝，又称"浴佛节"。

雪顿节，藏族传统节日，每逢藏历六月三十日吃酸奶子，又称"藏戏节"。

藏历新年，藏族称新年为洛萨。西藏绝大部分地区是一月一日（藏历与农历大致相同）开始过年。藏历年节一般是3天至5天。

望果节，西藏人民一年一度预祝丰收的民族传统节日。庆祝活动从藏历八月一日起举行，为期不等，庆祝活动内容有赛马、演藏戏、歌舞、物资交流等。

达玛节，藏族传统节日，每逢藏历四月十八日左右举行赛马、赛牛和骑射。

萨噶达瓦节，西藏喇嘛教徒纪念释迦牟尼诞生、成佛、圆寂的节日和藏族僧俗人民预祝丰收的日子。在每年藏历四月十五日举行，已流传了一千多年。

赶秋，苗族传统节日，每逢农历立秋日，庆贺一年来五谷丰登。

苗族新年，苗族的新年，在农历十月的第一个丑日，苗语叫"冷酿廖"。

四月八，①贵阳市附近各县苗族重要节日之一。传说这个节日起源于明代。每逢农历四月初八，苗族青年着盛装，群集贵阳市喷水池旁，纵情歌唱、凭吊、追念历史传说中的民族英雄亚努。新中国成立后，成为各族人民友好团结的聚会。②布依族的节日之一，各地称呼不一，有"牛王节"、"牧童节"或"开秧节"。这一天，人和牛都吃"牛王巴"或糯米饭，并都休息一天，表示对耕牛的慰劳。

庆年节，每年农历十月，是彝族人民的年节。彝族人民在年节中，饮酒、歌唱、互相拜年，祝贺这个节日。

火把节（星回节），彝族、白族等的最大节日，广泛流行于云南及四川部分地区。农历六月二十四日起一至三天的晚间，男女老幼燃点火把，察看田苗，并饮酒欢聚，尽情歌舞。

歌墟（歌婆节），是壮族人民盛大的歌舞节日。一般在每年农历的正月十五、三月初三、四月初八、五月十二日举行。

过端，水族盛大节日。水语叫"借端"，意为过年。水历以农历九月为当首，在农历八月下旬至十月上旬，每逢"亥"日，各地按习惯顺序先后举行，互相来往庆祝。1959年，三都水族自治县水族人民把节日定在农历九月的同一个亥日，并举行传统的赛马及群众性的文娱活动。

瑶族新年，瑶族的新年在农历正月初一，过年时除了互相祝贺之外，还有射击比赛、耕作表演等节目。

三月街，也叫"观音节"，白族地区的重大市集和节日。每年农历三月十五至二十日，云南和邻省各族人民汇集大理，交流物资，举行赛马、射箭、歌舞等活动。新中国成立后，成为各族人民经济、文化交流和民族团结的集会。

哈尼族新年，哈尼族的新年有二：一为农历六月，一为农历十月。农历六月的新年也叫祭秋房或祭田节。

傣历新年，傣族新年是在傣历六月，相当于农历三月的清明节前后。傣历在过年时，由于有一次盛大的活动——泼水，所以也叫做泼水节。

三月三，是海南黎族的传统节日。每逢农历三月初三这一天，又是青年男女寻找自己情侣的欢乐日子。

开斋节系阿拉伯语的意译，也叫尔代节或大开斋，在我国西北的一些地方称之为肉孜节。伊斯兰教规定穆斯林每年在伊斯兰教历的九月内要斋戒，包括从破晓到日落前禁饮食等，穆斯林俗称这个月为"斋月"。斋月的最后一天晚上寻看新月（月牙），见月的次日，也就是伊斯兰教历的十月一日开斋，即开斋节。这一天，穆斯林要沐浴更衣，到清真寺参加会礼并举行一些庆祝活动。

古尔邦节是阿拉伯语的音译，意为"献牲"，也称宰牲节、小开斋等。时间在伊斯兰教历的十二月十日。据传古尔邦节的来历是，先知易卜拉欣接受安拉的启示，命他宰杀自己的儿子易斯玛仪献祭，以考验他对安拉的忠诚。当易卜拉欣遵命执行时，安拉派天使送来一只羊代替易斯玛仪的牺牲。伊斯兰教规定该日为"宰牲节"。这一天穆斯林要沐浴、着盛装，举行会礼，互相拜贺，宰牛、羊、骆驼等，然后将肉分成若干份，分赠给阿訇、亲友和贫民。

圣纪是伊斯兰教的创立者穆罕默德诞辰纪念日,伊斯兰教历的三月十二日。相传穆罕默德逝世的月、日与诞生相差一天,是迁都第11年的三月十三日,故又称该日为"圣忌"。我国的穆斯林习惯将"圣纪"与"圣忌"合并纪念,俗称办"圣会"。节日活动主要有诵经、赞圣,讲述穆罕默德的生平事迹等。

112. 北京市少数民族人口现状及分布特点是什么?

据2000年第五次全国人口普查统计,北京市有55个少数民族,在全市人口中,少数民族人口58.6万人,占4.3%。在京居住的少数民族人口中,人数较多的分别是满族25万人,回族23.6万人,蒙古族3.7万人,朝鲜族2万人,以上4个民族的人口总量占在京少数民族人口总量的92.7%。

113. 什么是规范化清真食品经营专柜?

2001年,市民委、市商委制定了《北京市清真食品经营规范(试行)》标准,对经营清真食品的进货渠道、生产加工、运输、储备、计量、包装等方面的管理都做出了明确规定。规范化清真食品经营专柜的含义不仅是要达到规范化标准,更重要的是规划定点经营,原则上不得随意撤并或改变经营内容。设立规范化清真食品经营专柜的宗旨,就是要解决"清真不真"和"清真不便"的问题。

114. 对于公民变更、恢复民族成分的规定有哪些?

(1) 申请确定的民族成分须属国家正式认定的民族族称。

(2) 个人的民族成分,只能依据父或母的民族成分确定。其父或母的民族成分以户口登记为凭证。

(3) 同一民族的少数民族公民结婚所生子女由于各种原因没有正确表达自己的民族成分,要求确定或恢复为父母民族成分的,不受年龄限制。

(4) 不同民族的公民结婚所生子女,或收养其他民族的幼儿(经公证部门公证确认收养关系的),其民族成分在不满18周岁以前由父母或养父母商定;满18周岁者可由本人决定,年满20周岁者不再更改民族成分。

(5) 不同民族的公民再婚,双方原来的子女如系幼儿,其民族成分在18周岁以前由母亲和继父或父亲和继母商定;双方原来的子女已满18周岁的,不改变原来的民族成分。

（6）不同民族的成年人之间发生的收养关系、婚姻关系，不改变各自的民族成分。

（7）原来已确定为某一少数民族成分的，不得随意变更为其他民族成分。

（8）加入中国籍的外国人及其后裔，或中国人同外国人结婚所生子女的民族成分，按下列原则处理：加入中国籍的外国人，其民族成分如与我国现有某一民族成分相同或特征相近的，可以申请填报为与我国相同或特征相近的某一民族，但须在入籍后的两年内申请办理；父母一方为中国人，或父母一方加入中国籍后已申请填报为我国某一民族成分的，其具有中国国籍的子女应填报中国一方的民族成分。

115. 统战部门在民族工作方面的职责有哪些？

（1）了解、掌握党在民族工作方面的方针政策的贯彻执行情况，督促、检查《民族区域自治法》的贯彻落实情况

新中国建立后，特别是十一届三中全会以来，为保障少数民族的合法权利，促进少数民族地区的经济发展，党和政府制定、颁布了一套比较完整的民族工作方针政策及法规。切实做好民族团结工作，确保民族地区的稳定，是当前民族工作的重要任务，也是民族地区政治稳定、社会稳定、经济发展的关键。因此，各级统战部门要积极主动地了解、掌握党的民族工作方针、政策的贯彻落实情况，以及落实政策过程中遇到的问题，经过认真的分析研究，及时地向同级党委、中央反映。

（2）对民族工作方面的重大问题进行调查研究，提出建议

民族问题历来是中国革命和建设总问题的一部分。在当前国际形势复杂多变和国内改革发展深入进行的情况下，民族工作遇到的新情况新问题不少。要坚持深入群众、深入基层、深入实际，开展调查研究，了解真实情况，集中群众智慧，进一步认识和把握新形势下民族问题、民族工作的特点和规律，密切关注世界民族问题发展变化对我国民族问题、民族工作的影响，注重借鉴世界各国处理民族问题的经验教训，创新工作思路，改进工作方法，丰富工作手段，增强做好民族工作的原则性、系统性、预见性和创造性。

（3）做好少数民族干部和民族代表人物的工作

协助有关部门全面提高少数民族干部队伍的素质，重视培养少数民族中高

级领导干部，要努力造就一支宏大的德才兼备的少数民族干部队伍。要注意做好民族代表人物的联系工作，积极帮助他们解决工作和生活中的困难，让他们感受到党和政府的关怀。

（4）积极配合有关部门，在各民族特别是民族干部中深入进行马克思主义民族观的宣传教育，进行党的民族政策和民族团结的教育

116. 如何帮助民族地区更多地培养企业经营管理人才、专业技术人才和技能人才？

（1）加强民族地区教育投入，特别是大力兴办基础教育和职业技术教育

认真贯彻落实《中华人民共和国义务教育法》，把少数民族基础教育工作列入重要日程，不断改善少数民族学校办学条件。对少数民族贫困学生实行学杂费减免、降分录取和生活困难补助等多项优惠措施，全方位加强少数民族学生的教育工作。要把民族地区职业教育摆上重要位置，因地制宜地发展适合本地经济社会发展需要的专业技术人才和技能人才，不断提高劳动者素质。

（2）建立健全人才管理和培养工作机制

组织、人事和统战等有关部门要建立健全人才协调管理和培养使用机制，采取多种手段和方式帮助民族地区更多地培养经济社会发展急需的人才，尤其是对企业经营管理人才、专业技术人才和技能人才要加强发现、培养、使用和吸引的力度。要建立支持民族地区经济社会发展的科技工程，聘请专家和有关技术人员有针对性地授课，传授种植、养殖、农产品加工等各项实用技术，开办培训班，派技术人员现场指导，送政策、送技术下村。

（3）努力消除束缚人才合理流动的体制性障碍

要制定更加优惠的政策，采取灵活多样的措施，创造良好的用人机制和环境，鼓励、支持和吸引各级各类企业经营管理人才、专业技术人才和技能人才到民族地区发展创业，贡献聪明才智。

第六部分 宗教工作

117. 什么是宗教？我国有哪些宗教和宗教团体？

宗教是人类社会发展到一定阶段的社会历史现象，是人们的一种信仰，一种世界观。宗教不仅仅是一种信仰，还是一种社会实体，一种社会力量，包括宗教行为、宗教活动、宗教活动场所和宗教组织等。宗教有其产生、发展和消亡的过程，在社会主义社会中还将长期存在。

我国主要有佛教、道教、伊斯兰教、天主教、基督教5大宗教。5大宗教的全国性宗教团体有中国佛教协会、中国道教协会、中国伊斯兰教协会、中国天主教爱国会、中国天主教主教团、中国基督教三自爱国运动委员会、中国基督教协会等。各宗教团体按照各自的章程选举、产生领导人和领导机构。各地根据本地区实际情况也相应成立地方各级宗教团体。

118. 什么是佛教？

佛教是与基督教、伊斯兰教并列的世界三大宗教之一，创立于公元前6世纪的古印度，创始人是释迦牟尼。释迦牟尼出生于古印度迦毗罗卫（今尼泊尔境内），是释迦族的一位王子，原名乔达摩·悉达多。释迦牟尼意为释迦族的圣人，佛教徒称之为佛、佛陀。

佛教创立后，原来只流行于中印度恒河流域一带。公元前3世纪，由于阿育王奉佛教为国教，使佛教在印度国内外得到广泛流传。向南传到斯里兰卡等南亚地区，后又传到泰国、缅甸、老挝等国家和我国云南地区，称为南传上座部佛教；向北沿着丝绸之路传到中国汉地，再到朝鲜、日本、越南等国家，沿着喜马拉雅山脉传到我国西藏地区，称为北传佛教。按其传播地区的语系划分，分为汉语系佛教、藏语系佛教和巴利语系佛教。史书记载，佛教大约在公元前2年传到我国中原地区，至今已有2000余年的历史。佛教思想对于我国哲学、文学、艺术及民间风俗都有着深远的影响。

119. 什么是道教？

道教是以"道"为最高信仰的中国土生土长的宗教。产生于东汉中叶，是在中国古代宗教信仰的基础上，沿袭方仙道、黄老道的某些宗教观念和修持方法而逐渐形成的，至今已有1800多年的历史。道教尊太上老君为教祖，尊东汉张陵为创教人。道教在隋唐、北宋达到了极盛期，并流传到朝鲜、日本、越南和东南亚一带，道教经书也远传到欧美。

道教是一种多神教，拥有庞大的神团系统。在我国历史上，道教与佛教和儒学并列，成为我国传统文化的重要组成部分。

120. 什么是伊斯兰教？

伊斯兰教是世界三大宗教之一，中国旧称大食法、天方教、清真教、回教等。"伊斯兰"原意为"和平"、"顺从"，以它为教名主要取"顺从"之意，即顺从所信仰的独一的真主意志。信仰伊斯兰教的人统称为穆斯林（意为顺从者）。伊斯兰教是公元7世纪中期在阿拉伯半岛创传的一种宗教。后来发展成为世界性的宗教。现在全世界信仰伊斯兰教的人口超过了10亿。在当代，伊斯兰国家和穆斯林人民在国际政治生活中发挥着日益重要的作用。

从7世纪开始，阿拉伯穆斯林就沿着海路交通线到达中国，进行贸易和旅行，传播伊斯兰教。唐、宋、元三代，是伊斯兰教在中国传播的主要时期，而元代更是到了鼎盛时期。中国穆斯林大都属于逊尼派，在传播发展的过程中，又出现了一些支系，如格底目、虎非耶、卡迪林耶、库不林耶、哲赫林耶等，但他们的基本信仰、基本义务相同，只是在某些教法和修持细节上有所区别。1956年国务院发布《关于伊斯兰教名称问题的通知》中规定："今后对伊斯兰教一律不要使用'回教'这个名称，应该称'伊斯兰教'。"对伊斯兰教的名称进行了统一。

121. 什么是天主教？

天主教是世界性的宗教，它产生于公元初年小亚细亚地区，创始人是被称为天主之子的耶稣基督。由于天主教是在罗马教会的基础上发展起来的，故也称为罗马公教。随着天主教教义和神学思想不断完善和发展，教会制度逐渐确立，由最初的民族宗教演变成为普世宗教，成为世界上信徒最多的宗教。目前，我国信仰天主教的信徒约500万人。

122. 什么是基督教？

基督教有广义和狭义之分。广义的基督教是指凡信奉耶稣基督为救世主的所有教派，包括天主教、基督教新教和东正教。狭义的基督教是指基督教新教。我国所称的基督教多指基督教新教。基督教产生于公元1世纪的现中东巴勒斯坦地区，由耶稣及其门徒所创立，信奉者称耶稣为基督。基督教以信仰"上帝"、"三位一体"等为基本信仰，以《圣经》（又称《新旧约全书》）为主要经典。公元11世纪基督教分裂为天主教和东正教。公元16世纪宗教改革后，又陆续从天主教分裂出许多新的教派，合称为基督教新教。

123. 马克思主义宗教观的基本内容是什么？

宗教是人类社会发展到一定阶段的历史现象，有它发生、发展和消亡的过程。宗教信仰、宗教感情以及同这种信仰和感情相适应的宗教仪式和宗教组织，都是社会历史的产物。宗教观念的最初产生，反映了在生产力水平极低的情况下，原始人对自然现象的神秘感。

进到阶级社会以后，宗教得以存在和发展的最深刻的社会根源，就在于人们受这种社会的盲目的异己力量的支配而无法摆脱，在于劳动者对于剥削制度所造成的巨大苦难的恐惧和绝望，在于剥削阶级需要利用宗教作为麻醉和控制群众的重要精神手段。

在社会主义社会中，随着剥削制度和剥削阶级的消灭，宗教存在的阶级根源已经基本消失。但是，由于人们意识的发展总是落后于社会存在，旧社会遗留下来的旧思想、旧习惯不可能在短期内彻底消除；由于社会生产力的极大提高，物质财富的极大丰富，高度社会主义民主的建立，以及教育、文化、科学、技术的高度发达，还需要长久的奋斗过程；由于某些严重的天灾人祸所带来的种种困苦，还不可能在短期内彻底摆脱；由于还存在着一定范围的阶级斗争和复杂的国际环境，因而宗教在社会主义社会一部分人中的影响，也就不可避免地还会长期存在。

在人类历史上，宗教终究是要消亡的，但是只有经过社会主义、共产主义的长期发展，在一切客观条件具备的时候，才会自然消亡。在社会主义条件下，宗教将会长期存在，那种认为随着社会主义制度的建立和经济文化的一定程度的发展，宗教就会很快消亡的想法，是不现实的。那种认为依靠行政命令或其他强制手段，可以一举消灭宗教的想法和做法，更是背离马克思主义关于宗教问题的基本观点的，是完全错误和非常有害的。

124. 什么是基督教、天主教"三自"爱国运动？

近代天主教、基督教传入中国是同殖民主义、帝国主义的侵略扩张联系在一起的。由于西方势力控制着中国教会的权力，早在 19 世纪后期，一些有识之士就表达了中国教会应由中国教徒自己来办的思想。1949 年中华人民共和国成立，为中国天主教、基督教摆脱西方殖民主义、帝国主义的控制，实行"三自"（自治、自养、自传）创造了条件。1950 年 7 月，以吴耀宗先生为首的 40 名中国基督教代表人物联名发表了《中国基督教在新中国建设中努力的途径》的宣言，提出了中国基督教反帝、反封建和反对官僚资本主义，为建设新中国而奋斗的总任务；还提出肃清基督教内部的帝国主义影响，在最短期内完成中国基督教过去所倡导的自治、自养、自传的任务等基本方针。1950 年 11 月 30 日，四川天主教神甫王良佐和 500 余名教徒发表了《天主教自主革新》宣言，主张"与帝国主义者割断各方面的关系"，"建立自治、自养、自传的新教会"。这些宣言发表后，得到广大基督教徒和天主教徒的热烈拥护和响应。1954 年 7 月，在北京召开的基督教全国代表大会上，成立了中国基督教"三自"爱国运动委员会。1957 年 7 月在北京召开的中国天主教友代表会议上，成立了中国天主教爱国会。至此，中国基督教、天主教走上了独立自主，自办教会的道路。

125. 如何正确认识和对待宗教？

（1）必须以科学的、历史的观点看待宗教，做到"四个全面认识"

一是要全面认识宗教产生和存在的深刻历史根源、社会根源、心理根源；二是要全面认识宗教在社会主义社会将长期存在的客观现实；三是要全面认识宗教问题同政治、经济、文化、民族等方面因素相交织的复杂状况；四是要全面认识宗教对相当一部分群众有较大影响的社会现象。做好新形势下的宗教工作，一定要准确把握和认真对待宗教问题，充分认识信教群众与不信教群众的根本利益是一致的，都是党执政的群众基础，都是建设中国特色社会主义的重要力量，既不能用行政手段压制宗教，也不能放弃对宗教事务的管理，而是要更加扎实地做好党的宗教工作，把广大信教群众紧紧团结在党和政府周围，共同为全面建设小康社会而奋斗。

（2）观察世界宗教问题必须把握的"三个主要特点"

一是宗教的存在有着深刻的社会历史根源，将会长期存在并发生作用；二是宗教与一定社会的经济、政治、文化问题交织在一起，对社会的发展和稳定产生重大影响；三是宗教常常与现实的国际斗争和冲突相交织，是国际关系和世界政治中的一个重要因素。宗教的这三个特点是相互联系、相辅相成的，最根本的是宗教存在的长期性。观察和分析宗教问题，开展宗教工作，必须时刻注意并充分估计宗教的这些特点及其带来的影响。

（3）正确认识和处理"两个群众关系"

处理好信教群众和不信教群众、信仰不同宗教群众之间的关系，引导宗教与社会主义社会相适应，是构建社会主义和谐社会的重要工作。要高度重视宗教问题，增强做好宗教工作的责任感和使命感，全面贯彻党的宗教工作基本方针，努力实现宗教与社会和谐相处、各宗教和谐相处、信教群众和不信教群众、信仰不同宗教群众和谐相处。

126. 新世纪新阶段宗教工作的重要地位是什么？

宗教工作是党和国家工作中的重要组成部分，在党和国家事业发展的大局中有着重要地位。党对宗教工作的领导，政府对宗教事务的管理，只能加强，不能削弱。做好宗教工作，关系到加强党同人民群众的血肉联系，关系到推进三个文明建设，关系到加强民族团结、保持社会稳定、维护国家安全和祖国统一，关系到我国的对外关系。全党同志必须从保证国家长治久安，维护改革发展稳定大局的政治高度观察和处理宗教问题，充分认识做好宗教工作的重要性，增强责任感和紧迫感。

127. 新世纪新阶段党对宗教问题的基本观点和基本政策是什么？

（1）宗教有其产生、发展和消亡的过程，在社会主义社会将长期存在，不能用行政力量去消灭宗教，也不能用行政力量去发展宗教。

（2）宗教信仰自由受宪法保护，公民有信仰宗教的自由，也有不信仰宗教的自由。

（3）要宣传无神论，但不能简单地把有神论和无神论的区别等同于政治上的对立。要坚持政治上团结合作、信仰上互相尊重。

（4）国家依法对宗教事务进行管理，保护正常的宗教活动和宗教界的合法权益，制止和打击利用宗教进行的违法犯罪活动。

（5）我国宗教方面的矛盾主要是人民内部矛盾，但在一定条件下也可能出现对抗性的问题，要严格区分、妥善处理两类不同性质的矛盾。

（6）坚持独立自主自办的原则，在平等的基础上开展宗教对外友好交往，抵御境外敌对势力利用宗教进行渗透，不允许境外任何宗教组织、团体和个人干预我国宗教事务。

（7）爱国宗教团体是党和政府联系信教群众的桥梁，要支持他们加强自身建设，自主开展活动，充分发挥作用。

（8）爱国宗教界人士是团结信教群众、维护社会稳定的重要力量。要有计划、有组织地培养爱国宗教教职人员队伍。

（9）积极引导宗教与社会主义社会相适应。宗教界人士和信教群众要树立公民意识，把爱国与爱教结合起来，在法律、法规和政策允许的范围内活动。

（10）所有宗教团体和宗教界人士都必须维护法律尊严，维护人民利益，维护民族团结，维护国家统一。

128. 新世纪新阶段党的宗教工作基本方针的"四句话"是什么？

要全面正确地贯彻党的宗教信仰自由政策，依法管理宗教事务，坚持独立自主自办的原则，积极引导宗教与社会主义社会相适应。

129. 如何认识我国宗教的"五性"？

（1）宗教的长期性

宗教有其产生、发展和消亡的客观规律。新中国建立以后，随着剥削阶级和剥削制度的消灭，以及社会主义制度的建立，宗教赖以存在的阶级根源基本消灭，但是其他社会根源以及自然根源、认识论根源仍然存在。特别是在社会主义初级阶段，生产力发展水平不高；社会主义民主与法制还不完善；文化、教育、科学事业还不够发达；人们对自然和社会的认识还有局限；某些严重的天灾人祸所造成的种种困苦，人们还不能在短期内彻底摆脱；传统的信神观念和迷信思想在人民群众中仍有较深的影响；在一些地区，宗教问题和民族问题往往交织在一起，产生一定的影响；极少数敌对分子还会利用宗教蒙骗群众，进行危害党和国家的活动和各种破坏活动。在对外开放的条件下，来自外部的宗教影响会更加突出。因此，在我国社会主义历史条件下，宗教将会长期存在，并按其自身的规律和特点，对社会产生不容忽视的影响。宗教作为一种历史现象，总是要消亡的。但是宗教的消亡需要经历社会主义、共产主义的长期发展，也就是我国的政治、经济、文化达到了高度发达的程度，消除了宗教赖以存在的土壤和根源，即到了"谋事在人，成事也在人"的时候，宗教才会自然消亡。因此，江泽民同志指出："宗教最终走向消亡可能比阶级、国家的消亡还要久远。"

(2) 宗教的群众性

宗教如果离开了广大信教群众，就不成其为宗教。宗教之所以具有强大的感召力和凝聚力，能够释放出巨大的社会能量，就是因为它的群众基础。现阶段我国有1亿多群众信仰各种宗教，这在全国总人口中所占的比例不算很大，但绝对数字并不小。宗教在我国仍有比较广泛的群众基础，特别是在一些少数民族中，信教的占绝大多数。因此，宗教工作是群众工作的一个重要方面。江泽民同志指出："认真执行党的宗教政策，正确处理党同宗教界人士和信教群众的关系，有利于巩固和扩大党的群众基础，增强党在广大信教群众中的凝聚力、吸引力，把他们紧紧团结在党的周围。"他还进一步指出：信教群众"也是建设有中国特色社会主义的积极力量"。我们党代表最广大人民群众的根本利益，当然也包括广大信教群众的根本利益。"执政为民"当然也包括广大信教群众这个"民"。这是我们党对广大信教群众的政治地位最明确的定位，也是对党同信教群众关系的最明确的定位。从这个意义上说，正确对待宗教问题，也就是正确对待群众的问题。

(3) 宗教的民族性

我国是一个多民族的国家，一些少数民族历史上曾经全民信仰某一宗教，宗教至今在这些民族中有着广泛和深刻的影响。回、维吾尔、哈萨克、柯尔克孜、塔塔尔、乌孜别克、塔吉、东乡、撒拉、保安等民族广泛信仰伊斯兰教；藏、蒙古、傣、裕固等民族广泛信仰佛教（包括藏传佛教）；苗、瑶、彝等民族中有相当一部分群众信仰天主教和基督教；鄂伦春、鄂温、达斡尔等民族多数信仰萨满教。所以，我国的民族问题经常同宗教问题交织在一起。

（4）宗教的复杂性

宗教问题从来就不是孤立存在的，它总是同政治、经济、文化、民族等方面历史和现实的矛盾相交错，具有特殊复杂性。从历史和现实的角度看，观察世界的宗教问题，必须把握住其三个主要特点：一是宗教的存在有着深刻的社会历史根源，将会长期存在并发生作用；二是宗教与一定的社会的经济、政治、文化问题交织在一起，对社会的发展和稳定产生重大影响；三是宗教常常与现实的国际斗争和冲突相交织，是国际关系和世界政治中的一个重要因素。

（5）宗教的国际性

目前，全世界60亿人口中，信教的约有48亿，占世界总人口的80%以上。在我国有重要影响的佛教、伊斯兰教、天主教、基督教，也是世界性宗教。佛教主要在亚洲传播，天主教主要在欧洲中南部和南美传播，基督教主要在欧洲北部地区和北美，伊斯兰教主要在西亚和北非的国家传播。道教虽然是我国特有的一种宗教，但也传到了我国邻近的一些国家和地区，并逐渐扩展到了欧美。所以，我国宗教问题具有国际性。

130. 如何全面正确地贯彻宗教信仰自由政策？

全面正确地贯彻宗教信仰自由政策，一方面要求尊重每个公民信仰宗教的自由和不信仰宗教的自由。任何组织和个人都不得强制公民信仰宗教或者不信仰宗教，不得歧视信仰宗教的公民和不信仰宗教的公民。对不尊重公民宗教信仰自由权利和损害宗教界合法权益的错误行为，必须坚决予以纠正。另一方面要求坚持权利和义务的统一。宗教信仰自由不等于宗教活动可以不受任何约束。宗教界人士和信教群众首先是中华人民共和国的公民，要把国家和人民的根本利益放在首位，承担遵守宪法、法律、法规和政策的义务。宗教必须在宪法和法律规定的权利和义务范围内活动，任何人不得利用宗教反对党的领导和社会主义制度，宗教活动不得妨碍社会秩序、工作秩序和生活秩序。

131. 什么是依法管理宗教事务？

依法管理宗教事务，是指政府根据国家的宪法和有关法律、法规及规范性文件，对宗教方面涉及国家利益、社会公共利益的关系和行为，以及社会公活动涉及宗教界权益的关系和行为的行政管理。依法管理宗教事务的基本内容是要切实保障宗教信仰自由，保证正常宗教活动的有序进行，保护宗教团体的合法权益；实行政教分离的原则，任何宗教都没有超越宪法和法律的特权，都不能干预国家行政、司法和教育等国家职能的实施；绝不允许恢复已被废除的宗教封建特权和宗教压迫剥削制度；绝不允许利用宗教反对党的领导和社会主义制度，破坏国家统一和国内各民族之间的团结；绝不允许利用宗教损害国家和社会的利益，妨碍其他公民的合法权利。依法管理宗教事务的要旨是保护合法，制止非法，抵御渗透，打击犯罪。

132. 如何积极引导宗教与社会主义社会相适应？

积极引导宗教与社会主义社会相适应可概括为"两个基础"、"两个要求"和"两个支持"。

"两个基础"是客观的现实基础，即我国社会主义制度的建立，建设中国特色社会主义，符合包括信教群众在内的广大人民群众的根本利益，这是我们做好宗教工作的政治基础；我国各宗教通过自身的改革和进步，也为社会主义社会发挥其积极因素打下了一定的基础。

"两个要求"是对宗教界的要求，即要求宗教界人士和信教群众热爱祖国，拥护社会主义制度，拥护共产党的领导，遵守国家的法律、法规和方针政策；要求宗教界人士和信教群众从事的宗教活动要服从和服务于国家的最高利益和民族的整体利益。

"两个支持"是对各级党委、政府和宗教工作部门的要求，即支持宗教界人士努力对宗教教义作出符合社会进步要求的阐释；支持宗教界人士和信教群众与各族人民一道反对一切利用宗教进行危害社会主义祖国和人民利益的非法活动，为民族团结、社会发展和祖国统一多作贡献。

133. 加强爱国宗教力量建设的三项主要工作是什么？

一是支持宗教团体加强自身建设，包括思想建设、组织建设和制度建设；二是加强爱国宗教教职人员的培养工作；三是加强宗教院校的建设。

134. 衡量宗教工作的标准是什么？

衡量各级党委和政府对宗教工作抓得好不好、得力不得力的四条标准是：

党的宗教政策是否得到落实，宗教事务管理是否走上法制化轨道，与民族、宗教问题相关的矛盾纠纷是否得到有效预防和妥善处理，信教群众与不信教群众是否团结一致共同致力于社会主义现代化建设。

135. 对宗教工作干部的要求是什么？

加强宗教工作干部队伍建设是做好宗教工作的重要前提。要努力建立一支适应新形势下宗教工作的要求，具有很强的政治和大局意识、较高的理论政策水平、丰富的宗教专业知识、严谨细致的工作作风的宗教干部队伍。

136. 妥善处理民族宗教问题应坚持"四个维护"的具体含义是什么？

"四个维护"即维护法律尊严，维护人民利益，维护民族团结，维护祖国统一。高举"四个维护"的旗帜，妥善处理民族、宗教问题，有利于教育和争取大多数群众，孤立和打击少数坏人。"四个维护"是宗教与社会主义社会相适应的行为准则。

137. 我国宪法中关于宗教方面有何具体规定？

《中华人民共和国宪法》规定：中华人民共和国公民有宗教信仰自由。任何国家机关、社会团体和个人不得强制公民信仰宗教或者不信仰宗教，不得歧视信仰宗教的公民和不信仰宗教的公民。国家保护正常的宗教活动。任何人不得利用宗教进行破坏社会秩序、损害公民身体健康、妨碍国家教育制度的活动。宗教团体和宗教事务不受外国势力的支配。

138. 《宗教事务条例》是什么时候颁布的？其主要内容是什么？

2004年11月30日，国务院总理温家宝签署国务院第426号令，颁布了《宗教事务条例》。这是我国第一部宗教方面综合性行政法规，充分体现了党中央国务院对宗教工作的高度重视，标志着宗教方面的法制建设又迈出了新的步伐。它的颁布实施，在保护宗教信仰自由、规范宗教活动的同时，也对政府管理宗教事务进行了规范，为政府有关部门在宗教工作中依法行政提供了重要的法律依据。

《宗教事务条例》分7章，共48条，内容包括总则、宗教团体、宗教活动场所、宗教教职人员、宗教财产、法律责任、附则。

139. 《北京市宗教事务条例》的主要内容是什么？

《北京市宗教事务条例》是 2002 年 7 月 18 日北京市第十一届人民代表大会常务委员会第 35 次会议通过，2002 年 11 月 1 日起施行的。它分 9 章，共 51 条，内容包括总则、宗教团体、宗教教职人员、宗教活动场所和宗教活动、宗教出版物、宗教财产、宗教涉外事务、法律责任、附则。

140. 为什么设立宗教活动场所必须登记？

对宗教活动场所依法进行登记，是宗教活动场所取得合法地位必须履行的法律手续，是政府依法对宗教活动场所进行管理的前提条件，其目的是通过登记，使宗教活动场所取得合法地位，使政府对宗教活动场所的管理纳入法制轨道。

141. 宗教活动场所应履行的义务是什么？

根据《宗教事务条例》规定，宗教活动场所应当履行的义务：

（1）宗教活动场所应当遵守宪法、法律、法规和规章，维护国家统一、民族团结和社会稳定。

（2）各宗教坚持独立自主自办的原则，宗教活动场所不受外国势力的支配。

（3）宗教活动场所应当成立管理组织，实行民主管理。

（4）宗教活动场所应当加强内部管理，依照有关法律、法规、规章的规定，建立健全人员、财务、会计、治安、消防、文物保护、卫生防疫等管理制度，接受当地人民政府有关部门的指导、监督、检查。

（5）宗教活动场所合并、分立、终止或者变更登记内容的，应当到原登记管理机关相应的变更登记手续。

（6）宗教活动场所应当防范本场所内发生重大事故或者发生违犯宗教禁忌等伤害信教公民宗教感情、破坏民族团结、影响社会稳定的事件。

142. 正常的宗教活动是指什么？

宗教信徒在宗教活动场所参加宗教仪式或个人按宗教习惯在自己家里过宗

教生活，宗教教职人员履行正当的宗教职务，教会、寺观接受人们自愿要求入教、出家和接受教徒自愿的捐赠等。凡属宗教信徒的正常宗教活动，都受到国家法律的保护。

143. 落实宗教团体的房产政策有何具体规定？

落实宗教团体房产政策是贯彻党的宗教政策的一项重要工作。按照北京市人民政府办公厅转发市房地局、市宗教局、市落实私房政策领导小组办公室《关于北京市落实宗教团体房产政策的意见》文件精神，落实宗教团体房产政策主要有以下具体规定：

（1）"文革"期间被占用的宗教团体自管、自用、自修的宗教房产，因宗教团体对内对外的工作需要必须腾空收回自用的，由占用单位或个人按"谁占谁退"的原则，积极腾退。

（2）房管部门按包经租接管的宗教团体房产，原则退还给宗教团体。对于房管部门管理期间进行翻建和接、推、扩的房屋，一并退给宗教团体，经济互不结算。

（3）因城市建设和危旧房改造，需要拆迁宗教团体房产（包括经租和应落实政策的房屋）时，按《北京市人民政府转发市政府宗教事务处等三部门贯彻国务院宗教事务局、建设部〈关于城市建设中拆迁教堂、寺庙等房屋问题处理意见的通知〉》及《关于妥善处理宗教经租房产的通知》等规定办理。

（4）其他问题按以下规定处理：

按党中央、国务院有关政策规定，由政府接管、接办的原教会所属学校以1961年北京市人民委员会第37次行政会议决定的范围为准，医院、慈善事业等宗教房产，不再属于落实政策范围。

对于军队占用的宗教房产，按有关规定办理。

对于包经租以前已经按中央有关文件或经市级以上领导同志研究作过处理的，原则上不再重新处理。

外教区在京的宗教房产落实政策问题，参照北京市落实宗教房产的意见办理。

144. 如何尊重在华外国人的宗教信仰自由，保护外国人正常宗教活动？

按照《中华人民共和国境内外国人宗教活动管理规定》及其《实施细则》的规定，我国政府尊重在中国境内所有外国人的宗教信仰自由，依法保护和管理境内外国人的宗教活动。外国人可以在中国境内经登记的寺院、宫观、清真寺、教堂等宗教活动场所参加宗教活动。经省、自治区、直辖市以上宗教社会团体邀请，外国宗教教职人员可以在依法登记的宗教活动场所讲经、讲道。境内外国人集体进行宗教活动要在由县级以上人民政府宗教事务部门认可的经依法登记的寺院、宫观、清真寺、教堂，或由省、自治区、直辖市人民政府宗教事务部门指定的临时地点举行。经中国的宗教社会团体同意，境内外国人可以邀请中国宗教教职人员为其举行洗礼、婚礼、葬礼和道场、法会等宗教仪式。外国人进入中国国境，可以携带本人自用的宗教印刷品、宗教音像制品及其他宗教用品。

145. 外国人在中国境内进行宗教活动应遵守哪些规定？

中国实行独立自主自办教会的原则，外国人不得干涉中国宗教社会团体、宗教活动场所的设立和变更，不得干涉中国宗教社会团体对宗教教职人员的选任和变更，不得干涉和支配中国宗教社会团体的其他内部事务。外国人在中国境内不得以任何名义或形式成立宗教组织、设立宗教办事机构、设立宗教活动场所或者开办宗教院校、举办宗教培训班。不得在非宗教活动场所进行讲经、讲道，进行宗教聚会等活动。不得制作或销售宗教书刊、宗教音像制品、宗教电子出版物等宗教用品，不得散发宗教宣传品。

146. 为什么共产党员不能信仰宗教？

共产党员是马克思主义政党的成员。中国共产党以马克思列宁主义、毛泽东思想、邓小平理论和"三个代表"重要思想为指导，作为共产党员，毫无疑问地应当是无神论者，而不应当是有神论者。共产党员不得信仰宗教和参加宗教活动，要教育党员坚定共产主义信念。对笃信宗教丧失党员条件、利用职权助长宗教狂热的要严肃处理。生活在少数民族群众中的共产党员，既要在思想上同宗教信仰划清界限，又要在生活中适当尊重和随顺本民族的风俗习惯。

147. 宗教与封建迷信的区别是什么?

宗教是一种社会意识形态。它一般由信仰和观念、道德规范、宗教仪式、戒律、经典、活动场所和组织等基本要素构成。封建迷信是旧社会遗留下来的一种陋习,一般是由神汉、神婆等迷信职业者主持的算命、看风水、求签卜卦等活动组成,没有正式的组织形式、仪规、戒律、经典。

宗教活动有一定的表现形式,在活动内容上有固定不变的经典、信条、场所以及信仰对象等,并世代相传。封建迷信活动没有固定的经典信条和信仰对象,一般也没有固定的活动场所。封建迷信活动,往往以看风水、看相、算命为借口,骗取钱财,甚至伤害人命,起着破坏社会秩序、扰乱人心和损害群众身心健康的作用。

宗教是一种文化现象,其中包含有丰富的优秀民族文化传统。封建迷信无法与之相比拟。

尊重公民的宗教信仰权利,保护正常的宗教活动,是党和政府一贯的政策。而对封建迷信活动,我国的一贯政策是坚决依法取缔。

148. 宗教与邪教的区别是什么?

《中华人民共和国刑法》规定,所谓邪教组织,就是指冒用宗教、气功或者其他名义建立,神化首要分子,利用制造、散布迷信邪说等手段蛊惑、蒙骗他人,发展、控制成员,危害社会的非法组织。邪教的本质是反科学、反人类、反社会、反政府的。几乎所有的邪教组织都盗用过传统宗教的教规、教义和信仰术语,并将其夸张和歪曲,为它的反社会目的服务。而我国的佛教、道教、伊斯兰教、天主教、基督教,都是提倡对所在社会采取包容接纳和参与的积极态度,大力提倡优良的社会伦理。把爱国守法、热心公益、维护社会稳定、共同建设文明进步的社会作为信教群众的自主意识。因此,邪教根本不是宗教,它是一种邪恶势力,是危害社会的毒瘤。

第七部分 经济领域（新的社会阶层人士）的统战工作

149. 新的社会阶层人士的范围是什么？

民营科技企业的创业人员和技术人员、受聘于外资企业的管理技术人员、个体户、私营企业主、中介组织的从业人员、自由职业人员。

150. 新的社会阶层人士有什么特点？

（1）新的社会阶层是由工人、农民、干部和知识分子分化形成的

他们与工人、农民、干部和知识分子始终保持着天然的联系，是改革开放的受益者和积极推进者。他们中绝大多数人拥护党的领导和党的路线方针政策，是我们党的重要的群众基础，是全面建设小康社会的新兴力量，这些力量对构建社会主义和谐社会具有重要作用。

（2）新的社会阶层中相当一部分是知识分子

改革开放初期，个体户等新的社会阶层主要是返城知识青年，进城的农民，极少数下海的知识分子。20世纪90年代后，知识分子下海人数剧增，构成新的社会阶层重要组成部分，而其中民营科技企业创业人员和技术人员、外资企业管理技术人员、中介组织从业人员、自由职业者等新的阶层，以知识分子为主体。

（3）新的社会阶层主要集中在非公有制领域

我国目前非公有制经济大体划分为外资经济、私营经济和个体经济，6个新的社会阶层则分属于这3种不同的非公有制经济组织中。此外，在民办（私立）教育、文化、科研、艺术等领域也有一些从业人员，他们虽然不处于经

济领域，但同样归属于非公有制领域。

（4）新的社会阶层中聚集了中国大部分高收入者

计划经济时代，我国除少量个体经济外，绝大部分是国有经济和集体经济，人们的收入主要是劳动或工资收入，没有形成高收入阶层和群体的条件。改革开放后，逐步建立以公有制为主体、多种经济成分共同发展的基本经济制度，实行了允许一部分人先富起来的政策，促使一部分人或到收入较高的外企、私企从业；或自己出资、与他人合资创办企业，取得可观资本收益；个体户、自由职业、中介组织从业人员收入虽一般不及私营企业主高，但相当一部分人是比较富裕的。

（5）新的社会阶层在职业和身份上具有较大不稳定性

非公经济从业人员经常从一个公司转向另一个公司，其身份也从一个阶层转向另一个阶层；据统计，每年有10%的个体户因各种原因关门歇业，私营企业的平均"存活期"由原先的二三年，到现在的五年左右，这也造成了其阶层身份的不断变化。特别是目前随着改革深化，新的社会阶层经常处于变动之中，或在新的社会阶层与工人、农民、知识分子等阶级、阶层之间流动，或在新的社会阶层之间流动。

（6）新的社会阶层政治诉求逐步增强

新的社会阶层人士当初"下海"主要是经济动因，而在经济实力增强、个人财富增加后，相应的会有政治上的诉求，或希望加入政党，或希望进入人大、政协，有些还希望进入公务员队伍，而且愿望越来越强烈。总之，他们虽然在经济上是社会人，但在政治上希望成为公家人，能够参与国家政治生活，反映新的社会阶层的意见和呼声。

（7）新的社会阶层绝大多数是党外人士

我国13亿人口中有6800多万中共党员，大部分集中于党、政、军部门和群众团体，以及党组织比较健全的国有企事业单位，在新的社会阶层中党员的比例较低，党外人士较多。据统计，目前我国4000多万知识分子中，已有1500多万人在非公经济领域工作，成为新的社会阶层重要组成部分。

（8）新的社会阶层有不断扩大的趋势

改革开放以来，新的社会阶层从无到有、从少到多，呈现日益扩大的趋势。党的十六大后，随着市场经济体制的完善和非公有制经济的发展，新的社会阶层必将进一步扩大。不仅现有的新的社会阶层人数会大量增加，还可能产生其他新的社会阶层。

151. 开展新的社会阶层人士统战工作意义是什么？

团结新的社会阶层人士是统一战线的重要任务，要把新的社会阶层人士作为统一战线工作新的着力点，最大限度地把他们团结在党的周围，充分发挥他们的作用，不断为中华民族的伟大复兴凝聚新力量。

（1）团结新的社会阶层人士是建设中国特色社会主义事业的必然要求

历史证明，最大多数人的利益和全社会全民族的积极性、创造性，对党和国家事业的发展始终是最具有决定性的因素。建设中国特色社会主义事业既是一项前无古人的伟大事业，也是一项事关全体中国人民根本利益的伟大事业。改革开放以来，在我国社会变革中出现的民营科技企业的创业人员和技术人员、受聘于外资企业的管理技术人员、个体户、私营企业主、中介组织的从业人员、自由职业人员等新的社会阶层，都是中国特色社会主义事业的建设者，是推动改革开放和现代化建设的新的重要力量。在加强工人、农民和知识分子团结的基础上，做好新的社会阶层人士工作，形成全体人民各尽其能、各得其所而又和谐相处的局面，对于发展我国先进生产力和先进文化，实现和维护最广大人民的根本利益，不断推进中国特色社会主义伟大事业具有重大的意义。

（2）团结新的社会阶层人士是党中央交给统战部门的一项重大课题

十一届三中全会后，为团结调动一切积极因素，我们党先后将在我国社会变革中出现的新的社会群体纳入统一战线工作范围。1991年，中央在批转中央统战部《关于工商联若干问题的请示》的决定中，明确将个体户、私营企业主等非公有制经济人士的思想政治工作，交由统战部门和工商联来做，并提出了"团结、帮助、引导、教育"的工作方针和任务。2000年，第19次全国统战工作会议和会后下发的《中共中央关于加强统一战线工作的决定》根据时代发展，进一步把出国和归国留学人员、自由择业的党外知识分子明确为统战工作对象，强调要建立相应的工作机制，鼓励他们通过多种形式为改革开放和现代化建设服务。2003年，胡锦涛同志在"七一"重要讲话中提出需要进一步探讨和研究的14个重大课题，其中之一就是如何不断为中华民族伟大复兴增添新力量。这主要是指如何在巩固工人、农民、知识分子团结基础上，团结新的社会阶层人士，需要统战部门认真研究解决。在第20次全国统战工作会议上，胡锦涛同志明确提出：新的社会阶层人士工作是党的群众工作的新领域，统一战线要把这项工作作为新的着力点，把他们更广泛地团结和凝聚在党和政府周围。

（3）团结新的社会阶层人士是新世纪新阶段统一战线不断发展壮大的内在要求

进入新世纪，随着改革开放的深入和社会结构的进一步变革，统一战线发展成为全体社会主义劳动者、社会主义事业建设者、拥护社会主义爱国者和拥护祖国统一爱国者的政治联盟。新的社会阶层作为中国特色社会主义事业建设者，既是我国经济建设和社会发展不可缺少的力量，也是统一战线内部构成的重要组成部分。因此，做好新的社会阶层人士工作，不仅是巩固党的阶级基础和群众基础，实现全面建设小康社会奋斗目标的需要，更是巩固和发展新世纪新阶段爱国统一战线的内在要求。

152. 如何理解加强新的社会阶层人士统战工作的方针？

加强新的社会阶层人士统战工作，必须坚持"充分尊重、广泛联系、加强团结、热情帮助、积极引导"的方针。

充分尊重，就是要尊重新的社会阶层人士的劳动创造，尊重他们在市场经济大潮中的创业精神，肯定他们为发展生产、解决就业、提供税收、增强国力作出的积极贡献。

广泛联系，就是要广泛加强同新的社会阶层人士的沟通、联系，了解和掌握新的社会阶层的基本状况和发展变化，关注他们的利益诉求，畅通反映意见建议的渠道。

加强团结，就是要凝聚他们的聪明才智，有计划、有系统地加强对新的社会阶层代表人士的培养，扩大他们有序的政治参与。

热情帮助，就是要完善和落实相关法律法规和政策措施，做好协调服务工作，维护新的社会阶层人士的合法权益，保护和调动他们的积极性、主动性、创造性，使他们掌握的资本、技术、劳动、管理和信息等生产要素在建设中国特色社会主义事业中更好地发挥作用。

积极引导，就是要引导新的社会阶层人士坚持爱国、敬业、诚信、守法、贡献，致富思源、富而思进，自觉履行义利兼顾、扶贫济困的社会责任，积极回馈社会、造福人民，做合格的中国特色社会主义事业的建设者。

153. 开展新的社会阶层人士统战工作的机制和方法是什么？

在党委统一领导下，建立由统战部门牵头、党政有关部门参加、社会有关团体参与的联席会议制度，形成开展新的社会阶层人士统战工作的合力。新的社会阶层人士统战工作是党的一项重要事业，需要全党全社会广泛参与支持。统战部门要切实做好新的社会阶层代表人士的发现、培养、选拔和安排工作，认真调查、了解和掌握新的社会阶层的发展变化，为党和政府制定和完善相关政策提供参考。党政有关部门要及时了解新的社会阶层人士有关情况，反映他们的思想动态，认真贯彻党的有关方针政策，加强思想引导工作。有关社会团体要发挥桥梁纽带作用，协助有关部门做好新的社会阶层人士统战工作，为他们发挥作用创造条件。

开展新的社会阶层人士统战工作要坚持以社团为纽带、社区为依托、网络为媒介、活动为抓手，把新的社会阶层人士更广泛地团结和凝聚在党和政府周围。以社团为纽带，就是要建立健全工作机制，充分发挥社会团体在开展新的社会阶层人士统战工作中的作用。以社区为依托，就是要把新的社会阶层人士统战工作纳入街道、社区党组织工作范围，认真贯彻落实统一战线方针政策。要建立健全社区统战工作网络，不断完善社区统战工作机制，并充分发挥社区居委会等有关单位和民间组织的积极作用。以网络为媒介，就是要注意运用互联网等现代科技手段，掌握情况、宣传政策、开展工作。通过网络有针对性地掌握和了解新的社会阶层人士的政治态度、利益诉求和思想动向，积极宣传正面声音、引导中间声音、化解负面声音，及时反映新的社会阶层人士的意见建议，为新的社会阶层人士提供多种维权、服务咨询的方便。以活动为抓手，就是要积极组织新的社会阶层人士参与考察调研、扶贫济困、专业咨询等活动，寓统战工作于各类活动之中。

154. 如何引导新的社会阶层人士做合格的中国特色社会主义事业的建设者？

要积极引导新的社会阶层人士爱国、敬业、诚信、守法、贡献，做合格的中国特色社会主义事业的建设者。

爱国，是对每一个中国公民的基本要求。爱国不是抽象的，而是具体的。在全面建设小康社会新阶段，要引导新的社会阶层人士热爱中国共产党、热爱祖国、热爱社会主义、热爱人民，把自身的发展与国家振兴结合起来，将报效祖国作为义不容辞的责任，以投身改革开放和现代化建设事业为最大光荣，为全面建设小康社会添砖加瓦，为富民强国贡献力量。

敬业，是一种态度、一种境界。要引导新的社会阶层人士把追求个人事业的发展与建设中国特色社会主义事业有机地结合起来，一方面，要发扬奋发图强、创业创新、锐意进取、勤劳兴业的精神，兢兢业业做好自己的本职工作；另一方面，要牢固树立和落实科学发展观，将企业做强做大做好，在激烈的国际竞争和市场竞争中不断发展，从而在促进祖国繁荣富强的宏伟事业之中、在与社会共同进步中实现自己的价值。

诚信，是中华民族优秀的传统道德，也是市场经济的基石，更是做人的根本。要引导新的社会阶层人士坚持诚信为本、公平竞争，守诺、践约、无欺，为建立和完善社会信用体系，形成与社会主义市场经济相适应的社会主义思想道德体系作出努力。

守法，是每个公民的本分和道德准则，也是市场经济对企业的基本要求。社会主义市场经济是法治经济，只有诚实劳动、遵纪守法，才能受到社会的尊重，得到法律的保护，也才能使企业持续发展。要引导新的社会阶层人士自觉遵守国家的法律法规，遵守国家的财政税收、环境保护和劳动保护等政策，遵循市场规则和行业规范，在开展经营活动、发展企业自身的过程中，维护国家、集体利益，维护企业员工的合法权益。

贡献，就是要引导新的社会阶层人士继承和发扬中华民族传统美德，致富不忘国家、致富不忘人民，义利兼顾、德行并重、扶危济困，服务社会、回报人民、奉献祖国，积极参与社会公益事业，参与光彩事业，为全面建设小康社会、构建社会主义和谐社会作出应有的贡献。

155. 怎样做好新的经济组织和社会组织的统一战线工作？

改革开放以来，我国新的经济组织和社会组织即"两新"组织蓬勃发展，已经成为社会组织结构的重要组成部分，成为我国经济和社会发展的重要力量。新的社会阶层"集中分布在新经济组织、新社会组织之中"，要"加强新经济组织和新社会组织中党的建设"。在"两新"组织中开展统战工作，有利于最大限度地把新的社会阶层人士团结在党的周围，不断为全面建设小康社会和实现中华民族的伟大复兴凝聚新力量。

做好"两新"组织中的统战工作，重点要突出三个方面：

（1）要在"两新"组织中积极开展党建工作

在"两新"组织中积极开展党建工作是做好"两新"组织统战工作的基础性工作，不仅是不断扩大党的阶级基础和群众基础的需要，也是加强党的工作的覆盖面，增强党的基层组织的创造力、凝聚力和战斗力的必然要求。要按照党的十六届四中全会的要求："加大在新经济组织、新社会组织中建立党组织的工作力度"，切实发挥在"两新"组织中党组织的作用，教育"两新"组织中的广大党员充分发挥先锋模范作用。在"两新"组织中的党组织还要认真履行党章所赋予的职责，切实发挥引导监督作用、团结凝聚作用和组织协调作用，推进"两新"组织生产经营和业务工作的发展。

（2）要引导新的社会阶层人士支持在新经济组织和新社会组织中开展党建工作

要特别注意做好业主的思想工作，引导他们充分认识作为中国特色社会主义事业建设者所肩负的责任，理解和支持在"两新"组织中建立党的组织，开展党的活动和工作，并积极为党组织的活动提供必要条件。

（3）重视做好"两新"组织中新的社会阶层人士的工作

新的社会阶层人士工作是统一战线工作中新的着力点，事关党的群众基础的巩固，事关新世纪新阶段统一战线的发展，事关构建社会主义和谐社会的进程。要按照"充分尊重、广泛联系、加强团结、热情帮助、积极引导"的方针，坚持以社团为纽带、社区为依托、网络为媒介、活动为抓手，引导广大新的社会阶层人士爱国、敬业、诚信、守法、贡献，做合格的中国特色社会主义事业的建设者。

156. 如何建立和完善新的社会阶层人士评价体系？

做好新的社会阶层人士的统战工作，关键是要建设一支高素质的新的社会阶层代表人士队伍。建立和完善新的社会阶层代表人士评价体系是新世纪新阶段开展新的社会阶层人士统战工作的一项基础性工作，对于团结新的社会阶层人士，有重点地培养选拔其代表人物，逐步建立和培养一支新的社会阶层代表人士队伍具有十分重要的意义。要按照有较高政治素质、有较大社会贡献、有较强参政议政能力、在所联系阶层中有较大影响的标准，建立和完善评价体系，有重点地培养选拔，逐步建立一支代表人士队伍。

要对新的社会阶层人士有一个符合实际的正确认识。改革开放后出现的新的社会阶层，主要由非公有制经济人士和自由择业的知识分子组成，集中分布在新经济组织、新社会组织中。随着我国社会主义市场经济深入发展，这个群体呈现出快速增加的态势。新的社会阶层人士作为中国特色社会主义事业的建设者，在推动经济社会发展、全面建设小康社会中发挥着重要作用。

要在党委的领导下，由党委统战部牵头，工商局、环保局、国税局、地税局、劳动和社会保障部门以及安全生产等政府有关职能部门，工商联、工会等有关方面参加，征求相关行业组织以及企业所在党、团、工会组织和员工的意见，并考察和参考所在企业的信用、信誉、资质评定等因素和有关部门的评价以及参加"希望工程"、"光彩事业"等社会公益活动的情况。统战部门要把新的社会阶层代表人士的培养选拔纳入党外代表人士队伍建设的总体规划，全面考察，统筹安排。

新的社会阶层代表人士评价体系的内容主要包括四个方面：一是有较高政治素质。主要看思想政治状况和现实表现，涉及政治态度、企业文化建设及支持所在企业党团组织、工会组织建设和发挥作用情况。二是有较大社会贡献。主要通过企业经营、管理、信用、纳税以及企业发展战略、技术创新能力、环境保护、安全生产意识等，反映企业规模、发展潜力和社会影响等情况。三是有较强参政议政能力。主要看对国家政治社会生活的了解和关心程度，围绕国计民生的重大问题，不断提高考察调研能力、正确分析能力、归纳总结能力和表达建议能力，积极致力于政府决策的科学化和民主化。四是在所联系阶层中有较大影响。主要看代表性、影响力，重点考察个人素质、业内评价及社会公众形象，尤其是依法经营、对待员工态度、参与社会公益事业、参与社会主义新农村建设以及参与构建社会主义和谐社会的情况。

157. 民主党派如何根据自身特点开展有代表性的新的社会阶层人士的工作？

民主党派可根据自身特点，开展有代表性的新的社会阶层人士的工作。这是新世纪新阶段赋予民主党派开展新的社会阶层人士工作的新任务，提出的新要求。

民主党派开展新的社会阶层人士工作，首先可根据自身特点，适当吸收有代表性的新的社会阶层人士加入党派组织。长期以来，民主党派组织发展一直坚持"三个为主"的原则,即"以大中城市为主,以中上层人士为主,以协商确定的重点分工为主。"这是保持民主党派政治上的优势和特色的一个重要方面,在新世纪新阶段的民主党派工作中仍应继续坚持贯彻执行。各民主党派在组织发展工作中,可根据自身特点和协商确定的重点分工,在保证成员质量的前提下,适当发展新的社会阶层人士,不断扩大民主党派的社会基础。

民主党派开展新的社会阶层人士工作,重点是正确、合理地引导新的社会阶层人士的政治诉求,把新的社会阶层人士的参政活动纳入到现有的政治框架和体制中来,为全面建设小康社会和构建社会主义和谐社会作出积极的贡献。要加强与新的社会阶层人士的沟通联系,引导他们爱国、敬业、诚信、守法、贡献,做合格的中国特色社会主义事业建设者。对于吸收进民主党派组织中来的新的社会阶层人士新成员,要注意加强统一战线和多党合作理论、方针、政策和优良传统的教育和培训,进一步增强在中国共产党领导下坚定走中国特色社会主义道路的信念,不断为巩固和发展中国共产党领导的多党合作事业而努力奋斗。

158. 如何推进新的社会阶层代表人士队伍建设?

做党外代表人士的工作,并通过代表人士团结其所联系和影响的各方面群众,是统一战线的重要工作方法。新的社会阶层作为改革开放后社会主义市场经济的产物,人数持续增长,队伍不断壮大,作用日益突出。新的社会阶层作为中国特色社会主义事业的建设者,思想状况主流是积极向上的,能够拥护党的领导,拥护社会主义制度,但内部构成比较复杂,素质参差不齐,还存在着一些这样那样的问题,需要加强教育和引导,帮助他们健康成长。这就需要建立起一支代表人士队伍,起到导向作用,并发挥他们在国家经济和社会生活中的作用。

从目前情况来看,新的社会阶层代表人士的培养工作还面临着一些新的问题:一是这个阶层虽然人数较多,但发育仅仅20多年,正处在成长期,自然产生了一些代表人士,但代表性还不够强,代表范围还不够广,需要加强有组织的培养。二是新的社会阶层与其他社会阶层之间以及新的社会阶层内部之间的流动性比较大,代表人士显现出较大的不稳定性。三是新的社会阶层人士分布的领域和行业十分广泛,选择性、自主性、差异性较强,其代表性人士在人生观、价值观以及政治信仰、政治诉求等方面具有多样性。四是新的社会阶层六个群体之间差异较大，难以产生代表性人物。这就需要针对新的社会阶层人士的特点，有针对性地加强培养。为此，要把新的社会阶层代表人士的培养选拔纳入党外代表人士队伍建设的总体规划，按照有较高政治素质、有较大社会贡献、有较强参政议政能力、在所联系阶层中有较大影响的标准，建立和完善评价体系，有重点地培养选拔，逐步建立一支代表人士队伍。加强新的社会阶层代表人士队伍建设，要注意加强培养。通过举办各种学习班、研讨班、培训班，不断提高他们的思想政治素质，增强他们对党的感情，坚定他们走中国特色社会主义道路的信念。同时，要通过举办各种社会公益活动，加强代表人士宣传表彰，帮助他们树立良好形象，增强在所联系群众中的代表性。

要加强对新的社会阶层代表人士选拔使用工作，使他们在充分发挥作用的同时，增强与党合作共事的自觉性。要按照中央的要求，适当增加新的社会阶层代表人士在各级人大代表、政协委员中的数量，做好向有关人民团体推荐提名工作。在新的社会阶层人士比较集中的行业协会，可推荐适当数量的党外人士担任领导职务。

要做好新的社会阶层人士加入中国共产党的工作，新的社会阶层中的优秀分子加入中国共产党，有利于新的社会阶层人士提高政治思想觉悟，坚定走中国特色社会主义道路。

民主党派也可根据自身特点，开展有代表性的新的社会阶层人士工作。民主党派在新的社会阶层中发展成员，应按照各民主党派协商的"三个为主"的原则，从工作需要出发，在明确分工的基础上，适当地、有序地发展一些新的社会阶层中有代表性的知识分子。同时要防止一哄而起，降低标准，无序发展。

新的社会阶层人士中，有大批中共党员，他们在开展新的社会阶层人士统战工作中肩负着特殊的责任。首先应该明确，统战工作是做党外人士的工作，新的社会阶层人士中的中共党员不是统战工作对象。但他们作为新的社会阶层的重要组成部分，具有新的社会阶层一些共性的特征，并有一定共同的政治利益诉求，与新的社会阶层人士联系非常紧密，特别是他们中的一些人在本阶层一定范围内有着较大影响。要充分发挥这些党员的作用，通过他们开展工作。

159. 如何发挥非公有制经济人士在促进经济社会发展中的作用？

（1）要引导非公有制经济人士做合格的中国特色社会主义事业的建设者

要引导他们把自身企业的发展与国家的发展结合起来，以更加昂扬的创业精神、更加强烈的责任意识和更加突出的成就,报效国家,服务社会;把个人富裕与全体人民的共同富裕结合起来,通过互惠互利的方式,把群众的致富道路与企业的发展前景有机地结合起来;把遵循市场法则与发扬社会主义道德结合起来,既重视企业的经济效益又重视企业的社会效益,做合格的中国特色社会主义事业的建设者。

(2)要鼓励支持非公有制经济人士发展壮大自身企业

非公有制经济人士要积极探索有利于企业更快更好发展的产权制度和治理结构,不断创新企业管理模式,提升企业素质,把企业做大做强。党和政府要鼓励和支持非公有制经济人士把配合国有企业改革作为新的发展方向,为探索和推行公有制多种实现形式,促进国有企业机制的转换和现代企业制度的建立多作贡献。要放宽国内民间资本的市场准入领域,在投融资、税收、土地使用和对外贸易等方面与其他企业享受同等待遇。要积极配合有关部门尽快建立和完善鼓励、保障和监督体系,为非公有制经济开展国际贸易、海外投融资提供信息咨询服务,拓宽海外发展空间。要积极鼓励和支持有条件的非公有制企业抓住机遇"走出去",通过境外投资建厂、合作开发、境外加工、工程承包等活动,促进企业在更大范围和更高层次上参与国际经济合作,不断提高企业的国际竞争力,为振兴民族经济作出新的贡献。

(3)发挥非公有制企业在自主创新、建设创新型国家中的作用

要把推动非公有制企业实施自主创新战略作为今后工作的重中之重,通过政策服务、重点扶持、典型引路等方式,积极引导非公有制企业加强原始性创新、集成创新、引进消化吸收创新,集中力量突破重点领域核心技术,增强企业核心竞争力,走出一条掌握更多核心技术、拥有更多自主知识产权、涌现更多知名品牌的发展之路,真正成为我国自主创新的生力军。

(4)发挥非公有制经济人士在推动光彩事业和社会公益事业中的作用

引导非公有制经济人士继续发扬"致富思源、富而思进,扶危济困、共同致富,义利兼顾、德行并重,发展企业、回馈社会"的光彩精神,总结经验,积极配合国家经济社会发展战略的实施,引导更多的非公有制经济人士投身光彩事业、智力支边和扶贫开发事业。积极配合党和政府实施的扶贫攻坚战略,引导非公有制经济人士到革命老区、民族地区、边疆地区和贫困地区建功立业,实践先富帮后富、自觉回报社会的光彩人生,为形成东中西相互促进、优势互补、共同发展的新格局做出积极贡献。

（5）发挥非公有制经济人士在构建和谐社会中的作用

要通过评比表彰等多种形式，积极引导非公有制经济人士把"关爱员工"作为企业应尽的义务和责任，自觉尊重和维护员工的合法权益，改善员工的工作条件；要鼓励非公有制经济人士加强企业文化建设，形成与社会主义市场经济相适应的价值观念和行为准则。同时，要继续引导非公有制企业通过捐资助学、铺路修桥、赈灾济困、拥军优属等多种形式，积极塑造关爱社会的良好形象，增进非公有制经济人士与其他社会阶层的相互认同，不断推进和谐企业、和谐社区与和谐社会建设。

（6）发挥非公有制经济人士在新农村建设中的作用

要引导好、激发好、保护好广大非公有制经济人士投身新农村建设的热情和干劲，鼓励他们积极参与"一企帮一村、多企帮一村"活动，不断探索服务新农村的新思路、新载体、新方式，在产业化扶贫、劳动力转移等方面发挥积极作用。要努力创造条件，帮助他们解决实际困难和问题，使他们自身事业的发展与新农村的建设形成良性互动，实现互惠双赢，真正走出一条可持续服务新农村建设的新路子。

（7）要发挥非公有制经济人士在参政议政中的作用

非公有经济人士要围绕国家经济社会发展中的重大问题、难点问题和热点问题深入开展调查研究，积极建言献策，提出建设性意见建议，为政府部门制定有关经济社会发展的政策措施，提供决策参考。

160. 什么是非公有制经济？

非公有制经济是相对于公有制经济而言的，是一个宽泛的概念。统战工作所说的非公有制经济主要是指个体、私营经济。

个体经济是生产资料个人所有制经济，它的基本特征是以经营者本人或者家庭成员劳动为主，由个人支配其劳动所得的一种经济形式。

私营经济是在个体经济基础上发展起来的、具有一定规模的经济形式。它的基本特征是生产资料私人所有、雇工为主，并占有剩余价值。我们所说的非公有制经济代表人士主要是指这两种经济成分中的代表人士。

改革开放以来，非公有制经济迅速发展，形成了以公有制为主体、多种所有制经济共同发展的所有制格局。非公有制经济已成为我国国民经济中一支不可缺少的力量。

161. 非公有制经济人士的基本特征有哪些？新世纪新阶段党对非公有制经济人士的工作方针是什么？

我国的非公有制经济人士，是适应社会主义初级阶段解放和发展生产力的需要，在改革开放、发展社会主义市场经济过程中出现的一个新的社会群体。非公有制经济人士的构成主体已经由过去的主要以农民和城镇待业人员为主，发展到包括从党政机关、国有企事业单位、大专院校、科研单位分流出来的行政干部和中高级知识分子在内的庞大队伍。当前这支队伍仍处于不断发展变化之中。

非公有制经济人士群体在价值取向、思想观念、利益要求、政治愿望以及生活方式等方面，有别于一般的工人、农民、知识分子，也不同于原工商业者。从总体和本质上看，他们拥护党的领导，拥护社会主义制度，拥护改革开放政策，积极参与社会主义物质文明建设和精神文明建设，有较强的社会责任感，为经济建设和社会发展作出了很大贡献。因此，非公有制经济人士是我国社会主义现代化建设的一支积极力量，是统一战线的重要成员。江泽民同志在第19次全国统战工作会议上指出："在改革开放的过程中，在党的富民政策的指引下，通过诚实劳动、合法经营先富起来的个体劳动者和私营企业主，不仅是党和政府的政策允许的，也是光荣的，他们为建设有中国特色社会主义事业贡献了力量，应该受到社会的尊重。"同时也要看到，非公有制经济人士中也存在一些缺点、弱点和某些不法行为，其自身素质还需进一步提高。必须加强对这一群体的教育引导工作，帮助他们树立在党的领导下建设中国特色社会主义道路的信念，做到爱国、敬业、诚信、守法、贡献，使之自觉为我国经济和社会发展作出更大贡献。

1991年，《中共中央批转中央统战部〈关于工商联若干问题的请示〉的通知》明确了开展非公有制经济人士工作应坚持"团结、帮助、引导、教育"方针。近几年来的实践证明，这一方针是完全正确的，是受到广大非公有制经济人士拥护的，也收到了很好的成效。2000年《中共中央关于加强统一战线工作的决定》强调："要继续坚持'团结、帮助、引导、教育'的方针。"在深化改革、扩大开放、加快发展的新形势下，始终坚持、全面贯彻、认真落实这一方针，认真做好非公有制经济人士的思想政治工作，不仅是关系非公有制经济健康发展的大问题，而且是关系到改革开放和现代化建设事业的大问题。

团结，就是要按照"三个有利于"的标准，放宽视野，面向整个非公有制经济人士群体，在继续做好现有代表人士工作的基础上，注意加强同高科技企业和股份制企业中非公有制经济代表人士的沟通与联系，从而把广大非公有制经济人士最大限度地团结在党的周围。

帮助，就是要着眼于非公有制经济的健康发展，帮助非公有制经济人士解决生产经营中的实际问题，维护他们的合法权益，帮助他们提高自身素质，增强企业的生存和发展能力，逐步建立现代企业制度，在激烈的国际竞争和市场竞争中发展壮大。

引导，就是要着眼于非公有制经济人士的健康成长，深化"致富思源、富而思进"、光彩事业、信誉宣言等活动，支持非公有制经济人士继续参与国有企业改革和再就业工程，参与西部大开发，引导他们"把自身企业的发展与国家的发展结合起来，把个人富裕与全体人民的共同富裕结合起来，把遵循市场法则与发扬社会主义道德结合起来，通过积极稳妥地扩大非公有制经济代表人士在人大、政协和工商联的安排，把他们的政治诉求引导到社会主义民主法制的轨道上来"。

教育，就是要按照"爱国、敬业、诚信、守法、贡献"的要求，加强对非公有制经济人士的爱国主义、社会主义教育和法律法规、职业道德教育，树立社会主义义利观，形成符合社会主义市场经济要求的经营理念、价值观念和道德规范。

在贯彻"八字"方针中，要支持工商联履行统战性、经济性、民间性人民团体和民间商会的职能，充分发挥在非公有制经济人士思想政治工作中的优势和作用。

162. 统战部门怎样引导非公有制经济人士加强思想道德建设？

引导非公有制经济人士加强思想道德建设，主要要发挥好以下"三个作用"：

（1）要发挥工商联在引导非公有制经济人士加强思想道德建设中的作用

工商联作为党领导的以非公有制企业和非公有制经济人士为主体的具有统战性、经济性、民间性的人民团体和商会组织，作为党和政府联系非公有制经济人士的重要桥梁纽带，作为政府管理非公有制经济的重要助手，在引导非公有制经济人士加强思想道德建设方面担负着重大的政治责任。工商联一方面要继续大力引导非公有制经济人士投身到光彩事业中，投身到做合格的中国特色社会主义事业建设者的活动中；另一方面要紧跟时代步伐，在非公有制经济人士中切实开展以"八荣八耻"为主要内容的社会主义荣辱观教育，通过形式多样的学习教育活动，引导非公有制经济人士以"八荣八耻"为道德准则和行为规范，努力做社会主义荣辱观的实践者和推动者。

（2）要发挥党团组织在引导非公有制经济人士加强思想道德建设中的作用

要根据党章、团章要求，在非公有制企业中成立党团组织。党团组织要通过宣传贯彻党和国家的路线、方针、政策，引导和监督企业遵守国家的法律、法规，依法经营，照章纳税。要把引导非公有制经济人士加强思想道德建设，同关心企业的重大问题、支持和促进企业的发展结合起来，同团结和依靠职工群众、关心和维护职工的合法权益结合起来，同协调企业内部各方面的关系、促进企业和社会的稳定结合起来。只有党团组织作用发挥好了，引导非公有制经济人士加强思想道德建设才能落到实处。

（3）要发挥工会在引导非公有制经济人士加强思想道德建设中的作用

凡依法登记注册、取得营业执照、已经开业的非公有制企业，都应依照《工会法》和《工会章程》的规定建立工会组织。工会引导非公有制经济人士加强思想道德建设要注意结合工会特点。要把加强非公有制经济人士思想道德建设，同教育和引导职工树立国家主人翁精神、遵守国家法律和政策、遵守劳动纪律和职业道德结合起来，同组织职工开展技术革新、劳动竞赛和合理化建议活动、努力完成生产任务为企业发展作贡献结合起来，同企业对职工进行教育和培训、提高职工队伍素质、特别是维护法律赋予职工的各项权利结合起来。

163. 新世纪新阶段工商联的性质、任务和工作重点是什么？

工商联是党领导下的以统战性为主，兼有经济性、民间性的人民团体，是政府管理非公有制经济的助手，是党和政府联系非公经济代表人士的桥梁，是非公有制经济人士参与政治和社会事务的主渠道。其工作重点是做好非公有制经济代表人士思想政治工作。

164. 怎样发挥工商联作为党和政府联系非公有制经济人士的重要桥梁和纽带作用？

（1）要始终坚持工商联的统战性、经济性、民间性，这是工商联保持正确的发展方向，更好地履行职能、发挥作用的重要保证

工商联的统战性，主要体现在工商联是由各类工商业者、主要是非公有制经济代表人士参加的统一战线组织，具有政治协商、参政议政、民主监督、团结教育、协调关系等功能；工商联的经济性，主要体现在工商联是具有商会功能的人民团体，会员大多为工商经济界人士，主要在经济领域活动；工商联的民间性，主要体现在工商联是工商界的社会组织，通过协调服务、组织沟通、信息咨询等形式和渠道来发挥作用，可以起到政府部门不可替代的作用。工商联要切实坚持统战性，不断增强经济性，充分体现民间性，并将三者有机地统一于各项工作中，更好地完成时代赋予的重任。

（2）要充分发挥工商联在非公有制经济人士参与政治和社会事务中的主渠道作用

统战性是工商联最基本、最重要的属性，是工商联的政治优势所在。工商联作为党领导的统一战线性质的人民团体和民间商会，在国家的政治和经济生活中具有参政议政、民主监督的职能。随着非公有制经济的不断发展，非公有制经济人士要求参与社会政治事务的愿望越来越强烈。工商联要在政治协商、参政议政、民主监督中，充分反映非公有制经济人士的愿望、要求、意见和建议，并维护他们的合法权益。

（3）要做好非公有制经济人士的思想政治工作，培养起一支坚决拥护党的领导的积极分子队伍

做好非公有制经济人士的思想政治工作，培养起一支坚决拥护党的领导的积极分子队伍，这是党在新的历史时期赋予工商联的重要任务。工商联要坚持"团结、帮助、引导、教育"的方针，结合全国开展的牢固树立社会主义荣辱观的学习教育活动，对非公有制经济人士进行"爱国、敬业、诚信、守法、贡献"的教育，大力弘扬"光彩精神"和"优秀建设者精神"，引导广大非公有制经济人士树立义利兼顾、以义为先的社会主义义利观，坚持言行一致、明礼守信的诚信态度，培养诚实劳动、依法经营的守法品格，弘扬回馈社会、服务人民的奉献精神，努力做合格的中国特色社会主义事业建设者。

165. 怎样发挥工商联作为政府管理非公有制经济的重要助手作用？

（1）要贯彻落实中央有关精神

按照中央有关规定，工商联可以协助政府及有关部门，组织企业会员举办各种对内对外展销会、交易会，对企业的生产经营情况及财务、税收进行检查、监督等。这几年各地在贯彻落实中央有关精神的过程中又增加了一些新的内容，比如，工商联牵头管理非公有制经济人士专业技术资格的评定，协助政府有关部门对非公有制经济企业的产品质量、标准化、计量工作进行监督，协助人事部门对非公有制经济人士档案进行管理等。工商联要继续落实好这些职能。

（2）要进一步加强政府对工商联工作的重视和支持力度

各级政府应把工商联工作和非公有制经济发展放在同等重要的位置，高度重视，帮助工商联解决实际困难和问题，为工商联履行职能，发挥作用创造条件。政府有关部门要大胆探索发挥工商联助手作用的有效形式，在出台与非公有制经济有关的政策前，要向工商联征询意见；在协调非公有制经济有关工作时，要吸收工商联参加。各级政府要明确联系或分管工商联工作的领导人员和工作部门，定期听取工商联工作汇报，进一步加强对工商联工作的指导和支持。

（3）要健全和完善工商联商会职能

各级工商联作为民间商会，要按照社会主义市场经济发展规律和规范化要求，不断完善工商联研究咨询、职业培训、市场开拓、筹资融资、仲裁调解、对外联络等方面职能，并在此基础上进一步探索发挥民间商会作用的新路子。

（4）各级工商联要切实加强思想、作风和制度建设，培养和提高机关干部的综合素质，积极拓宽服务渠道，完善服务手段，体现特色，增强吸引力，不断提高工作效率和水平。

166. 如何加强统战部对工商联党组的领导？

统战部要切实加强对工商联党组的领导，充分发挥工商联党组在工商联中的领导核心作用，是做好新世纪新阶段工商联工作的重要保证。

（1）要坚持党管干部的原则

工商联作为党领导下的具有统战性、经济性和民间性的人民团体和民间商会，不同于一般的社会团体和工商社团，必须坚持党管干部的原则，这是加强党对工商联工作领导的重要体现。统战部要认真履行这方面的职责，把这项工作认真负责地做好。要在对党组成员的任免、对领导干部的管理中，真正把那些政治素质和道德品质好、工作能力比较强、干部群众信得过的优秀人才，充实到工商联党组中来。

(2) 要建立健全统战部与工商联党组工作联系制度

建立健全统战部与工商联党组工作联系制度，推动工商联党组贯彻落实党的路线方针和政策，坚持工商联正确的政治方向，加强对会员的团结、教育工作，不断完善工商联党组的工作制度，充分发挥党组作为工商联的领导核心作用。

(3) 要推动工商联党组开展好与党外代表人士合作共事

推动工商联党组开展好与党外代表人士合作共事，这是工商联的统战性所决定的，也是工商联贯彻党的统战政策、体现党的领导的具体表现。工商联党组要开展好与党外代表人士合作共事，必须处理好党组会与主席会，党组书记、副书记与主席、副主席之间的关系，处理好党的组织与个人的关系。要坚持在重大问题包括干部人事问题上与党外人士充分协商，民主讨论，取得共识。同时，还要开展思想政治工作，加强政治引导。

167. 什么是原工商业者？什么是"三小"？

1953年12月28日，中共中央提出了党在过渡时期的总路线和总任务，要在一个相当长的时期内，逐步实现国家的社会主义工业化，并逐步实现国家对农业、手工业和资本主义工商业的社会主义改造，即"一化三改"。随后，我国开始大规模的资本主义工商业社会主义改造，实行"赎买政策"，其形式是公私合营，即将原来的私人生产资料估价，作为"股金"投入公私合营企业中，企业拿出一部分利润，按年息5%的比例，每个季度发放给私股股东，称为"定息"。定息执行到1966年9月底结束，在此之前应领而未领的现在仍可领取。公私合营是当时国家资本主义的主要形式，也是后来全民所有制企业的重要组成基础。当时，凡是参加公私合营的私方人员都按资产阶级工商业者对待，历次运动中屡受冲击，"文革"后这部分人员统称为原工商业者。

"三小"：1956年公私合营时期，有一大批小商、小贩、小手工业者以及其他劳动者被带进公私合营企业，并把他们统称为私方人员，按资产阶级工商业者对待。十一届三中全会以后，中共中央宣布中国的阶级状况已经发生了根本的变化，作为阶级的资本家已不再存在，他们中的大多数人已经改造成自食其力的劳动者。但小商、小贩、小手工业者以及其他劳动者本来属于劳动人民范畴，与改造成自食其力的劳动者的原来阶级属性不同，他们本人及其家属子女仍然要求将他们和原来的资本家区别开来。为了进一步调动这部分劳动者及其家属子女的积极性，巩固和发展安定团结的政治局面，中共中央于1979年11月批转了《中央统战部等六部门关于把原工商业者中的劳动者区别出来问题的请示报告》，决定将这一部分劳动者从原工商业者中区别出来，明确他们本来的劳动者身份。

区别的标准：一是占有少量生产资料，一般不雇佣工人或店员，自己从事劳动，依靠劳动收入为生活的全部或主要来源者，称为小商、小贩、小手工业者；二是占有一定生产资料，雇佣少量工人或店员（商业雇佣1人，饮食服务业、交通运输业雇佣1至2人，手工业雇佣1至3人），自己从事劳动，以此为生活之主要来源者，为小业主；三是合伙经营的资本主义性质的企业中，本人资金不足2000元，参加主要劳动，不掌管企业"三权"（即经营管理、财产处理、人事任免和奖惩权）者，也应划为小业主；四是受雇于资本主义企业，从事脑力劳动，掌管企业"三权"者，应划为资本家代理人。区别出来的劳动者：本人成分以区别时的情况填写，是工人填工人，是干部填干部；政治上与企业职工一视同仁，可以入工会；生活福利待遇一律按照职工办法办理。这部分人就是"三小"。

168. 什么是光彩事业？它的意义和效果怎样？

光彩事业是以非公有制经济人士为参与主体，以开发资源、兴办企业、培训人才、发展贸易为重要内容，面向老少边穷地区的扶贫事业。光彩事业不同于一般社会捐赠性质的济困行为，也不是扶贫的政府行为，而是社会主义市场经济条件下以开发式扶贫为主题，以共同利益为纽带，通过民间形式进行的经济行为和企业行为。光彩事业是一项具有统一战线特点的开创性工作。这种统一战线特点，集中体现在它是由统战部、工商联支持推动，由具有统战性的光彩会具体组织，通过光彩事业做非公有制经济人士的思想政治工作。光彩事业自1994年4月由10位非公有制经济代表人士提出后，经过各级统战部门、工商联组织的积极推动和广大非公有制经济人士的共同努力，已在实践中显示了旺盛的生机和广阔的发展前景，并引起了社会各界的广泛关注和赞赏，受到中央领导同志的高度重视和支持。光彩事业的兴起，为做好非公有制经济代表人士思想政治工作提供了新思路。

169. 统战部门为经济社会发展服务的职能和特点是什么？与经济部门有什么不同？

把经济建设搞上去是全党工作的中心，统战工作也必须服务于这个中心。但是统战工作为经济建设服务又不同于其他部门，必须找准自己的位置，明确自己的职能。

统战部门不同于经济部门。经济部门处在经济建设和改革开放的前沿，主要从事经济活动，创造经济效益。统战部门是为经济建设和改革开放服务的，其主要工作内容不是直接从事经济活动，工作成效也不直接体现在经济指标上。统战部门作为党的政治工作部门，主要是做党外有代表性人士的思想政治工作。统战部门的职能是团结一切可以团结的力量，调动一切积极因素，努力化消极因素为积极因素，创造团结稳定和谐、有利于改革开放和经济建设的社会环境，最大限度地把统一战线各方面成员的意志、力量和智慧集中到社会主义现代化建设事业上来。

统战部门与其他政治工作部门也不完全相同，有其自身独特的服务优势。要把统战部门为经济建设服务的优势充分发挥出来，使之转化为现实的生产力。另外，由于经济发展是不平衡的，因此统战部门为经济建设服务的重点和方式也应当有所区别。各地区各单位要从实际出发，因地制宜地开展这项工作。

第八部分　港澳台海外统战工作

170. 港澳台海外统战工作的对象有哪些？怎样认识和处理大陆同胞和港澳同胞、台湾同胞、海外侨胞的关系？

海外统战工作是统战工作的重要组成部分，以香港、澳门、台湾同胞和海外华侨华人为联系对象。

大陆同胞、香港特别行政区同胞、澳门特别行政区同胞、台湾同胞、海外侨胞是血脉相连的中华儿女。处理好大陆同胞和港澳同胞、台湾同胞、海外侨胞的关系，对保持香港、澳门长期繁荣稳定，推动两岸关系和平发展，团结全体中华儿女共同致力于实现祖国的完全统一和中华民族的伟大复兴，具有十分重要的意义。要正确认识和处理大陆同胞和港澳同胞、台湾同胞、海外侨胞的关系，在爱国主义旗帜下加强海内外中华儿女的大团结。

坚持"一国两制"、"港人治港"、"澳人治澳"、高度自治的方针，是促进香港、澳门长期繁荣稳定的根本保证，也是推动内地同香港、澳门和谐相处、共同发展的根本保证。"一国两制"是一项开创性的事业，保持香港、澳门长期繁荣稳定是我们党在新形势下治国理政的崭新课题。要全面认识和把握"一国"和"两制"的关系，严格按照宪法和特别行政区基本法办事，支持特别行政区行政长官和政府依法施政。要重视和支持香港、澳门发展经济、改善民生，加强内地同香港、澳门在经贸、科教、文化、卫生、体育等领域的交流合作，使内地和香港、澳门的关系更加紧密、更加融洽。要高举爱国爱港、爱国爱澳的旗帜，增强广大香港同胞、澳门同胞的国家观念和民族意识，增进香港、澳门各界促进发展、保持和谐的共识，增进香港、澳门民众的广泛团结，发展壮大爱国爱港、爱国爱澳力量，实现以爱国者为主体的"港人治港"、

"澳人治澳",促进香港、澳门长期繁荣稳定。

推进两岸关系和平发展,解决台湾问题,实现祖国完全统一,是全体中华儿女的共同心愿。要加强对台湾人民的工作,加强同台湾同胞的团结,广泛争取台湾民心,共同遏制"台独"分裂势力及其活动。要坚持"和平统一、一国两制"的基本方针和现阶段发展两岸关系、推进祖国和平统一大业进程的八项主张,坚持一个中国原则决不动摇,争取和平统一的努力决不放弃,贯彻寄希望于台湾人民的方针决不改变,反对"台独"分裂活动决不妥协。要扩大和深化两岸人员往来和经济文化交流合作,推进两岸直接"三通",贯彻落实两岸政党交流达成的共识和我们主动宣布的政策措施,真心诚意为台湾同胞办实事、办好事。要努力增强台湾同胞对中华民族和中华文化的认同,促进两岸同胞共同弘扬中华文化优秀传统。只要不支持分裂民族和国家,只要不做损害两岸关系和平发展的事,只要愿意为中华民族的伟大复兴作贡献,不论什么政党、什么人,也不论以前说过什么、做过什么,我们都要广泛团结、积极争取。

几千万海外侨胞具有热爱祖国的光荣传统和报效祖国的强烈愿望,是实现祖国完全统一和中华民族伟大复兴的重要力量。我们要以凝聚侨心、汇集侨智、发挥侨力为目标,坚持把维护海外侨胞和归侨侨眷的根本利益作为侨务工作的出发点和落脚点,鼓励和支持他们关心和参与祖国现代化建设,为祖国建设引进资金、技术、人才牵线搭桥,为我国企业开拓国际市场献计出力;鼓励和支持他们积极传承和传播中华民族的优秀文化,使居住国民众更多地了解中华文化,增强中华文化在世界上的影响力;鼓励和支持他们发挥血缘、亲缘的优势,以共同文化渊源、共同民族感情、共同民族利益为基础,促进两岸同胞的沟通和理解,为遏制"台独"分裂势力及其活动、促进祖国和平统一大业贡献智慧和力量;鼓励和支持他们发挥桥梁和纽带作用,促进祖国同居住国的经济文化交流,为增进中国人民和各国人民的友谊作出贡献。要努力做好侨团领袖、进入主流社会的华人和华裔新生代骨干代表人士的工作,加大海外中文教育工作力度,使海外侨胞对祖国的认同感和自豪感不断增强,热爱祖国、振兴中华的优良传统代代相传。

171. 港澳台海外统战工作的指导思想和方针是什么?

港澳台海外统战工作的指导思想:以邓小平理论和"三个代表"重要思

想为指导，高举爱国主义旗帜，坚持"一国两制"方针，围绕统一祖国、振兴中华的宗旨，团结一切可以团结的力量，调动一切积极因素，化消极因素为积极因素，巩固和发展最广泛的爱国统一战线，为促进祖国的改革开放和现代化建设服务，为维护港澳的长期稳定繁荣和发展服务，为实现祖国的和平统一大业服务。

港澳台海外统一战线工作的方针：巩固、扩大爱国统一战线第二个范围的联盟，开展对台湾同胞、港澳同胞和海外侨胞以及一切热爱中华民族的人的工作，放宽视野、广交朋友、宣传政策、争取人心，为祖国统一、振兴中华服务。

172. "一国两制"条件下的港澳统战工作的特点和任务是什么？

（1）"一国两制"条件下港澳统战工作的特点

第一，港澳统战工作是新时期爱国统一战线工作的特殊重要组成部分。回归后的港澳统战工作，是在实行资本主义制度的高度自治的特别行政区范围内，以贯彻党的方针政策和争取人心回归为主要目标的政治工作，从政治基础看，仍然属于大陆范围以外的统战工作，是新时期爱国统一战线工作的特殊组成部分。

第二，港澳统战工作是党在港澳地区整体工作的重要组成部分。港澳统战工作不仅关系到爱国爱港爱澳队伍的不断巩固和发展，而且关系到中央对港澳方针政策的顺利贯彻和落实，关系到港澳的长期稳定繁荣和发展。

第三，港澳统战工作是实现祖国完全统一工作的重要组成部分。香港、澳门作为祖国和平统一进程中的第一站和第二站，将对解决台湾问题，实现祖国的完全统一产生极为重要的深远影响，只有做好港澳统战工作，确保港澳地区"一国两制"的顺利实施，才能更加充分地发挥其示范作用。

（2）"一国两制"条件下港澳统战工作的任务

以"一国两制"方针为指导，高举爱国主义旗帜，壮大爱国爱港爱澳力量，宣传和贯彻基本法，支持特区政府依法施政，为维护港澳的长期稳定、繁荣和发展服务，为促进祖国的改革开放和现代化建设服务，为实现祖国完全统一服务。要充分发挥香港、澳门爱国力量的作用，并在拥护"一国两制"方针，维护中华民族尊严，维护国家利益和香港、澳门同胞共同利益的基础上，不断扩大团结面。

173. 如何增强港澳同胞的国家观念和民族意识？

增强港澳同胞的国家观念和民族意识，要坚持从香港、澳门实际情况出发，从以下几方面着手：

（1）要正确认识"一国两制"的科学内涵

既要讲"两制"，更要讲"一国"。讲"两制"，就是必须保证"港人治港"、"澳人治澳"、"高度自治"；讲"一国"，就是必须保证国家主权的统一。"一国"是"两制"的基本前提，"港人治港"、"澳人治澳"是以爱国者为主体的"港人治港"、"澳人治澳"，高度自治是中央授权下的高度自治，高度自治不是完全自治。发展香港民主，必须按照香港基本法的轨道积极稳妥地推进，坚决维护行政主导体制，坚持从香港的实际出发，循序渐进，均衡参与。广大港澳同胞不仅是香港、澳门特别行政区的主人，也是国家的主人；不仅是港澳市民，也是国家公民；不仅是港澳的社会成员，也是中华民族大家庭的成员。应该不断增强国家观念和民族意识，自觉维护祖国的安全和统一，维护祖国和民族的整体利益。

（2）要努力加快香港经济发展

发展经济、改善民生，是解决香港各种矛盾和问题的根本之策，是凝聚广大港人的关键环节，是推动香港社会进步的永恒主题，不仅关系到祖国内地和港澳地区的长治久安和广大港澳同胞的福祉，而且关系到整个国家的改革发展稳定大局；不仅关系到"一国两制"事业的成败，而且关系到祖国完全统一大业的进程。要采取切实有效的措施，使香港从祖国内地的强劲发展中，从中央政府支持香港的政策举措中，从香港与内地日益紧密的合作交流中得到更加有力的支撑，使广大香港同胞从香港的繁荣发展中切实感到祖国永远是坚强后盾。

（3）要加强同港澳社会各界人士的交流交往

不断发展壮大具有广泛包容性的爱国爱港和爱国爱澳力量，充分发挥港澳地区人大代表、政协委员及各方面代表人士和爱国团体的作用，推进以爱国者为主体的"港人治港"、"澳人治澳"。要加强与香港专业界人士和年轻一代的交流交往，通过联谊和交往活动展示成就、宣传政策、增进感情，寓团结于经贸、科技、文化、卫生、体育等领域的交流与合作中，增强港澳各界特别是青少年对祖国的归属感和民族自豪感。

174. 统一战线在实现祖国完全统一的进程中的优势和作用？

早日解决台湾问题，实现祖国完全统一，是中国共产党的庄严使命，也是包括台湾同胞在内的全体中国人民的共同愿望。同解决香港、澳门问题相比，台湾问题更复杂，解决起来难度更大。统一战线在解决台湾问题中具有不可替代的优势和作用：

（1）海外朋友多

统战工作通过走出去，请进来，广交朋友，联络感情，与港澳台同胞和海外同胞的许多代表性人物和重要社团建立了广泛的联系，成为开展对台工作的重要基础。

（2）对外联系广

统一战线中，各民主党派、工商联、台联会、统促会、黄埔同学会、台湾同学会、欧美同学会、海外联谊会等组织和团体，与港澳台同胞和海外同胞都有着广泛的联系，并形成了对外联系的组织体系和工作网络，成为开展对台工作的重要力量。

（3）社会影响大

统一战线汇聚着各方面的代表人士和知名专家学者，其中包括港澳台同胞和海外同胞，他们政治上有影响、经济上有实力、社会上有声望、学术上有造诣，是开展对台工作的重要队伍。要继续支持和协助统一战线各方面人士通过多种形式和渠道，加强同港澳同胞、台湾同胞、海外侨胞和外籍华人、华裔的联系，广交朋友，联络友谊，宣传政策，争取人心。要继续支持他们采取走出去、请进来等形式，开展同港澳、台湾和海外的经济交往和文化学术交流，为引进资金、技术和人才搭桥铺路，推动两岸经贸交流合作和人员往来，争取早日实现"三通"。事实证明，充分利用统一战线各方面人士的各种关系，包括私人友谊、亲属乡情等有利条件开展工作，容易起到官方组织起不到的作用。同时，港澳的许多爱国团体和爱国人士与内地、台湾都有密切的联系，也愿意作为两岸之间的桥梁和纽带，为祖国统一作贡献。要鼓励港澳爱国人士和团体同台湾各界人士建立联系，开展交流、交往活动，从多方面做台湾人民的工作，增强台湾人民对"一国两制"方针的理解、认同和信心，增强和平统一祖国的共识。

175. 如何发展壮大爱国、爱港、爱澳力量？

（1）要高举爱国主义旗帜

对广大的香港、澳门同胞来说，不要求他们都赞成大陆的社会主义制度，不管他们信奉什么政治观点，采取什么生活方式，只要他们尊重自己的民族，诚心诚意拥护祖国恢复行使对香港、澳门的主权，不损害香港、澳门的繁荣和稳定，就是爱国者，我们就要广泛团结。

（2）要全面地、正确地认识和把握"一国"与"两制"的关系

讲"一国"，就是必须保证国家主权的完整统一，主权只能由中央政府行使，中央政府的权威不容动摇；讲"两制"，就是必须保证"港人治港"、"澳人治澳"、高度自治，不干预港澳自治范围内的事务。在"一国两制"的前提下，根据实际情况稳步、扎实、有序地推进香港、澳门政治体制的健康发展。

（3）要关心老朋友，广交新朋友，深交好朋友

要保持与老朋友的密切联系，继续关照长期与我们团结奋斗的老一代爱国人士，他们始终坚持爱国爱港、爱国爱澳立场，我们要妥善安置，鼓励、帮助他们在新的历史阶段继续发挥作用；要坚持爱国不分先后，只要爱国、拥护祖国统一，不管什么阶层、什么界别、什么信仰、什么观点的人士，都要建立联系，保持交往；要在长期交往、彼此了解的基础上，建立和保持深厚情谊。

（4）要照顾利益、促进和谐

要照顾同盟者利益，及时帮助港澳人士解决在祖国内地遇到的各种困难和问题，维护他们在祖国内地的合法权益；要注意充分发挥港澳地区人大代表、政协委员的作用，坚持以和谐促繁荣、以和睦促稳定，建设和谐香港、和谐澳门。

176.《中华人民共和国香港特别行政区基本法》是什么时间颁布、实施的？其主要内容是什么？

《中华人民共和国香港特别行政区基本法》（简称《香港基本法》）于1990年4月4日第七届全国人民代表大会第三次会议通过，自1997年7月1日起实施。

《香港基本法》的内容十分丰富，除了保证香港的资本主义社会政治经济制度、生活方式五十年不变，法律基本不变外，还赋予香港特别行政区政府高

度的自治权。主要包括：

（1）独立的行政管理权。香港特区政府的各级官员，由香港居民担任。

（2）立法权。香港特区可根据香港的实际情况和需要，独立制定和颁布法律。

（3）独立的司法权。香港的司法、执法部门不受中央政府有关部门的领导、影响和干扰。

（4）终审权。即案件的最终审判权力。香港终审法院对香港所有的案件具有最终审判权力。

（5）财政独立。香港的一切收入全归香港留用，不须向中央政府缴纳财政收入和利税。

（6）独立的关税和经贸政策。自行发行货币，自行管理出入境口岸。

香港是直辖于中央人民政府的一个高度自治的特别行政区，不是一个独立的政治实体，所以，有一些涉及中央层面的事务，必须由中央人民政府处理，主要包括：

（1）国防事务，由中央人民政府负责，中国人民解放军在香港派驻部队，守卫边防。

（2）外交事务，由中央人民政府负责，外交部在香港设立机构，处理外交事务。

（3）在国家或香港地区进入紧急状态时，如战争或动乱，中央政府可发布命令将全国性的有关法律在香港实施。

（4）香港特区的行政长官和香港政府的主要官员，在香港通过协商和选举产生后，必须报经中央人民政府任命。

（5）香港基本法的解释权在全国人大常委会。

（6）香港基本法的修改权属全国人民代表大会。

（7）香港的涉台问题，凡属涉及国家主权和两岸关系的事务，由中央人民政府安排处理，或由特区政府在中央人民政府指导下处理。

177.《中华人民共和国澳门特别行政区基本法》是什么时间颁布、实施的？其主要内容是什么？

《中华人民共和国澳门特别行政区基本法》（简称《澳门基本法》）于1993年3月31日由第八届全国人民代表大会第一次会议通过，自1999年12

月 20 日起实施。

《澳门基本法》除了保证澳门的资本主义社会政治经济制度、生活方式五十年不变外，还赋予澳门特别行政区政府高度的自治权，主要包括：

（1）独立的行政管理权。澳门特区政府的各级官员，一律由澳门居民担任。

（2）立法权。澳门特区可以根据澳门的实际情况和需要，独立制定和颁布法律。

（3）独立的司法权。澳门的司法、执法部门不受中央人民政府有关部门的领导、影响和干扰。

（4）终审权。即案件的最终审判权力。澳门特别行政区终审法院对澳门所有的案件均有最终审判权。

（5）财政独立。澳门的一切收入全归澳门留用，不须向中央人民政府缴纳财政收入和利税。

（6）独立的关税和经贸政策。自行发行货币，自行管理出入境口岸。

澳门特别行政区是中华人民共和国的一个享有高度自治权的地方行政区域，直辖于中央人民政府，它不是一个独立的政治实体，所以，有一些涉及中央层面的事务，必须由中央人民政府处理，主要包括：

（1）国防事务由中央人民政府负责。

（2）外交事务由中央人民政府负责，外交部在澳门设立机构，处理外交事务。

（3）在国家或澳门地区进入紧急状态时，如战争或动乱，中央人民政府可发布命令将全国性的有关法律在澳门实施。

（4）澳门特区的行政长官及澳门政府的主要官员，在澳门通过协商和选举产生后，必须报中央人民政府任命。

（5）澳门基本法的解释权在全国人大常委会。

（6）澳门基本法的修改权属全国人民代表大会。

178. "和平统一、一国两制"的内涵是什么？

"和平统一、一国两制"是建设中国特色的社会主义理论和实践的重要组成部分，是中国政府一项长期不变的基本国策。

（1）一个中国

世界上只有一个中国，台湾是中国不可分割的一部分，中央政府在北京。这是举世公认的事实，也是和平解决台湾问题的前提。中国政府坚决反对任何旨在分裂中国主权和领土完整的言行，反对"两个中国"、"一中一台"，反对一切可能导致"台湾独立"的企图和行径。海峡两岸的中国人民都主张只有一个中国，都拥护国家的统一，台湾作为中国不可分割的一部分的地位是确定的、不能改变的，不存在什么"自决"的问题。

（2）两制并存

在一个中国的前提下，大陆的社会主义制度和台湾的资本主义制度，实行长期共存，共同发展，谁也不吃掉谁。这种考虑主要是基于照顾台湾的现状和台湾同胞的实际利益，这将是统一后的中国国家体制的一大特色和重大创造。

两岸实现统一后，台湾的现行社会经济制度不变，生活方式不变，同外国的经济文化关系不变。诸如私人财产、房屋、土地、企业所有权、合法继承权、华侨和外国人投资等，一律受法律保护。

（3）高度自治

统一后，台湾将成为特别行政区。它不同于中国其他一般省区，享有高度的自治权。它拥有台湾的行政管理权、立法权、独立的司法权和终审权；党、政、军、经、财等事宜都自行管理；可以同外国签订商务、文化等协定，享有一定的外事权；有自己的军队，大陆不派军队也不派行政人员驻台。特别行政区政府和台湾各界的代表人士还可以出任国家政权机构的领导职务，参与管理国家事务。

（4）和平谈判

通过接触谈判，以和平方式实现国家统一，是全体中国人民的共同心愿。两岸都是中国人，如果因为中国的主权和领土完整被分裂，兵戎相见，骨肉相残，对两岸的同胞都是极其不幸的。和平统一，有利于全民族的大团结，有利于台湾社会经济的稳定和发展，有利于全中国的振兴和富强。

为结束敌对状态，实现和平统一，两岸应尽早接触谈判。在一个中国的前提下，什么问题都可以谈，包括谈判的方式，参加的党派、团体和各界代表人士，以及台湾方面关心的其他一切问题。只要两岸坐下来谈，总能找到双方都可以接受的办法。

鉴于两岸的现实状况，中国共产党及中国政府主张在实现统一之前，双方按照相互尊重、互补互利的原则，积极推动两岸经济合作和各项交往，进行直接通邮、通商、通航和双向交流，为国家和平统一创造条件。

和平统一是中国共产党及中国政府既定的方针。然而，每一个主权国家都有权采取自己认为必要的一切手段包括军事手段，来维护本国主权和领土完整。中国政府在采取何种方式处理本国内部事务的问题上，并无义务对任何外国或图谋分裂中国者作出承诺。解决台湾问题是中国的内政，任何国家无权干涉。台湾问题应该也完全可以通过两岸的协商，在一个中国的架构内求得合理的解决。

179. 江泽民同志提出"八项主张"的内容是什么？

（1）坚持一个中国原则，是实现和平统一的基础和前提。

（2）对于台湾同外国发展民间性经济文化关系不持异议。但是，反对台湾以搞"两个中国"、"一中一台"为目的的所谓"扩大国际生存空间"的活动。

（3）进行海峡两岸和平统一谈判。

（4）努力实现和平统一，中国人不打中国人。

（5）大力发展两岸经济交流和合作。

（6）中华民族儿女共同创造的五千年灿烂文化，是维系全体中国人的精神纽带，也是实现和平统一的一个重要基础。

（7）充分尊重台湾同胞的生活方式和当家做主的愿望，保护台湾同胞一切正当权益。

（8）欢迎台湾当局的领导人以适当身份前来访问；也愿意接受台湾方面的邀请，前往台湾。可以共商国是，也可以先就某些问题交换意见。

180. 胡锦涛总书记就新形势下发展两岸关系提出的四点意见的内容是什么？

2005年3月，胡锦涛总书记在看望参加全国政协十届三次会议的民革、台盟、台联委员时，提出了新形势下发展两岸关系的四点意见：坚持一个中国原则决不动摇；争取和平统一的努力决不放弃；贯彻寄希望于台湾人民的方针决不改变；反对"台独"分裂活动决不妥协。这四点意见充分体现了中国共产党对国家和民族根本利益高度负责的态度，也充分体现了中国共产党以最大的诚意、尽最大的努力争取和平统一的一贯主张，同时表明了全中国人民维护国家主权和领土完整，绝不允许"台独"分裂势力以任何名义、任何方式把台湾从中国分裂出去的坚强意志和坚定决心。

181. 为什么说对台工作要深入贯彻寄希望于台湾人民的方针？

实现台湾与祖国大陆的和平统一，是包括台湾同胞在内的全体中国人民的共同心愿。而这一愿望的实现则有赖于全体中国人民的共同努力，2300万台湾同胞更是责无旁贷。"和平统一、一国两制"方针要得以真正实现，不能没有台湾人民的努力和积极支持。台湾同胞具有光荣的爱国主义传统，一百多年来，在反对外国侵略、维护国家主权领土的斗争中，始终同祖国大陆人民并肩战斗，在两岸处于暂时分离状态下，台湾同胞为发展两岸关系、奠定和平统一基础同样作出了不懈努力。

就两岸关系而言，我们希望台湾当局以民族大义为重，放弃错误政策，在一个中国原则下，尽早结束两岸敌对状态，和我们一道规划今后两岸关系的发展。祖国统一是中华民族的根本利益所在，与台湾同胞的福祉更是息息相关，所以我们更寄希望于台湾人民在实现祖国统一的过程中发挥自己的作用。我们希望台湾各阶层民众，在反对"渐进式台独"、"文化台独"，推动两岸的各项交流，促进两岸的经济贸易发展，加深两岸人民的相互了解等方面尽各自的一份心力；希望台湾各阶层民众通过各种途径、以各种方式就统一问题同我们交换意见。绝大多数台湾同胞是反对"台独"的，是主张统一的，有台湾人民对统一的支持，统一的进程必然会缩短，祖国统一大业必将早日完成。

182.《反分裂国家法》是什么时间颁布、实施的？其主要内容是什么？

《反分裂国家法》于2005年3月14日第十届全国人民代表大会第三次会议通过，并颁布实施。该法共10条。主要内容如下：

（1）关于立法的宗旨和适用范围

为了反对和遏制"台独"分裂势力分裂国家，促进祖国和平统一，维护台湾海峡地区和平稳定，维护国家主权和领土完整，维护中华民族的根本利益。

（2）关于台湾问题的性质

世界上只有一个中国，大陆和台湾同属一个中国，中国的主权和领土完整不容分割。维护国家主权和领土完整是包括台湾同胞在内的全中国人民的共同义务。台湾是中国的一部分。国家绝不允许"台独"分裂势力以任何名义、任何方式把台湾从中国分裂出去。台湾问题是中国内战的遗留问题。解决台湾问题，实现祖国统一，是中国的内部事务，不受任何外国势力的干涉。完成统一祖国的大业是包括台湾同胞在内的全中国人民的神圣职责。

(3) 关于以和平方式实现国家统一

坚持一个中国原则，是实现国家和平统一的基础。以和平方式实现国家统一，最符合台湾海峡两岸同胞的根本利益。国家以最大的诚意，尽最大的努力，实现和平统一。国家和平统一后，台湾可以实行不同于大陆的制度，高度自治。为维护台湾海峡地区和平稳定，发展两岸关系，国家采取下列措施：①鼓励和推动两岸人员往来，增进了解，增强互信；②鼓励和推动两岸经济交流与合作，直接通邮、通航、通商，密切两岸经济关系，互利互惠；③鼓励和推动两岸教育、科技、文化、卫生、体育交流，共同弘扬中华文化的优秀传统；④鼓励和推动两岸共同打击犯罪；⑤鼓励和推动有利于维护台湾海峡地区和平稳定、发展两岸关系的其他活动。国家依法保护台湾同胞的权利和利益。

(4) 关于以非和平方式制止"台独"分裂势力分裂国家

采取非和平方式制止分裂国家、捍卫国家主权和领土完整，是我们在和平统一的努力完全无效的情况下，不得已作出的最后选择。"台独"分裂势力以任何名义、任何方式造成台湾从中国分裂出去的事实，或者发生将会导致台湾从中国分裂出去的重大事变，或者和平统一的条件完全丧失，国家得采取非和平方式及其他必要措施，捍卫国家主权和领土完整。依法采取非和平方式及其他必要措施并组织实施时，国家尽最大可能保护台湾平民和在台湾的外国人的生命财产安全和其他正当权益，减少损失；同时，国家依法保护台湾同胞在中国其他地区的权利和利益。

183. "台独"的实质和危害是什么？

"台独"的实质就是台湾当局破坏祖国统一，否定一个中国原则。其危害是：分裂祖国，破坏祖国统一，破坏两岸关系；违背了包括台湾人民在内的全体中国人民的根本利益；危害了祖国的主权和领土完整，伤害了中国人民的感情；危害世界和平。

184. 对台宣传的指导思想和重点是什么？

(1) 对台宣传的指导思想

继续高举爱国统一的旗帜，坚持和贯彻"和平统一、一国两制"的基本方针,坚决反对任何旨在制造"两个中国"、"一中一台"和"台湾独立"的图谋。广泛争取人心,增强台湾同胞对祖国的认同感和向心力,调动一切积极因素,造成一种要求统一、反对分裂的舆论环境,大力发展两岸经济合作和各项交流,促进两岸早日实现直接"三通",推动两岸关系发展,促进祖国和平统一。

(2) 对台宣传的重点

第一,继续深入宣传"和平统一、一国两制"的基本方针和江泽民同志关于发展两岸关系、推进祖国和平统一进程的八项主张和胡锦涛主席提出的四点意见。宣传坚持一个中国的原则是实现和平统一的基础和前提;宣传我和平谈判的主张与国家统一的必然趋势;宣传"一国两制"是尊重历史、尊重现实,最大限度地照顾台湾利益的最佳选择;宣传只有实现和平统一后,台湾同胞才能与全国各族人民一道,真正充分地共同享有伟大祖国在国际上的尊严与荣誉。

第二,全面系统地宣传我改革开放和现代化建设的成就。宣传社会主义市场经济体制的建立和不断完善,中国特色社会主义事业蓬勃发展;宣传社会主义民主政治与精神文明建设;宣传我综合国力增强及发展前景,进一步树立祖国的良好形象。

第三,广泛宣传我外交工作的丰硕成果。宣传我国际地位的提高,开创了外交新局面,争取到一个有利于和平发展的国际环境;宣传我在遏制台湾当局推行"弹性务实外交",图谋"拓展国际生存空间"的斗争中所取得的胜利,指出台湾当局的倒行逆施是无出路的。

第四,积极宣传我发展两岸关系的各项主张和成果。宣传加强两岸经贸合作、扩大人员往来和各项交流取得的重大进展;宣传我执行鼓励台商投资的政策,贯彻《台湾同胞投资保护法》,保障台湾同胞的正当权益;宣传我推动两岸事务性商谈,争取实现政治性谈判的主张;要大力支持台湾各界人士要求早日实现直接"三通"的呼声,加强"三通"的宣传;宣传党和政府充分尊重台湾同胞的生活方式和当家做主的愿望,关心、照顾他们的利益,帮助他们解决困难的做法和诚意。

第五,大力宣传中华民族的悠久历史、灿烂文化始终是维系全体中国人的精神纽带,也是实现和平统一的重要基础。两岸同胞要共同继承和发扬中华文化和爱国主义传统,尤其是要宣传在中国近代史上,包括台湾同胞在内的全中国人民维护国家主权和领土完整,反抗外来侵略的光荣传统。

第六,加强反对"台独"、反对分裂的舆论斗争,要深入批判鼓吹"台湾独立"的各种谬论，遏制"台独"势力蔓延；要批驳台湾当局，制造"两个对等政治实体"、"两个中国"、"一中一台"的言行；揭露外国势力干涉中国内政，分化中国的阴谋。在批驳中，要注意把台湾民众要求当家做主的愿望与"台独"分裂主张区别开来。

185. 台胞、台属指的是哪些人？

台湾同胞包括现居住台湾省的各族同胞（1949年前后迁台的大陆各省籍军政人员也包括在内）和台湾省籍同胞。此外，由台湾省到国外定居、留学以及台湾当局派往国外的人员，也都属于台湾同胞范畴。

居住在大陆的台湾同胞是指：一、凡具有台湾省籍的同胞；二、近几年从台湾回到大陆定居的大陆籍同胞，亦按台胞对待。

台属指1945年以后，从大陆到台湾（含由大陆经外国转到台湾）的去台人员在大陆的亲属（含直系亲属和旁系亲属）。

直系亲属指：祖父母、父母、夫妻、子女、孙子、孙女和养父母、养子女等；

旁系亲属指：兄弟、姐妹、伯父母、叔父母、岳父母、堂姑表兄弟姐妹、舅、侄、女婿等。

如去台人员已在台死亡，其在大陆的亲属仍按"台属"相待。

186. 台胞来祖国大陆定居有何新的政策？

台湾居民要求来大陆定居的，应当在入境前向公安部出入境管理局派出的或者委托的有关机构提出申请，或者经由大陆亲属向拟定居地的市、县公安局提出申请，除受政治迫害或其他特殊原因不能回台者外，应同时具备下列3个条件方可批准定居：第一，在台孤身一人，无人赡养；第二，在大陆拟定居地有直系亲属，该亲属有能力赡养并保证赡养；第三，生活费用及住房能够自理。符合条件、经批准定居的台胞，由公安部门收缴其所持的出入境证件及在台湾的身份证件。本人凭批准定居的证明向定居地公安机关申请办理常住户口登记手续，并按规定申请领取居民身份证。台胞定居后，政府不予特殊照顾，不发安家费、生活费、医疗补助费等，不负责安排工作。如因不可抗拒的原因造成生活困难，按社会困难户给予社会救济。

对在大陆投资设厂或在独资、合资、合作企业中工作以及来大陆求学的台胞，由公安部门发给一定期限的居住证，不作定居处理。

下列人员不准入境，更不准定居：在逃刑事、经济犯罪分子，反动会道门成员，黑社会分子；严重精神病患者，传染病患者；其他不宜入境定居者。

187. 如何确认北京市居民的台湾省籍？

（1）祖辈（祖父母一代）在台湾出生的台胞，其子女和孙子女可确认为台湾省籍。

（2）夫妇双方有一方原籍为台籍的，其子女的籍贯，18岁前由父母商定，18岁以后可以自择。

（3）大陆籍人子女，其父（或母）离异后，又与台籍人结婚的，18岁前其籍贯由父母商定，18岁后可以自择。

（4）1945年9月前去台湾的大陆籍人，新中国成立后从台湾或国外回大陆定居的，可按台胞对待，但不确认为台湾省籍。

（5）符合上述条件本人不愿确认为台湾省籍的，可保留户籍上的籍贯，今后不作为台湾省籍同胞对待。

188.《台湾同胞投资保护法》主要有哪些内容？

1994年3月5日第八届全国人民代表大会常务委员会第六次会议通过。

（1）立法的宗旨

保护和鼓励台湾同胞投资，促进海峡两岸的经济发展。

（2）关于台胞投资的定性问题

台胞投资的性质属于特殊的国内投资，以与外商来华投资相区别。

（3）关于对台胞投资的保护和优惠

各项规定侧重体现对台胞投资的保护。明确规定：国家对台胞投资者的投资不实行国有化和征收；在特殊情况下，根据社会公共利益的需要，对台胞投资者的投资可以依照法律程序实行征收并给予相应的补偿。台胞投资企业依照国务院关于鼓励台胞投资的有关规定，享受优惠待遇。

189. 什么是华侨、华人、华裔、归侨、侨眷？

华侨是指定居在国外的中国公民。不包括出国旅行、访问的人员，政府派在他国协助建设的工人和技术人员，国家派驻外国的公务人员和在国外学习的留学生。

华人是中国人的简称。已经加入或取得了所在国国籍的中国血统的外国公民叫外籍华人，亦称华人。

华裔是在国外的中国人的后裔的简称。有的习惯称华侨在侨居国所生的而又加入或取得了所在国国籍的子女或中国血统外籍人为华裔。

归侨是指回国定居的华侨。

侨眷是指华侨、归侨在国内的眷属。包括华侨、归侨的配偶，父母，子女及其配偶，兄弟姐妹，祖父母，外祖父母，孙子女，外孙子女，以及同华侨、归侨有长期抚养关系的其他亲属。华侨回国后，其国内眷属仍视为侨眷。外籍华人在华的具有中国国籍的眷属，与侨眷范围相等同（享有侨眷待遇）。

190.《中华人民共和国归侨侨眷保护法》是什么时间颁布、实施的？其主要内容是什么？

1990年9月7日第七届全国人民代表大会常务委员会第15次会议通过《中华人民共和国归侨侨眷权益保护法》，自1991年1月1日起施行。2000年10月31日第九届全国人民代表大会常务委员会第18次会议通过了《关于修改〈中华人民共和国归侨侨眷权益保护法〉的决定》。

《中华人民共和国归侨侨眷权益保护法》是我国现行的基本法之一，全文共30条，对归侨、侨眷的合法权益进行了明确的规定，对侵犯侨眷、归侨合法权益的行为所应受的法律责任作了较为详细的规定，内容涉及归侨、侨眷的合法权益的各个方面，包括保护归侨、侨眷的政治、经济财产、捐赠兴办公益事业、教育劳动就业、与境外联系往来和在境外方面的正当权益等，这对保护归侨、侨眷的合法权益具有十分重要的意义。

191. 如何认识新形势下加强侨务工作的重要性？

（1）加强侨务工作是凝聚侨心、汇集侨智、发挥侨力，实现中华民族伟大复兴的需要

随着我国改革开放的深化和世界经济全球化趋势的发展，我国海外侨胞的数量迅速增加、分布更加广泛、素质不断提高，他们对中国怀有特殊感情，希望中国兴旺发达。这是我国独特的国情和重要的资源。几千万海外侨胞和国内3000多万归侨侨眷，是推进我国现代化建设、实现祖国完全统一和中华民族伟大复兴的重要力量。努力培育、保护和发展好侨务资源，凝聚侨心、汇集侨

智、发挥侨力，对于实现中华民族的伟大复兴至关重要。

（2）加强侨务工作是把握好我国重要战略机遇期，实现全面建设小康社会宏伟目标的需要

海外侨胞拥有雄厚的经济实力和广泛的商业网络，是我国引进外资的重要渠道，是实施"走出去"战略的重要桥梁和提高对外开放水平的重要力量。海外侨胞中有大量高层次人才，遍布经贸、科技、金融、教育和法律等各个领域，其中科技人才有几十万，既有世界著名的科学家，也有成就卓著的中青年科技人才，他们的研究领域和研究成果几乎涉及当今世界所有高科技领域。积极发展与海外专业人士的交流与合作，从中引进高新技术、金融、法律、贸易、管理等方面的高级人才以及基础研究方面的紧缺人才，对于推进我国科教兴国和人才强国战略的实施，全面建设小康社会，将起到重要作用。

（3）加强侨务工作是遏制"台独"分裂势力，推进祖国完全统一的需要

维护国家主权和领土完整，实现祖国完全统一，是海内外中华儿女的共同夙愿和神圣使命。海外侨胞与台湾有着千丝万缕的联系，与住在国政界和主流社会关系密切。在当前两岸关系严峻和复杂的形势下，广大海外侨胞推进中国完全统一的民族使命感更加强烈。切实加强侨务对台工作，充分发挥海外侨胞的作用，促进两岸交流与合作，遏制"台独"分裂势力在华侨华人社会的影响，争取住在国政要和主流社会对中国和平统一事业的理解和支持，对于推动祖国完全统一具有独特的意义。

（4）加强侨务工作是拓展民间外交，争取和平稳定国际环境的需要

广大海外侨胞期盼住在国与中国保持友好关系，愿意为这一友好关系的发展贡献力量。他们是传播中华优秀文化、促进中外友好交流、扩大我国对外影响的积极力量。特别是在我周边许多国家和西方大国，聚居着大量海外侨胞，他们中有不少在政治上有影响、社会上有地位、与住在国政要关系密切的人士，一些人还直接进入政界担任中高级职务。做好侨务工作，在海外侨胞中发展一支宏大的对我友好力量，对于我国积极推进同主要大国的关系，巩固周边地缘战略依托，为我国和平发展赢得更加有利的国际环境和周边环境，具有重要意义。

192. 新世纪新阶段侨务工作的基本方针是什么？

对华侨工作的基本方针是：保护华侨的正当权益，发扬侨胞爱祖国、爱故

乡的传统，促进华侨团结互助，教育华侨遵守住在国法律，尊重当地社会、民族习俗，鼓励华侨根据自愿的原则，加入住在国国籍，与当地人民友好相处并长期生存发展，为促进住在国的经济繁荣以及祖国和住在国的合作与交流发挥积极作用。

对华人工作的基本方针是：严格区分外籍华人与华侨的不同国籍，增进外籍华人同我国的友好情谊和合作交流，并希望和鼓励他们为所在国的发展，为促进所在国与我国的友好合作发挥积极作用。

对归侨侨眷工作的基本方针是：保护归侨侨眷的合法权益，适当照顾他们的特点，发挥他们与海外有广泛联系的优势，为建设中国特色社会主义祖国而团结奋斗。

新世纪新阶段，我们要继续坚持我国政府侨务工作基本方针，以凝聚侨心、汇集侨智、发挥侨力为目标，始终把维护海外侨胞和归侨侨眷的根本利益作为侨务工作的出发点和落脚点，鼓励和支持他们关心、参与祖国的现代化建设，积极为祖国建设引进资金、技术和人才牵线搭桥，为开拓世界市场献计出力；鼓励和支持他们积极传承、传播中华民族的优秀文化，让居住国民众更多地了解中华文化，不断增强中华文化在世界上的影响力；鼓励和支持他们继续发挥血缘、亲缘的优势，以共同的文化渊源、共同的民族感情、共同的民族利益为基础，促进两岸人民的沟通与理解，为遏制"台独"分裂势力及其活动、推动祖国统一大业贡献智慧和力量；鼓励和支持他们发挥桥梁和纽带的作用，积极促进祖国与居住国的经济文化交流，为不断增进中国人民与世界各国人民的友谊作出贡献。

193. 当前和今后一个时期侨务工作的主要任务是什么？

（1）加强联谊，突出重点，最广泛地团结海外侨胞

联谊是侨务工作的基础。要不断深化"走出去、请进来"工作，注重依托亲情乡谊与合作交流，发展同海外侨胞的交往，广交新朋友，深交老朋友，努力拓宽工作面。着力做好在政治上有影响、社会上有地位、经济上有实力、专业上有造诣的海外侨胞的工作，充分发挥他们在海外华侨华人社会中的影响力。加强新华侨华人和华裔新生代的工作，确保侨务资源的可持续发展。要积极引导华侨华人社团改进会务，加强团结，增进合作。重点扶持有实力、有影响、讲团结、做实事的对我友好社团，使之成为当地华侨华人社会的主导力

量。要注重做好香港特别行政区、澳门特别行政区侨界社团和人士的工作。对重点社团和人士，地方各级党政领导要亲自做工作。

（2）发挥侨务优势，为现代化建设服务

树立人才资源是第一资源的观念，在公开合法的前提下，把引进海外侨胞中的高层次人才和紧缺人才工作摆到突出的位置，鼓励、扶持他们以多种形式来华创业。进一步吸引海外华商直接投资，把利用侨资与国内经济结构调整、国有企业改组改造结合起来，不断提高利用侨资的质量和水平。积极应对世界经济一体化的新形势，在加强"引进来"的同时，积极实施"走出去"战略，促进有比较优势的企业借助海外华商遍布世界的商业网络走出国门，开拓市场，实现国际化发展。

（3）大力开展海外华文教育，努力弘扬中华优秀文化

中华文化是支撑中华民族绵延发展的精神支柱，是维系海外侨胞的重要纽带。要大力拓展海外华文教育工作，不断完善各类华文教材，努力提高海外华文师资水平，充分发挥中国华文教育基金会和暨南大学、华侨大学等大专院校在开展华文教育工作中的特殊作用。民族艺术是中华文化的重要组成部分，要将更多富有思想性、艺术性和观赏性的优秀文艺作品奉献给海外侨胞。华裔青少年是华人社会的未来，也是我们在海外弘扬中华文化的重点对象，要鼓励他们来华短期学习或接受学历教育，并根据年轻人的特点，通过举办夏（冬）令营等丰富多彩的活动，使他们潜移默化地受到中华文化的熏陶，进一步增强民族自豪感。

（4）加强侨务对台工作，促进祖国和平统一进程

面对当前严峻和复杂的两岸关系，要按照中央对台工作的总体部署，坚定不移地贯彻"和平统一、一国两制"的基本方针和现阶段发展两岸关系、推进祖国和平统一进程的八项主张，把反对和遏制"台独"分裂势力作为侨务对台工作的首要任务，深入扎实地推动和支持海外侨胞举办各种形式的"反独促统"活动，形成强大声势，坚决遏制"台独"分裂势力在海外的影响。要以亲情乡谊与合作交流为媒介，依靠爱国友好社团，广泛联系台湾省籍侨团和人士，做好重点亲台社团和人士的团结争取工作，通过岛外影响岛内，争取台湾民心。支持海外侨胞多做推动两岸人员往来和促进两岸经济、文化交流的工作，以消弭隔阂、增进互信。鼓励海外侨胞利用各种渠道向住在国政要、友人和主流媒体介绍我对台湾问题的方针和主张，争取国际社会对我反对"台独"分裂势力、实现祖国和平统一立场的理解和认同，积极营造有利于解决

台湾问题的国际环境。

(5) 加强领事保护工作，维护海外侨胞的正当合法权益

面对当前错综复杂的国际安全形势，要充分利用我国在政治、经济、外交等方面的资源和优势，积极推动驻在国政府营造有利于我侨胞生存发展的良好环境。要牢固树立"侨胞利益无小事"的观念，加强对驻在国政治、经济、社会安全形势和司法体系及有关法律法规的调研，建立健全领事保护预警机制和应急机制，提高应对突发事件和复杂局面的能力。加强与驻在国有关当局的联系与合作，充分利用当地社会资源，做到关键时刻能"找到人、说上话、办成事"，最大限度地维护我侨胞的正当合法权益。重视做好港澳台同胞在海外的领事保护工作。

(6) 加强侨务对外宣传工作，为营造良好的国际舆论环境服务

要下大气力研究海外侨胞的特点和需求，讲求宣传策略和技巧，丰富宣传内容和形式，进一步增强对外宣传的吸引力、感召力和说服力。要加强对海外华文传媒负责人及业务骨干的联谊交友和团结引导工作，多形式、多渠道地发展与他们的交流与合作，积极发展对我友好的海外华文传媒力量。要继续办好侨刊乡讯，发挥它们在联络海外乡亲、沟通亲情乡谊中的重要作用。

(7) 加强侨务法制建设，加大依法护侨工作力度

认真贯彻《中华人民共和国归侨侨眷权益保护法》及其实施办法，加大执法监督检查力度，依法保护归侨侨眷的合法权益。执行国家相关的法律法规，保护海外侨胞在境内的合法权益，特别要维护海外华商在华投资的各项利益。要根据形势的发展，不断充实、完善涉侨法律法规和政策。加强涉侨法律法规的普及和宣传，提高有关部门依法行政的意识，引导海外侨胞和归侨侨眷自觉运用法律武器维护自身合法权益，努力营造依法护侨的社会氛围。

(8) 切实做好归侨侨眷工作，夯实侨务工作的基础

积极引导广大归侨侨眷立足本职、爱岗敬业，努力在平凡岗位上建功立业。加强对归侨侨眷特别是新华侨华人眷属的联谊服务工作，充分发挥他们在对外联系中的桥梁作用。要按照"根据特点、适当照顾"的原则，切实帮助华侨农场中的困难归（难）侨、城市下岗归侨侨眷职工和城乡贫困归侨侨眷解决工作和生活中遇到的问题。归侨侨眷分散在基层，对他们的工作必须落实到基层。在归侨侨眷较多的地方，要支持他们依照法律和有关章程加强侨联基层组织建设；在归侨侨眷聚居的城市，要逐步形成依靠社会力量、依托社区开

展归侨侨眷工作的新机制。

（9）支持华侨农场的改革和发展

华侨农场是困难归（难）侨最集中的安置单位。要把华侨农场的发展纳入地方经济和社会发展的全局统筹考虑、统一安排；依法保护华侨农场合法使用土地、山林、滩涂、水面等资源；帮助华侨农场彻底剥离教育、卫生等社会性负担，把农场的扶贫工作纳入地方统筹解决；按照有关规定，切实解决好华侨农场纳入地方基本养老保险统筹后离退休人员基本养老金的发放问题；切实关心困难归（难）侨职工的生活，及时向符合当地低保条件的归（难）侨提供最低生活保障，做到应保尽保。有关部门和地方政府要在财政上继续对华侨农场给予扶持，并按照区别对待的原则，努力解决华侨农场企业拖欠银行债务等历史遗留问题。

194. 为什么要在留学人员中开展统一战线工作？

随着改革开放的不断深入，中国留学人员队伍不断扩大，作用越来越突出，影响越来越广泛，留学人员统战工作已成为统战工作的重要领域。

（1）开展留学人员统战工作是落实人才发展战略、构建社会主义和谐社会的客观需要

留学人员是国家重要的人才资源，做好留学人员统战工作有利于改善我国人才结构，壮大人才队伍，扩大与世界各地的交流与合作；有利于吸引人才、资金和技术，为促进经济社会全面发展、构建社会主义和谐社会提供有力的人才和智力支持。

（2）开展留学人员统战工作是做好港澳台和海外统战工作的重要举措

留学人员与港澳台和海外有着广泛的直接联系，是我国扩大对外开放，加强与世界各地联系交往的重要桥梁和纽带。做好留学人员统战工作，有利于对外宣传我国改革开放成果；有利于弘扬中华民族优秀文化；有利于发挥人才优势，做好"走出去，请进来"的工作，壮大爱国爱港、爱国爱澳力量，开展对台"反独促统"工作，为推进祖国和平统一大业贡献力量。

（3）开展留学人员统战工作是扩大党的统战工作覆盖面，巩固和壮大爱国统一战线的必然趋势

留学人员队伍逐渐发展壮大，是统战工作的重要领域。做好留学人员统战工作，对于增强统一战线的凝聚力、壮大统一战线的力量、巩固和扩大党的阶

级基础和社会基础，具有十分重要的意义。

195. 开展留学人员统战工作的方针、原则和工作范围是什么？

留学人员统战工作的指导方针：以马列主义、毛泽东思想、邓小平理论和"三个代表"重要思想为指导，坚持科学发展观，坚持"尊重劳动、尊重知识、尊重人才、尊重创造"的重要方针，高举爱国主义、社会主义旗帜，贯彻落实党和政府关于留学人员工作的方针政策。充分发挥统一战线的优势，广泛团结海内外留学人员，为实施科教兴国和人才强国战略，为全面建设小康社会，实现祖国完全统一和中华民族伟大复兴服务。

留学人员统战工作的基本原则：广泛团结、热情服务、积极引导、发挥作用。

留学人员统战工作的范围：海外留学人员和归国留学人员。统战部门主要做留学人员中的非中共人士的工作，并以有影响、有代表性的留学人员为工作重点。

196. 开展归国留学人员统战工作的主要任务有哪些？

（1）建立归国留学人员代表人士队伍

要加强归国留学人员代表人士工作，要坚持统一战线"大团结，大联合"的主题，通过各种渠道和多种方式，在高等院校、科研院所、民营科研机构、自主创业群体、外商投资企业中，发现和选拔一批政治素质好、有较强代表性、专业技术精湛的高级管理人员和技术人员，作为归国留学人员代表人士队伍的主体。

（2）加强对归国留学人员的教育培养

要把归国留学人员代表人士的培养教育工作纳入党外代表人士队伍教育培养总体规划。要同归国留学人员代表人士保持经常性联系，了解和掌握他们的思想动态和特点。要充分利用各级党校、社会主义学院和其他培训渠道，有针对性地对他们进行培训，帮助他们提高思想政治觉悟和政治理论水平，全面了解国情、市情，增强团结合作意识、服务大局意识，不断提高他们的政治把握能力和参政议政能力。

（3）积极为归国留学人员在促进经济社会发展中发挥作用创造条件

要协助政府有关部门鼓励和吸引海内外留学人员回国创业发展，或以多种方式参与国家建设；要通过组织各种行之有效的活动，积极发现人才，培养人才；要向有关部门举荐热爱祖国、德才兼备、能与党真诚合作、具有创新意识的高素质人才。要创造条件，有计划地推荐、安排具备条件的归国留学人员在各级人大、政府、政协、司法机关中任职；要发挥归国留学人员在知识、技术、信息、管理等方面的优势，组织他们参政议政，围绕经济建设和社会发展中的重大问题进行调研，向党和政府献计献策，为科学决策提供参考，为国家的社会主义物质文明、政治文明和精神文明建设贡献力量。

（4）创新工作方式搞好服务

要把搞好服务作为做好留学人员统战工作的重要内容，不断强化服务意识，增强服务能力，创新服务方式，提高服务水平。要充分发挥统战部门与海内外留学人员和团体联系广泛的优势，努力成为海内外留学人员为现代化建设献计献策的信息平台，推动留学人员回国创业和为国服务的创业平台。要积极协助有关部门为留学人员解决实际困难，维护他们的合法权益，引导留学人员在全面建设小康社会的宏伟事业中建功立业。

197. 开展海外留学人员统战工作的主要任务有哪些？

（1）扩大与海外留学人员的联谊与交流

要通过"走出去，请进来"活动，扩大与海外留学人员的交流，加强联谊的力度。要将做好留学人员工作作为出访考察的一项重要内容，发挥统战部门联系广泛的优势，深入了解国外留学人员的基本情况，通过各种方式加强与他们的交流交往。要重视发挥海外留学人员社团的作用，通过举办各种形式的联谊活动，加强同广大留学人员的联系。要努力成为海内外留学人员为现代化建设建言献策的信息平台和推动留学人员回国创业、为国服务的创业平台。

（2）做好海外留学人员的宣传和引导工作

要运用多种方法和途径，向海外留学人员宣传党和政府有关留学人员的方针政策，宣传改革开放的伟大成就和发展前景，宣传新世纪新阶段统一战线的性质、地位和作用，扩大统一战线对留学人员的吸引力和凝聚力。要加强对作出突出贡献留学人员的宣传，树立先进典型，增强感情交流，有针对性地做好思想政治工作，帮助留学人员正确认识中国的国情和基本政治制度，引导留学人员自觉地将实现个人价值与实现祖国现代化的伟大事业紧密结合起来。引导海外留学人员发扬爱国主义精神，珍惜出国留学机会，努力掌握报效祖国的本领，积极关心和支持祖国的建设和发展。

(3) 推动海外留学人员为祖国建设服务

要关心了解留学人员的工作、学习和生活情况，注意协调好留学人员群体内部的关系，留学人员群体与其他群体之间的关系，化解矛盾、理顺关系、增加共识，努力为留学人员排忧解难。各级统战部门要采取各种行之有效的方式，鼓励海外留学人员在所在国法律许可的情况下，采取合作投资、学术交流、合作研究、技术开发、咨询服务等多种形式为国服务，处理好海外留学人员在国外的生存发展与为祖国服务的关系，保护好海外留学人员为祖国服务的积极性。

198. 如何引导留学人员通过各种方式为国家的经济建设服务？

(1) 要团结和培养一批留学人员代表性人物

要按照"尊重劳动、尊重知识、尊重人才、尊重创造"的方针，贯彻落实党和政府关于留学人员的政策，围绕人才强国战略，抓住培养人才、吸引人才、用好人才三个环节，了解和掌握留学人员的基本情况、思想特点和发展趋势，不断探索工作思路和方法，建立健全工作机制和载体，加强联系与沟通，建立人才库，从中发现一批德才兼备的优秀留学人员，培养一批代表性人物，把他们团结在党的周围，为全面建设小康社会贡献智慧和力量。

(2) 要用政策引导留学人员回国创业

回国创业是我国留学人员的光荣传统，也是报效祖国的主要方式。要进一步出台鼓励留学人员回国创业的优惠政策，引导留学人员直接回国创业，从而提升产业结构和民族企业国际竞争力。引导留学人员围绕祖国经济建设招商引资，牵线搭桥；协助留学人员团体组织开展回国服务活动，开展调查研究，提出建议；引导留学人员配合国家科教兴国战略，提供智力人才服务，引进人才和高新技术。配合国家自主创新战略，直接参与到高新技术研发中去。开展"报国行动"，通过专题论坛、项目对接、技术咨询、科技服务、捐资助学等途径和方式，为祖国改革开放和现代化建设作出贡献。

(3) 要通过留学人员团体引导留学人员为国服务

海外留学人员团体是开展海外留学人员统战工作的重要载体，是拓展海外统战工作的重要基点。欧美同学会、中国留学人员联谊会等很多团体凝聚了一大批留学人员，成为海外留学人员沟通思想、结交朋友、交流信息的重要组织形式。与这些团体保持联系,在活动经费、组织建设、人员培训等方面给予必要的支持,对其骨干人员进行重点联络,同时给予更多的回国交流机会。

(4) 要鼓励部分海外留学人员在国外为祖国发挥特殊作用

一方面,要为国家举荐一批尖端科学领域的优秀留学人员,配合有关部门组织这些留学人员回国发展、为国服务。另一方面,也要发现培养一批在某些领域有特殊才能的留学人员,这批留学人员更适合留在国外发挥作用,让其最大限度地在国外发挥作用比在国内作用更大,更有利于党和国家的全局工作。鼓励他们将自己在国外学习、生活、工作中发现的种种能够为国服务的信息反馈到国内,促进国内相关部门和行业提高决策能力和水平。

199. 大陆教育主管部门何时颁布并实施《台湾学生奖学金管理暂行办法》？主要内容是什么？

大陆教育主管部门2005年12月颁布和实施《台湾学生奖学金管理暂行办法》。

《台湾学生奖学金管理暂行办法》规定,共设立台湾学生奖学金名额2000个,分为本专科学生、硕士研究生、博士研究生3类,每类分设一至三等奖。具体名额和标准是:本专科学生一至三等奖分别为200名、300名、500名,奖学金每名学生每学年分别为4000元(人民币,下同)、3000元和2000元;硕士研究生一至三等奖的名额分别是50名、150名、300名,奖学金分别是6000元、4000元、3000元;博士研究生一至三等奖的名额分别是50名、150名和300名,奖学金分别是8000元、6000元和4000元。

台湾学生奖学金按照学年申请和评审,每年9月开始受理申请,当年10月31日评审完毕。在大陆求学的台湾学生可以根据申请条件,按照学年向所在学校或科研院所提出申请,每学年1次,符合条件的学生可以连续申请。

第九部分 基层统战工作

200. 区县统战工作的基本任务是什么?

以邓小平理论和"三个代表"重要思想为指导,在党委的领导和上级统战部门的指导下,围绕区县中心工作,全面贯彻落实党的各项统一战线方针政策,把基层各方面统一战线成员紧紧团结在党的周围,充分调动他们的积极性,发挥他们的创造性,为全面建设小康社会服务,为维护民族团结、社会稳定和国家统一服务。

201. 区县统战工作的领域、对象和职责是什么?

(1) 区县统战工作领域

民主党派工作、民族宗教工作、新的社会阶层人士工作、党外知识分子工作、无党派人士工作、党外人士安排工作、港澳台和海外统战工作、调查研究和宣传信息工作。

(2) 区县统战工作对象

少数民族人士、宗教界人士、非公有制经济人士、党外知识分子、无党派人士、民主党派成员、港澳同胞、台湾同胞和去台湾人员留在大陆的亲属及回大陆定居的台胞、出国和归国留学人员、海外同胞和归侨侨眷、原工商业者、起义投诚的原国民党军政人员等。

(3) 区县统战工作主要职责

全面贯彻落实党的统战方针政策,严格执行有关法律法规;认真协调统一战线各方面成员的关系,及时排查和化解各种矛盾和纠纷;全面了解反映统一战线各界人士的思想动态和意见建议,各项统战工作的开展情况、主要经验和具体建议；注意发现、选拔、培养党外代表性人物，协助党委及有关部门做好人大、政府、政协、司法机关中党外人士的推荐和安排工作。

202. 区县统战工作的基本原则是什么？

（1）坚持围绕中心、服务大局

要充分调动各方面党外人士的积极性，发挥他们的创造性，围绕经济建设中心，为改革、发展、稳定服务。

（2）坚持政治引导、求同存异

实行"团结、批评、团结"的方针，加强对统一战线工作对象的思想政治工作，引导他们自觉坚持拥护中国共产党的领导，坚定不移地走中国特色社会主义道路。

（3）坚持广泛团结、凝聚力量

要正确处理和化解新形势下的人民内部矛盾，最广泛、最充分地调动一切积极因素，为全面建设小康社会提供稳定的社会政治环境和广泛的力量支持。

（4）坚持平等相待、民主协商

充分尊重统一战线中各党派、各团体及各方面成员，注重通过民主协商解决问题，不能干涉、包办、代替他们的内部事务。

（5）坚持照顾利益、搞好服务

按照照顾同盟者利益的要求，努力帮助他们解决在工作、学习、生活等方面遇到的困难。

（6）坚持实事求是、因地制宜

要把上级精神与本地实际紧密结合起来，创造性地开展工作。

203. 区县统战工作的主要方法有哪些？

（1）选好角度，突出重点

区县统战工作内容涉及面很广，要注意突出各地特色，抓住工作重点，带动各方面统战工作的开展。

（2）运用载体，开展活动

载体是推动统战工作的重要手段，要着眼实践发展，创新工作载体，延长工作手臂，开展丰富多彩、扎实有效的统战活动。

（3）联谊交友，多办实事

广交深交党外朋友是统战工作的优良传统，要加强同党外朋友的联系，经常谈心交心，主动为他们排忧解难。

（4）理顺关系，形成合力

区县统战工作任务重、头绪多，统战系统各部门各单位要在党委的统一领导下，相互协调配合，形成整体合力，共同做好工作。

（5）开拓进取，赢得支持

统战干部要保持奋发有为的精神状态，积极主动、认真负责地开展各项工作，以出色的成绩赢得党委的重视和各方面的支持。

204. 国有企业统战工作的范围和职责是什么？

（1）国有企业统战工作的范围

国有企业中的党外知识分子，各民主党派成员，无党派人士，非公有制经济人士，出国和归国留学人员，少数民族员工，信教员工，香港、澳门同胞及其亲属，台湾同胞、去台湾人员留在大陆的亲属和回大陆定居的台胞，海外侨胞和归侨侨眷，原工商业者，起义和投诚的原国民党军政人员等。重点是做好具有高级职称的党外专家、技术骨干，各级党外人大代表、政协委员，民主党派基层组织和统战团体的负责人，企业董事会、监事会及经营管理层中的党外人士或非公有制经济人士等方面代表人士的工作。

（2）国有企业统战工作的主要职责

贯彻落实党的统战方针政策，充分调动党外人士的积极性，为企业中心工作服务；及时了解、反映企业中统一战线各方面人士的思想动态和意见建议；协调企业中统一战线各方面的关系，及时化解矛盾；发现、选拔、培养、举荐党外代表人物，协助企业党委和上级有关部门做好党外人士的政治安排、实职安排。

205. 国有企业统战工作的主要内容是什么？

（1）做好党外知识分子工作

党外知识分子工作是国有企业统战工作的重点。要履行反映情况、掌握政策、协调关系、举荐人才的职能。坚持"尊重劳动、尊重知识、尊重人才、尊重创造"的方针，贯彻落实党的知识分子政策。加强党外知识分子的思想政治工作，引导他们将实现个人价值与促进企业发展结合起来。建立健全信息网络，收集、反映党外知识分子的意见和建议，鼓励他们参与企业民主管理、民主监督和民主决策。努力为党外知识分子发挥才干创造条件，鼓励和支持他们在科技兴企、改革强企、以法治企、文化塑企中发挥积极作用。

(2) 做好出国和归国留学人员工作

围绕实施人才强国战略，贯彻党管人才原则，积极协助有关部门落实留学人员的各项政策规定，营造拴心留人的良好环境，充分发挥留学人员人才荟萃、智力密集的优势，推动更多的出国和归国留学人员以各种方式为企业服务。

(3) 做好民主党派成员工作

加强对民主党派成员的政治引导，支持他们依法、依各自的章程和依企业规章制度开展活动，鼓励他们为企业发展建言献策。帮助民主党派成员提高思想政治素质，为民主党派基层组织在企业中发展成员把好政治关，帮助他们解决工作中的实际问题。

(4) 做好无党派人士工作

加强无党派人士队伍建设，适当保留一些党外优秀人才作为无党派人士的骨干。加大培养力度，为他们的成长进步搭建舞台、创造条件。鼓励他们在企业民主管理、民主监督和民主决策中发挥积极作用，支持他们在社会主义政治文明建设中作出贡献。

(5) 做好民族和宗教工作

贯彻落实党的民族政策，尊重各少数民族职工的风俗习惯，维护他们的合法权益。贯彻党的宗教信仰自由政策，尊重职工宗教信仰自由的权利。支持地方政府依法加强对宗教事务的管理。在企业内不得成立宗教组织，不得设立宗教场所，不得进行宗教活动。坚决制止和打击利用宗教进行违法犯罪活动，坚决抵御境外敌对势力利用宗教进行渗透破坏活动。

(6) 做好港澳台侨工作

推动企业中的港澳同胞和眷属加强与港澳企业界等方面人士的交流、交往与合作，为维护和促进香港特别行政区、澳门特别行政区的繁荣、稳定和发展作出贡献。做好台胞台属工作，发挥他们在吸引台资、扩大对台交流、推进祖国统一进程中的作用。加强与企业中归侨、侨眷的联系，保护他们的合法权益，支持他们与海外开展经济、科技、文化等方面的交流合作和各种联谊活动。

（7）做好党外代表人士的培养选拔和安排使用工作

加强党外代表人士的培养和教育工作，选拔和推荐德才兼备的代表人士担任企业各级领导职务，协助做好有关党外代表人士的政治安排和实职安排工作。党外代表人士后备队伍建设要纳入企业经营管理人才队伍建设的总体规划。

206. 如何建立健全国有企业统战工作机制？

要紧紧围绕企业生产经营中心任务和改革发展稳定大局，积极探索与现代企业制度相适应的统战工作新体制、新机制。建立国有企业统战工作的领导机制，发挥企业党委政治核心作用，形成党委领导、行政支持、统战部门协调、相关部门落实的大统战格局。健全国有企业统战工作的运作机制，完善统战工作的支持、保障和责任体系，规范运作程序。建立国有企业统战工作的协调机制，协调工会、共青团、科协、侨台联等群团组织共同做好统战工作。建立国有企业统战工作的督查机制，确保各部门统战工作职责的落实。

207. 国有企业开展"爱献做"活动的内容是什么？

国有企业开展"爱企业、献良策、作贡献"活动的内容是：围绕国有企业中心工作，以实现企业发展战略，推动企业做大做强为目标，与立足岗位作贡献相结合，与科技创新、制度创新和管理创新相结合，与工会、团委、科协等部门开展的各种劳动竞赛活动相结合，通过引导统一战线成员参与科技攻关、降本增效、外引内联等活动，团结、动员、鼓励和支持他们在科技兴企、改革活企、依法治企、文化塑企、人才强企中集思广益，群策群力，为改进企业经营管理，搞好自主创新，提高经济效益和社会效益，树立良好形象作出贡献。

208. 新世纪新阶段高校统战工作的对象主要有哪些？

新世纪新阶段高校统战工作的对象主要有：各民主党派成员、无党派人士、党外知识分子、出国和归国留学人员、少数民族人士、有宗教信仰的人士、港澳同胞及在高校就读的港澳学生、台湾同胞及其亲属（包括在大陆定居的台胞和就读的台湾学生）、海外侨胞和归侨侨眷等。重点是专业领域成果显著、政治上有代表性、社会上有影响的党外人士。

209. 高校统战工作的主要任务有哪些？

（1）有针对性地开展思想政治工作

贯彻和实践"三个代表"重要思想，了解和分析广大党外知识分子的思想动态，及时反映他们的意见和建议。鼓励和引导他们自觉接受党的领导，不断坚定中国特色社会主义信念；鼓励和引导他们热爱祖国热爱人民，深入实际服务社会，锐意进取与时俱进，艰苦奋斗乐于奉献；鼓励和引导他们将实现个人价值与全面建设小康社会伟大事业紧密结合起来。

（2）切实做好党外知识分子工作

贯彻"尊重劳动、尊重知识、尊重人才、尊重创造"的方针政策，密切同党外知识分子的联系，反映情况、掌握政策、协调关系、举荐人才，积极发现和培养党外重点人才，为他们的成长进步创造条件，帮助他们在各自的专业领域和社会政治生活中发挥更大的作用。

（3）重视留学人员统战工作

贯彻落实党和政府关于留学人员工作的方针政策，发挥统战部门的优势，广泛团结留学人员，吸引出国留学人员回国工作或为国服务。培养和举荐留学人员中的党外人士。增强服务意识，为留学人员排忧解难，为他们发挥作用营造良好环境。注意研究和反映留学人员的真知灼见。

（4）认真做好民主党派工作

进一步加强和改善党的政治领导，贯彻党对民主党派的各项方针政策。支持和帮助民主党派基层组织加强思想建设，健全规章制度，提高成员的政治素质。协助民主党派基层组织做好组织发展工作。加强民主党派基层组织领导班子建设。

（5）加强无党派人士工作

对无党派人士中的代表人物要加大选拔培养力度，形成相对稳定的无党派代表人士队伍。统战部门要以多种形式做好他们的思想教育和培训工作，提高他们的参政议政能力，扩大他们的社会影响，鼓励他们为高校和国家经济社会发展献计出力。

（6）努力做好民族宗教工作

加强马克思主义民族观、宗教观和党的民族、宗教政策以及有关法律法规的宣传教育。全面贯彻党的民族宗教政策,做好少数民族人士工作。尊重少数民族的风俗习惯;积极团结有宗教信仰的人士。坚持宗教活动在宗教场所进行,禁止在高校进行传教和其他宗教活动。坚决抵御境外利用民族、宗教问题进行渗透、破坏、分裂活动。要注意研究高校中涉及民族宗教问题的新情况,发现和及时处理各种涉及民族、宗教方面的突发事件。要防范和抵制各种邪教。

(7) 积极开展台港澳和海外统战工作

以多种形式加强同台湾同胞和在大陆居住台胞的联系,按照有关法律和政策,保护他们在大陆的合法权益;扩大两岸经济文化交流,推动两岸直接"三通",增进他们对"一国两制"方针的理解和认同;关心和开展台湾在大陆高校就读学生的工作,对台交流交往中的宣传教育要生动活泼、寓教于乐。要通过高校的各种学术交流活动和人员往来,加强与港澳专业界人士的合作与联系,贯彻"一国两制"方针和香港基本法、澳门基本法,促进港澳地区长期稳定和繁荣。要认真贯彻党的侨务政策,依法保护归侨侨眷的合法权益。

(8) 认真做好党外代表人士培养选拔和安排使用工作

建立健全培养、举荐党外代表人士的机制。在学校干部队伍建设总体规划中,逐步建设一支有一定数量、结构合理、素质良好的党外代表人士和党外干部队伍。高等院校领导班子中一般应配备党外干部,院系领导班子以及教职工代表大会、校务委员会等组织中要保持适当数量的党外代表人士。积极向各级人大、政府、政协、司法机关及各人民团体推荐党外代表人士,参与选举或安排他们担任有关领导职务。重视推荐和安排党外代表人士担任政府特约工作人员。

(9) 加强统战理论政策研究和宣传

要充分发挥高校哲学社会科学理论研究的优势,结合新形势下的新情况和新问题,加强统战理论和政策的研究工作。高校党委要坚持马克思主义的指导地位,在积极鼓励理论创新的同时,对涉及政治和政党制度、民族和宗教问题等领域的社会科学研究、教学和讲坛严格把关,确保正确的政治方向。做好统一战线的宣传工作和信息工作,及时准确地反映党外人士的思想动态和意见要求,不断扩大统一战线的影响。

210. 如何加强高校统战工作的规范化和制度化建设？

（1）在高校党委统一领导下，由组织部门与统战部门共同协商，合理配置高校的政治资源，既要重视高校党建工作，把大批优秀知识分子发展入党，也要重视党外代表人士队伍建设，将一部分优秀知识分子留在党外

（2）坚持征求党外代表人士意见的制度

学校党政主要负责人，每学期至少举行一次邀请本校民主党派组织负责人、无党派人士代表、各级人大代表、政协委员等参加的座谈会，就学校发展的重大决定或涉及面广泛的重要举措出台和调整，广泛听取意见建议，并逐步形成征求意见和意见处理反馈机制。

（3）健全向党外代表人士传达文件和邀请他们参加重要会议的制度

要按照中央和上级党委的有关规定，向民主党派基层组织负责人、无党派代表人士以及党外干部及时传达中央和上级党委有关文件及会议精神；及时向他们通报党和国家的大政方针及社会生活中的重大事项。学校举行的重要会议和活动，应视情况邀请党外代表人士参加。

（4）完善同党外代表人士联系交友制度

学校、院系党政主要领导要与党外代表人士保持经常联系。主动与民主党派基层组织负责人和无党派代表人士交朋友，沟通思想，增进共识。坚持在重大节日走访和看望党外代表人士。统战部门要协助有关部门按规定妥善解决党外代表人士工作、学习和生活等方面存在的问题。

（5）建立和完善支持党外代表人士发挥作用制度

积极支持和引导党外代表人士发挥优势，在做好本职工作的同时，开展服务于社会主义物质文明、政治文明、精神文明建设的各项社会活动。支持党外代表人士参加多党合作、政治协商方面的重要会议和活动，参加统战系统的重要会议、活动和学习培训。对于民主党派基层组织主要负责人、各级人大代表和政协委员、高校统战工作范围内的重点党外代表人士参加必要的社会工作和社会活动，应给予财力、物力方面的支持，并计算相应的工作量，在考勤和业绩考评中予以体现。

211. 加强高校党委统战工作机构建设有什么新要求？

高校党委统战工作机构和统战干部是开展高校统战工作的组织保证和重要

条件。各高校党委都应根据工作情况建立健全统战机构。高校党委已单独设立统战工作机构的应继续巩固完善，充分发挥作用；规模较大、统战工作对象多、任务重的高校，党委应单独设立统战部；统战部与其他党委部门合署办公的高校，要配备统战部长和充实专职统战干部，做到"牌子不摘、工作不断、编制不减"，学院分党委或系党总支、直属党支部要设统战委员。

212. 加强社区统战工作的重要意义是什么？

（1）加强社区统战工作，是不断增强党的阶级基础和扩大党的群众基础的需要

加强社区统战工作，有利于增强与统战成员的广泛联系，准确及时地了解他们的思想情况和意见建议，最大限度地扩大统战工作的覆盖面，从而将广大统战成员团结在党的周围，不断巩固党的阶级基础，扩大党的群众基础。

（2）加强社区统战工作，是建设管理有序、文明祥和新型社区的需要

加强社区统战工作，对于提高社区建设和管理决策的民主化、科学化水平，促进社会物质文明、精神文明协调发展和基层民主政治建设的有序开展，具有重要作用。同时，发挥统一战线协调关系、化解矛盾的功能，尊重和照顾统一战线各方面人士的利益，可以有效增强社区全体居民的团结，切实维护社区安定祥和的局面。

（3）加强社区统战工作，是全面开创城市统战工作新局面的需要

社区统战工作是城市化进程加快和城市基层组织体制改革赋予统战工作的新任务，也是新形势下城市统战工作的重要基础。应加强社区统战工作，使统战工作从单一的行政管理模式向开放的社会协调模式转变，从过去条块分割向以块为主、条块结合转变，从过去主要依靠街道组织向更多地依靠社会各类组织转变，推动城市统战工作不断向纵深发展，形成新的局面。

213. 社区统战工作的指导思想和主要任务是什么？

（1）社区统战工作的指导思想

社区统战工作要坚持以邓小平理论和"三个代表"重要思想为指导，全面落实科学发展观，从建设中国特色社会主义事业战略高度着眼，认真贯彻落实党的统战工作方针政策，紧紧围绕党和政府的工作大局，以建设社区为重点，广泛联系和团结社区内统一战线各界人士，为加快社区经济发展、促进民

主管理、建设精神文明、维护民族团结、促进社会稳定服务，为全面建设小康社会服务。

（2）社区统战工作的主要任务

第一，宣传政策，联谊交友。结合社区特点和工作重点，开展形式多样的学习宣传活动，帮助社区居民和统战人士提高对统一战线重要性的认识，了解统战工作的有关政策规定和基本要求。经常走访看望、广交深交各界统战代表人士，不断增进与他们的联系和友谊，使他们感受到党的关心和温暖。

第二，发挥优势，建言献策。要根据当地社区建设的进展情况，主动吸纳有代表性的统战人士参与社区居民代表大会、社区居民委员会、社区协商议事会等群众自治组织，充分发挥他们在社区民主管理、民主监督中的作用。组织统战人士围绕社区建设和管理中的重要问题调查研究，积极献计献策，促进社区各项建设事业的不断发展。

第三，了解情况，掌握动态。要全面、准确地了解统战人士的工作生活情况和思想状况，建立健全统战人士档案。要及时反映他们的意见建议，为上级部门提供真实的第一手材料。经常有效地开展谈心交流活动，认真做好理顺情绪、化解矛盾的工作，加强思想引导，努力营造社区团结互助、文明和谐的环境。

第四，加强联系，举荐人才。要在广泛联系的基础上，确定重点联系对象，有计划地做好新一代党外代表人士的物色、培养和举荐工作，积极创造条件，为他们提供联系群众、施展才华、锻炼提高的机会和舞台。

第五，照顾利益，搞好服务。要尊重和照顾同盟者利益，根据统战对象的不同特点，开展分层次、多形式的各种服务活动。要关心统战人士的工作和生活，帮助他们排忧解难，为他们多办实事、多办好事。努力在工作实践中逐步形成社区为统战人士服务，统战人士为社区建设服务的"双向服务"局面。

214. 社区统战工作的基本方法有哪些？

（1）明确工作重点

社区统战工作的范围包括各民主党派成员、无党派人士、党外知识分子、少数民族人士、宗教界人士、非公有制人士、港澳同胞、台湾同胞、去台湾人员留在大陆的亲属和回大陆定居的台胞、出国和归国留学人员、海外侨胞和归侨侨眷、原工商业者、起义投诚的原国民党军政人员等，重点是居住或工作在社区的无主管单位的经济组织、社会团体以及自由职业人员中的统战成员，居住在社区的离退休统战成员。对其他居住或工作在社区的统战成员，要协助其所在单位党组织了解情况，做好联系服务工作，动员他们为社区建设和管理作出贡献。

（2）建立组织网络

建立健全社区统战工作的组织机构，为做好社区统战工作提供组织保证。街道要成立由主管书记为组长，驻辖区有关单位的党组织负责人参加的统战工作领导小组或协调委员会。在街道党工委的领导下，党工委办公室对辖区内的统战工作全面负责，并设有专职统战干部组织基层统战工作。社区要建立由本社区党组织负责人为组长的社区统战工作小组，并设有统战委员，负责开展和统筹社区统战工作。

（3）完善工作制度

建立社区工作制度，保证社区统战工作有章可循，规范运行，扎实开展。要结合实际，逐步建立工作例会制度，学习党的方针政策，分析社区统战工作形势，定期研究解决社区统战工作的重要问题和协调重要活动；建立情况通报制度，定期向社区内的各界统战人士通报本地区建设和管理方面的情况，为他们知情出力创造条件；建立走访慰问制度，逢年过节要看望慰问统战人士，听取他们对社区建设的意见建议，为他们提供工作、生活上的帮助；建立资料管理制度，了解掌握统战人士的思想状况，搞好动态管理；建立调研信息制度，对社区统战工作中遇到的新情况、新问题进行调查研究，加强信息交流；建立定期学习制度，组织统战人士学习党的方针政策，了解国际国内形势，不断提高他们的思想政治觉悟。

（4）创新工作载体

不断创建和完善社区统战工作载体，是扎实有效地开展社区统战工作的必要条件。可成立社区各界统战人士联谊小组，如社区政协委员联络组、侨联小组、非公有制经济人士联谊组、民族宗教人士联谊组等。利用社区服务中心，为统战成员提供各项服务。依托青年志愿者队伍，与有困难的统战成员建立帮扶关系，定期上门服务。也可聘请统战代表人士为社区监督员，对社会建设和发展提出意见和建议。

（5）开展各种活动

充分发挥统战人士层次高、经济和智力资源丰富的优势，支持和协助他们为社区建设提供多种服务，如可发动教育、卫生系统的民主党派成员在社区开展"为民咨询"活动；发动有关人士通过各种形式赞助举办社会文化娱乐活动，丰富社区居民生活；根据统战成员的不同情况，有针对性地开展学习、文体活动。

第十部分　加强党的领导和加强统战部门自身建设

215. 各级党委应如何重视统战工作？

统战工作对象主要是有地位、有影响的党外代表性人士，需要党政主要领导同志亲自出面，亲自做工作。可以说，统战工作的成效如何，主要取决于党的领导，很大程度上取决于党政主要领导的重视、关心和支持。对此，中央反复强调，提出了明确要求。1990年颁发的《中共中央关于加强统一战线工作的通知》强调，"深刻认识统一战线的重要性，并善于做统战工作，是一个领导干部必备的重要条件"。江泽民同志在1993年召开的第18次全国统战工作会议上指出："各级党政主要领导同志都要带头做统战工作，参加统一战线的重要活动，模范地执行党的统战政策，广交、深交党外朋友。对党外朋友要坦诚相待、不打官腔、虚心求教、热情关怀。"在第20次全国统战工作会议上，胡锦涛同志提出了"四个带头"的明确要求，强调"各级党政主要领导同志要带头学习宣传的统一战线理论和方针政策，带头贯彻落实统一战线政策，带头参加统一战线的重要活动，带头广交深交党外朋友"。

统一战线理论是马克思列宁主义、毛泽东思想、邓小平理论和"三个代表"重要思想的重要组成部分。学习党的基本理论，就必须认真学习毛泽东统一战线思想、邓小平统一战线理论和"三个代表"重要思想统一战线理论。各级党政领导干部要带头了解统一战线知识，掌握统一战线政策，为做好统一战线工作打下良好的基础。

政策和策略是党的生命。统一战线政策包括多党合作政策、民族政策、宗教政策、新的社会阶层统战工作政策、党外知识分子政策、港澳统战工作政策、对台政策以及侨务政策等等，是党的政策的重要组成部分，涉及我国经济、政治和社会生活的方方面面。如果这些政策在执行中出现偏差，将会产生极为不良的影响和严重后果，对党的事业造成危害。这就要求各级党政领导干部要从党和国家事业发展的高度，不断增强统战意识，认真学习、准确掌握统一战线政策，并真正落实到各项工作中去。特别是在处理涉及统一战线成员的问题时，要善于运用统一战线的方法，依据统一战线的政策，积极稳妥地处理好，调动各方面成员的积极性。

活动是工作的依托。统战工作是做人的工作，需要开展大量的、丰富多彩的、富有成效的活动。党政主要领导的参加，体现了党对统一战线工作的重视，体现了党对党外人士的尊重，有利于更加紧密地团结党外人士。党的历代领导人都重视参加统一战线的重要活动。党的十六大以来，胡锦涛等中央领导同志多次亲自主持党外人士座谈会、协商会，产生了积极的影响。各级党政主要领导干部要按照中央的要求，亲自参加统一战线重要活动，亲自做统一战线工作，努力推动党的统一战线事业的蓬勃发展。

广交、深交党外朋友，是做好党外代表人士工作的重要内容和基本方法，有利于增进友谊、扩大共识、巩固和发展爱国统一战线；有利于广泛听取各方面真实情况和意见，实现决策的科学化、民主化；有利于密切联系各界党外人士，转变工作作风。在这一方面，党的老一辈革命家为我们做出了表率，毛泽东、周恩来等同志与大批党外人士建立了长期而深厚的友谊，成为人们津津乐道的美谈。为了发扬党的这一优良传统，《中共中央关于巩固和壮大新世纪新阶段统一战线的意见》对党政主要领导干部广交、深交党外朋友作出了明确规定，强调要"完善党委及其部门负责人与党外代表人士联系交友制度"，"每个党政领导干部都要联系若干名党外代表人士"。广交深交党外朋友，一要以诚相见，交心知心，以心换心，对党外朋友的不足和缺点开诚布公、善意诚恳地指出来，并诚恳听取党外朋友的批评意见，从善如流。二要平等待人，切实做到"欲交天下士，未面已虚襟"，主动登门拜访，经常促膝谈心，遇到问题民主协商，切不可以领导者、教育者自居，居高临下，官气十足，对党外人士招之即来，挥之即去，否则只能引起党外人士的反感，避之唯恐不及，更谈不上深交朋友、建立真正的友谊。三要循循善诱，防止态度生硬、方法简单，耐心帮助党外人士提出问题、分析问题、解决问题，在自我教育中提高认识。四要坚持原则，要从为党交朋友、巩固党与党外人士联盟的高度出发，切忌把交朋友工作庸俗化、个人化，在一些原则性的是非问题上，决不能因为是朋友就视而不见，听而不闻，要从团结的愿望出发，善意地提出批评，进行必要的思想交锋，从而达到讲原则与讲友谊的统一。五要排忧解难，了解党外人士的情况，满腔热忱为党外人士服务，主动解决他们工作、学习和生活方面的困难。六要持之以恒，一以贯之，保持经常联系，工作岗位发生变动后，要将所交朋友的工作交给继任者，保持交朋友工作的连续性，使党与党外人士的友谊日久弥深，经得住历史考验。

216. 如何按照中央的要求配备好党委统战部长？

为了加强党对统战工作的领导，《中共中央关于巩固和壮大新世纪新阶段统一战线的意见》要求："按照中央的要求配备好省及省以下党委统战部长。未由党委常委担任的统战部长，要担任同级政协副主席，并列席有关党委常委会议。各级统战部长原则上要能任满一届，任免前要征求上一级统战部门的意见。"

《中共中央关于加强统一战线工作的决定》要求："省及省以下党委统战部长，由于工作需要而又有条件的，要由党委常委担任。"这是新的历史条件下完善党对统战工作领导体制的重要举措。近年来，各地按照中央的要求，在加强党对统战工作领导、推进党委常委担任统战部长工作方面，取得了重要进展和明显成效。目前，全国省地县三级各有三分之一左右实现了由党委常委担任统战部长，各地统战工作也出现了新的显著变化。实践证明，这一规定是必要的，也是符合实际的。各地要从有利于进一步加强党对统战工作领导出发，按照中央有关文件精神的要求，根据各地具体情况，进一步推进党委常委担任统战部长规定的贯彻落实。未由党委常委担任的统战部长，要担任同级政协副主席，并列席有关党委常委会。

党委常委担任统战部长后要相对稳定，原则上要能任满一届，以更好地实现党对统战工作的领导。

217. 统战部门怎样抓大事、议大事？

统一战线是为党的总路线总政策服务的。统战部门作为党委主管统战工作的职能部门，要做到议大事、抓大事，必须注意以下几点：

（1）要坚决贯彻党的基本路线，明确统战工作在整个党的工作中所处的位置，自觉为实现党的基本路线而努力。这样，就能始终保持正确的政治方向。

（2）要全面履行"了解情况、掌握政策、协调关系、安排人事"的基本职能，不能强调一项职能而忽视另一项职能。

（3）要处理好政治性工作与事务性工作的关系，不要把政治性工作当作事务性工作去做。要善于摆脱一些事务，着力抓全局性问题，抓大政方针，抓政策研究。即使是必要的事务性工作，也要防止因忙于事务而忽略了方针政策的研究与掌握。

218. 统战部门的基本职能是什么？

各级统战部是党中央和各级党委主管统一战线工作的职能部门。20世纪50年代初，党中央就为统战部门确定了"了解情况，掌握政策，调整关系，安排人事"的基本职能。进入以经济建设为中心的新的历史时期后，随着统一战线的迅猛发展，统战部门的基本职能内涵加深，内容更加丰富。目前，统战部门的基本职责如下：

（1）调查研究统一战线的理论和重大的方针政策，组织贯彻执行中央关于统一战线的方针、政策；向中央和各级党委反映情况，提出开展统战工作的意见和建议。

（2）负责联系各民主党派和无党派代表人士，及时通报情况，反映他们的意见和建议；研究、贯彻党领导的多党合作和政治协商制度及对民主党派的方针、政策；落实中央关于发挥民主党派、无党派人士参政议政和民主监督作用的工作；支持、帮助各民主党派加强自身建设，选拔、培养新一代代表人物。

（3）负责调查研究、协调检查有关民族、宗教工作的重大方针、政策问题；联系少数民族和宗教界的代表人物；协助有关部门做好少数民族干部的培养和举荐工作。

（4）负责开展以祖国统一为重点的海外统战工作；联系港、澳、台和华侨华人中的有关社团及代表人士；做好台胞、台属的有关工作。

（5）负责党外人士的政治安排，会同有关部门做好培养、选拔、推荐党外人士担任政府和司法机关领导职务的工作，做好党外后备干部和新的代表人物队伍的建设工作。

（6）负责联系工商联、联系港、澳、台及海外工商社团和代表人士。调查、研究并反映非公有制经济代表人物的情况，协调关系，提出政策建议，选拔、培养积极分子队伍。

（7）调查研究党外知识分子的情况，反映意见，协调关系，提出政策建议；联系并培养党外知识分子的代表人物。

（8）负责开展海内外统一战线的宣传工作。

（9）协调政府各有关部门的统战工作。

（10）完成中央和各级党委交办的其他任务。

219. 如何加强统战部门建设？

统战部门是统战工作的具体组织者和推动者。《中共中央关于巩固和壮大新世纪新阶段统一战线的意见》明确指出，统战部作为党委主管统一战线工作的职能部门，要在党委统一领导下，担负起牵头协调和监督检查的职责，创造性地开展工作，并对进一步加强统战部门建设提出了明确要求。各级统战部门要按照党中央的要求，把加强自身建设作为提高履行职责能力和水平的根本途径，使自身建设的各项工作都围绕中央赋予统战部门职责的要求来展开，朝着这个方向来努力，按照这个标准来检验，把统战部门建设提高到一个新的水平。

（1）加强统战部门领导班子建设

坚持用科学理论武装头脑，不断提高运用马克思主义立场观点方法分析问题、解决问题的能力，科学分析判断形势、驾驭复杂局面和应对突发事件的能力；不断增强政治意识、大局意识、执政意识、责任意识和忧患意识，坚决贯彻中央的决策部署，自觉服从服务于党和国家工作大局，在大局下思考，在大局下行动；牢固树立正确的政绩观，努力用好的作风创造出实实在在的业绩，确保各项方针政策落到实处、取得实效；把牢牢掌握统一战线工作的领导权和主动权，加强对党外人士特别是党外领导干部的政治引导，作为领导班子思想政治建设的重要内容，努力把各级统战部门领导班子建设成为贯彻邓小平理论和"三个代表"重要思想，落实科学发展观的坚强领导集体。

（2）切实加强统战部门党的先进性建设

要认真学习胡锦涛同志在纪念建党85周年大会上的重要讲话精神，进一步加强统战部门党的先进性建设，不断深化和拓展"树统战干部形象、建党外人士之家"活动。要建立健全长效的学习机制,把集中学习与日常学习长期坚持下去,用制度强化干部学习的自觉性;建立健全长效的干部教育机制,进一步拓展教育内容,丰富教育形式,增强教育的针对性;建立健全长效的干部管理和激励机制,进一步激发干部的积极性和主动性;建立健全长效的联系群众机制,把党外人士满意不满意作为评价统战部门干部的重要标准,进一步增强统战干部在开拓奉献中永葆先进性的责任感。

(3) 加强统战部门干部和人才培养

要牢固树立人才是第一资源的观念,大力倡导学习之风,营造浓厚的学习氛围,不断提高广大统战干部的理论素养和知识水平,努力培养一大批专家型实干型人才。要加强统战干部的选拔、任用工作,加大对统战干部的培训、交流、挂职锻炼的力度,不断提高广大统战干部的工作能力和水平。要在政治上、工作上、生活上关心和爱护干部,努力创造拴心留人的良好环境,真正使每位同志有用武之地而无后顾之忧,不断激发想干事、能干事、干成事的热情,真正在统战部门形成吸纳人才、爱惜人才、人才辈出、人尽其才的良好局面。

220. 把统战部门建成"党外人士之家"活动的内容是什么?

在开展"树统战干部形象,建党外人士之家"学习教育活动中,把统战部门建成"党外人士之家"活动的内容是要把统战部门建设成深受党外人士欢迎的"团结之家、民主之家、交友之家、建言之家、温暖之家",进一步增强统一战线的凝聚力、向心力。

(1) 建设"团结之家"

建设"团结之家",就是要始终坚持大团结、大联合的永恒主题,一切从团结的愿望出发,求同存异、体谅包容,争取人心、凝聚力量,最大限度地把统一战线各界人士的智慧和力量凝聚到全面建设小康社会上来。

(2) 建设"民主之家"

建设"民主之家",就是要坚持统一战线发扬民主、平等待人、互相尊重、协商办事的优良传统和作风,处理好坚定的原则与灵活的方法、广泛的民主与正确的集中之间的关系,营造宽松和谐、活跃振奋的政治氛围。

(3) 建设"交友之家"

建设"交友之家",就是要站在党的事业的立场上,注重公谊、不谋私情,坚持统战工作特有的广交朋友的传统和方法,不忘老朋友、广交新朋友、深交好朋友、善交真朋友，使统战干部和统战成员结为坦诚相待、互相帮助的挚友、诤友。

（4）建设"建言之家"

建设"建言之家"，就是要认真履行统战部门反映社情民意的职责，广开言路、广纳群言、广求善策，畅通统战成员建言献策的渠道，发挥统一战线在推进党和政府决策民主化、科学化中的重要作用。

（5）建设"温暖之家"

建设"温暖之家"，就是要坚持维护和照顾同盟者利益的统战工作原则，积极为统一战线成员排忧解难，关心和维护他们的物质利益、政治利益，认真做好非中共干部的政治安排和实职安排，保证他们有职、有责、有权、有为，使党外人士对统战部门感到亲切、亲近、温暖，增强党对统一战线成员的凝聚力和感召力。

221. 周恩来同志为统一战线干部制定的六条准则是什么？

周恩来同志在《关于统一战线的策略、方针和守则》一文中为统战干部规定了六条守则：坚定的立场，谦诚的态度，学习的精神，勤勉的工作，刻苦的生活，高度的警惕性。

222. 新世纪新阶段统战干部应具备哪些基本素质？

（1）统战干部必须勤奋学习

统战工作是党的政治工作。统战干部必须刻苦学习马列主义、毛泽东思想、邓小平理论和"三个代表"重要思想，学习党的基本路线、方针和政策，提高理论素养，增强政治上坚定性。同时，统一战线是一门科学，领域非常广泛，涉及多个学科，统战工作对象有许多是某一领域的专家学者或专业人员。统战干部要胜任工作，必须学习统一战线的基本理论和方针政策，熟悉统一战线历史和工作方法，掌握统一战线各个领域的专门知识，还要广泛学习经济、政治、文化、历史、哲学、法律、外语、自然科学等各领域知识，进一步拓宽知识面，奠定扎实的基础。特别是要努力培养一批统一战线理论研究的专家，推动统一战线理论研究的开展。

（2）统战干部必须作风民主

统战部作为党委的重要职能部门，代表党来联系党外代表人士。每一名统战干部的作风如何，直接关系到我们党在党外人士心目中的形象。统战干部必须谦虚谨慎，平等待人，和党外人士推心置腹，坦诚相见，遇事与党外人士多沟通、多商量、多协调，鼓励他们反映真实情况，反映群众心声，在民主协商中培养感情，增进共识；要经常深入到党外人士中去，尊重信任，体谅包容，真心实意交朋友，交肝胆相照的真朋友。

(3) 统战干部必须求真务实

求真务实是我们党的优良传统。统战干部必须树立正确的政绩观，具有脚踏实地、真抓实干的精神，真正深入基层、深入实际、深入群众，不为形式、不图虚名，只"唯实"，干实事，求实效；要培养较强的分析、研究和解决问题的能力，善于运用科学理论指导实践，真正把理论转化为符合实际的工作思路、指导工作的科学方法和解决重点难点问题的良策，推动各项工作的深入开展。

(4) 统战干部必须廉洁自律

廉洁自律，永葆人民公仆本色是党员干部的基本素质。统战干部必须牢固树立科学的世界观、人生观和价值观，正确认识和对待权力、地位以及利益问题，在工作和生活中始终做到自重、自省、自警、自励，淡泊名利，经得起诱惑，时刻注意保持清正廉洁，自觉抵制权钱交易等不正之风，从而以高尚的精神示范人，以优良的作风带动人，以良好的形象影响人。

(5) 统战干部必须团结奉献

团结是党的生命，奉献是党员的基本品格。作为党的统战干部，必须坚持立党为公、执政为民，具有高度的事业心和责任感，强烈的敬业精神和奉献精神，忠诚于党的事业，视责任重于泰山，把智慧和力量倾注到实现全心全意为人民服务的宗旨中去，兢兢业业，乐于奉献；要具有团结合作的精神，在工作中能够做到分工协作、互相补台、相互配合，确保工作高质量、高效率、高水平地开展。

(6) 统战干部必须开拓创新

创新是事业发展的源泉。进入新世纪新阶段，统一战线所处的环境和肩负的任务不断发生新的变化，需要创新的方面很多，可以创新的空间很大。统战干部要胜任工作，必须具有创新意识，时刻保持创新的紧迫感，充分认识到没有创新，理论就不能突破，政策就不能发展，工作就不能推动；必须具有创新勇气，敢于研究新情况，进行新思考，提出新建议；必须具有创新才能，既遵循客观规律，实事求是，又善于突破过时的旧框框，与时俱进。

223. 统战干部应具备的基本功是什么？

统战干部应具备的基本功：政治把握能力、学习创新能力、调查研究能力、团结交友能力、处理问题能力。

224."五型"干部指什么？

（1）学习型干部

统战干部要做好工作，必须把学习作为人生之本、立业之基，勤奋学习马克思列宁主义、毛泽东思想、邓小平理论和"三个代表"重要思想，贯彻落实科学发展观，勤奋学习党的基本理论、基本路线、基本纲领、基本经验，勤奋学习党的统一战线理论、方针、政策，勤于向书本学，善于向实践学，虚心向统战成员学，在学习中增长才干。

（2）思考型干部

统战工作的特殊性要求统战干部要勤于思考、善于思考，善于从政治和全局的高度思考问题，具有战略思维和理论思维能力，把握新形势下统一战线的新实践、新发展和新特点，做到融会贯通，把握规律，认识本质，提高工作的主动性、预见性和系统性，保持政治上的敏锐性。

（3）民主型干部

民主精神和协商方式是统一战线强大生命力之所在。因此，民主作风和民主素养是党对统战干部的特定要求。每个统战干部都要增强民主意识，密切联系统一战线成员，做到广纳群言、从善如流，平等待人、以诚相见，勤于沟通、善于协调。用自己民主、公正、诚信的人格魅力提高党在统战人士中的凝聚力和向心力。

（4）创新型干部

只有勇于创新、锐意开拓，爱国统一战线才能与时俱进、不断壮大。新世纪新阶段统一战线的新环境、新任务、新特点，要求从事统战工作的共产党员必须把勇于开拓创新和继承优良传统结合起来，把敢于创新和善于创新结合起来，才能不断开创统战工作新局面。

（5）实干型干部

面对新世纪新阶段统一战线日益繁重的任务，统战干部必须大力弘扬求真务实的精神，牢固树立科学发展观和正确的政绩观，不图虚名、不计名利、爱岗敬业、无私奉献，把工作做深、做细、做实，推动爱国统一战线稳健地向前发展。

225. 北京市统战干部行为规范的具体要求是什么？

在开展"树统战干部形象，建党外人士之家"学习教育活动中，为提高与党外人士交往和服务的政策水平，中共北京市委统战部制定了北京市统战干部行为规范，并推广到全市统战部门，使全市每一名从事统战工作的干部，都自觉执行行为规范，在统一战线成员中树立统战干部的良好形象。具体要求是：

（1）政治坚定　思想敏锐　践行宗旨　永葆党性
（2）学习刻苦　钻研理论　善于思考　与时俱进
（3）作风民主　谦诚待人　协商办事　广交朋友
（4）恪尽职守　业务精通　实干高效　争创一流
（5）深入基层　勤于调研　积极进取　求真务实
（6）严守纪律　清正廉洁　淡泊名利　甘于奉献

226. 统一战线的基本工作方法有哪些？

科学的方式方法是解决问题、推动工作的"跨江之桥"和"渡河之舟"。统战工作是一项特殊的群众工作和思想政治工作，需要根据工作的特点，掌握有效的方式方法。胡锦涛同志指出，统战工作政治性很强、人情味很浓、艺术性很高，做好这项工作，需要全面贯彻以人为本的思想。《中共中央关于巩固和壮大新世纪新阶段统一战线的意见》也把坚持以人为本作为必须遵循的一条重要原则。这既是对做好统战工作规律的深刻认识和把握，也为探索做好新形势下统战工作的方式方法指明了方向。

中国共产党在长期的统战工作实践中，始终坚持以人为本，把团结人、凝聚人作为永恒主题，形成了平等相待、民主协商、求同存异、广交朋友、真诚服务和照顾同盟者利益等许多好的方式方法，有力地推动了各个时期统战工作的开展。实践证明，这些不仅是中国共产党的优良传统和经验总结，也是今后开展统战工作必须长期坚持的重要原则。进入新世纪以来，随着我国经济社会结构继续发生深刻变化，统战工作呈现出开放式、社会化和网络化的特点，领域不断拓宽，范围不断扩大，承担统战工作的部门和团体越来越多，这些都对更好地贯彻以人为本、用科学的方法做好统战工作提出了新的更高要求。

坚持以人为本，创新方式方法，关键在于始终把握坚持与发展、继承与创新的有机统一。既要发扬优良传统，始终不渝地坚持和继承被实践证明行之有效的好经验好做法，又要按照"尊重人、理解人、帮助人、团结人"的基本要求，切实赋予其新的生机和活力。具体要求，一是要适应民主形式的多样和时代变化的特点，进一步营造宽松稳定、团结和谐的环境，真正使民主协商成为形成共识、增进团结和科学决策、民主决策的重要形式。二是要适应社会思想多样、多元、多变的特点，正确认识和把握新形势下的"同"和"异"的关系，在努力寻求和增进共识的基础上，以更加包容的精神和开阔的胸襟，正确对待异、妥善处理异，做到求同存异，和而不同，真正体现新世纪新阶段统一战线空前的广泛性和巨大的包容性。三是要适应统一战线成员分布多层次、多领域和多样化的特点，在联谊交友中既要全面掌握共性特征，也要从不同对象的不同特点出发，采用更加个性化的方式方法。既要平等相待，讲团结、讲帮助，又要坚持原则，重视教育和引导，开展必要的批评和思想交锋。四是要适应改革开放带来的社会利益关系深刻调整，把思想引导与解决实际问题、搞好真诚服务相结合，认真诚恳地倾听意见，尽心竭力地排忧解难，饱含深情地开展工作，多做聚人心、暖人心、稳人心、得人心的好事、实事，切实把党外人士紧紧团结在党的周围。

总之，随着时代和实践的发展，统战工作的方式方法要因时而变，应运而生，不断增强时代感，加强针对性、实效性和主动性，努力把新世纪新阶段的统战工作做得具体实在、入情入理，更加富有亲和力、感染力和吸引力。

227. 怎样与党外人士广交、深交朋友？

广交、深交党外朋友，是做好党外代表人士工作的重要内容和基本方法，有利于增进友谊、扩大共识，巩固和发展爱国统一战线；有利于广泛听取各方面真实情况和意见，实现决策的科学化、民主化；有利于密切联系各界党外人士，转变工作作风。在这方面，党的老一辈革命家为我们作出了表率，毛泽东、周恩来等同志与大批党外人士建立了长期而深厚的友谊，成为人们津津乐道的美谈。为了发扬党的这一优良传统，《中共中央关于巩固和壮大新世纪新阶段统一战线的意见》对党政主要领导干部广交、深交党外朋友作出了明确规定,强调要"完善党委及其部门负责人与党外代表人士联系交友制度","每个党政领导干部都要联系若干名党外代表人士"。

广交、深交党外朋友,一要以诚相见,交心知心,以心换心,对党外朋友的不足和缺点开诚布公、善意诚恳地指出来,并诚恳听取党外朋友的批评意见,从善如流。二要平等待人,切实做到"欲交天下士,未面已虚襟",主动登门拜访,经常促膝谈心,遇到问题民主协商,切不可以领导者、教育者自居,居高临下,官气十足,对党外人士招之即来,挥之即去,否则只能引起党外人士的反感,避之唯恐不及,更谈不上深交朋友、建立真正的友谊。三要循循善诱,防止态度生硬、方法简单,耐心帮助党外人士提出问题,分析问题,解决问题,在自我教育中提高认识。四要坚持原则,要从为党交朋友、巩固党与党外人士联盟的高度出发,切忌把交朋友工作庸俗化、个人化,在一些原则性的是非问题上,决不能因为是朋友就视而不见,听而不闻,要从团结的愿望出发,善意地提出批评,进行必要的思想交锋,从而达到讲原则与讲友谊的统一。五要排忧解难,了解党外人士的情况,满腔热忱为党外人士服务,主动解决他们工作、学习和生活方面的困难。六要持之以恒,一以贯之,保持经常联系,工作岗位发生变动后,要将所交朋友的工作交给继任者,保持交朋友工作的连续性,使党与党外人士的友谊日久弥深,经得住历史考验。

228. 统战部门开展调查研究必须坚持哪四项原则?

第20次全国统战工作会议充分反映统一战线工作实践取得的最新进展,体现了统一战线理论政策发展的最新成果。可以说,这既是对新世纪以来统一战线理论的高度概括,又是今后统一战线理论创新的新起点。《中共中央关于巩固和壮大新世纪新阶段统一战线的意见》明确要求,要把统一战线理论研究纳入马克思主义理论研究和建设工程。这为新世纪新阶段统一战线理论研究进一步指明了新的方向、提出了新的更高要求。

(1) 加强理论政策研究要着眼时代发展

面对当今世界日新月异的不断变化和国内改革发展的繁重任务,面对统一战线工作领域的不断拓展,统战理论政策研究只有走在时代的前列,体现时代特征,才能站得更高一些,看得更远一些,切实增强工作的预见性。要准确把握当代马克思主义理论研究的新进展,准确把握国际局势的新变化,准确把握国内改革发展的新形势,准确把握统一战线自身发展的新要求,在世情、国情、党情和统情的发展变化中找准方位,不断开拓统战理论政策研究的新境界。

(2) 加强理论政策研究要立足工作实践

只有坚持从实践中来到实践中去,理论政策研究才能永葆生机与活力;只有坚持贴近决策、服务决策、促进决策,理论政策研究才有价值。新世纪新阶段,统一战线事业发展面临着许多新情况、新问题,需要靠统战理论政策研究来解答,许多新思想、新观念需要靠统战理论政策研究来阐明,特别是随着第20次全国统战工作会议精神的贯彻落实,许多新思路、新实践需要靠统战理论政策研究来开拓。统一战线理论政策研究必须始终围绕党和国家的中心工作,紧扣统一战线工作实际,善于从实践中发现问题、研究问题,善于把实践中创造的新鲜经验升华为理论成果,善于到实践中检验和完善研究成果,使理论政策研究更好地为实际工作服务。

(3) 加强理论政策研究要注重兼容并蓄

统一战线工作涉及方方面面,与其他领域相互交叉、相互交融,具有很强的综合性。因此,只有博采众长,善于借鉴和吸收其他学科的研究方法和研究成果,统一战线理论政策研究才能更好地体现科学性、把握规律性。同时,要注重以史资政、以史育人,充分发挥统一战线历史研究"经世致用"的作用,加紧整理和深入研究统一战线历史资料,特别是要从老前辈、老同志那里挖掘"活的史料",从前人那里寻找智慧、获得启迪。

(4) 加强理论政策研究要整合各方资源

要继续加强统战理论政策研究基地建设,积极组织、协调好党内与党外、统战系统内与统战系统外、理论工作者与实际工作者、专职人员与兼职人员、中青年同志与离退休老同志等各方面的力量,不断壮大、优化研究队伍。要适应统一战线工作日益社会化的趋势,建立健全以统战部门为主体、以研究课题为纽带、以组织推动为手段、以社会力量为依托的开放式、多层次、社会化的理论政策研究工作机制,做到资源共享、优势互补、形成合力,不断拓展统战理论政策研究的广度和深度,以理论政策创新推动统战工作实践的创新。

229. 北京市建立了哪两个统战理论研究基地?基地的任务是什么?

北京市建立了中国统一战线理论研究会北京政党理论研究基地和北京统战理论研究基地两个统战理论研究基地。北京统战理论研究基地是中共北京市委统战部研究决定,由北京市统一战线理论研究会和北京社会主义学院联合组建。中国统一战线理论研究会北京政党理论研究基地是中央统战部研究决定,由中国统一战线理论研究会、北京市统一战线理论研究会和中国人民大学联合组建。

北京统战理论研究基地在中共北京市委统战部的领导和北京市哲学社会科学规划办公室的指导下,以"整合资源、立足实践、瞄准前沿、与时俱进"为工作思路,通过开展统战理论研究和调查研究,取得科研成果,为北京市委及其统战部门的科学化民主化决策提供参考,为指导和推进统一战线工作的深入发展作出应有的贡献,使基地科学研究的整体水平居于国内领先水平,成为北京市重点研究基地。其指导思想和目标:以马克思列宁主义、毛泽东思想、邓小平理论和"三个代表"重要思想统领统一战线理论研究工作,把马克思主义的基本原理同中国具体实际相结合,用发展着的马克思主义指导研究,努力营造宽松和谐、求真务实的学术环境,鼓励大胆探索和不同观点的切磋,坚持解放思想,实事求是、与时俱进,积极推进理论创新。以"新北京,新奥运"和首都率先基本实现现代化为中心,结合当前首都统战工作面临的形势和发展趋势,着眼于对实际问题的理论思考,将基础研究和应用研究相结合,建立知识创新机制和统战理论创新体系。

中国统一战线理论研究会北京政党理论研究基地在中央统战部、北京市委统战部和中国人民大学指导下,以"加强领导、加大投入、整合资源、立足实践、瞄准前沿、与时俱进"为工作思路,通过开展统战理论研究和调查研究,取得重大科研成果,为中央和省、区、市委及其统战部门的科学化民主化决策提供参考,为建设社会主义政治文明和当代中国政治发展作前瞻性理论探索,使基地科学研究的整体水平居于国内领先水平,成为国家哲学社会科学领域重点研究基地。其指导思想和目标:以马克思列宁主义、毛泽东思想、邓小平理论和"三个代表"重要思想指导理论研究工作。坚持解放思想,实事求是、与时俱进,积极推进理论创新。鼓励大胆探索和不同观点的切磋,努力营造宽松和谐、求真务实的学术环境。基地以承担统一战线理论研究课题为目标,支持专家学者以课题加入基地,为之提供适当科研经费,共享科研成果。以举办学术讲座、研讨会、座谈会,开展调查研究以及编写出版学术著作和文献资料为一般活动方式。

230. 统战部门为统战对象办实事的指导思想、范围和内容、方法步骤是什么?

（1）为统战对象办实事的指导思想

为统战对象办实事要以邓小平理论、"三个代表"重要思想为指导，贯彻和落实以人为本、全面协调可持续的科学发展观，从加强党的执政能力建设的高度，围绕统战对象特别关注和急需解决的问题，紧紧依靠相关部门，积极协调，锲而不舍，注重成效，不断增强党对统战对象的凝聚力和感召力，夯实党的阶级基础和群众基础，巩固党的领导地位和执政地位。

（2）为统战对象办实事的范围和内容

为统战对象办实事的范围包括：民主党派机关、有关团体和15个方面统战对象。为统战对象办实事的内容包括：进行宗教房产腾退、修缮、迁建和新建；改善民主党派机关、有关团体的办公条件，增加办公经费；解决统战对象个人的工作、学习、生活、住房和医疗问题，需要解决的其他方面的困难和问题。

（3）为统战对象办实事的具体方法步骤

一是调研立项。每年年初，各单位要深入统战对象之中，就需要办的实事进行广泛调研，根据掌握的情况与有关部门协调立项，最后研究确定本单位办实事项目。二是填表上报。按照办实事项目、资金数量及资金来源、责任单位、责任人、完成时间等，以表格形式于每年3月底前报市委统战部研究室。三是研究公布。北京市委统战部对各单位上报的办实事项目进行筛选，把重要的有影响的实事作为全市统战系统年度办实事项目，经过研究认定后在全市统战系统公布。四是督促协调。统战部门是办实事的责任单位，许多实事的具体实施要靠政府部门或其他有关部门。统战系统各单位要搞好督促协调，不断研究解决出现的矛盾和困难。北京市委统战部要对各单位办实事情况进行督促检查。五是总结上报。原则上每件实事的完成时间不能超过每年的11月底。各单位要于每年11月份对年度办实事工作进行总结，以书面形式于同月底前报市委统战部研究室。六是通报表彰。北京市委统战部根据检查掌握的情况和各单位的总结报告，对全市年度办实事情况进行总结，以通报等形式进行表彰。

231. 新世纪新阶段"六个纳入"的内容和要求是什么？

《中共中央关于巩固和壮大新世纪新阶段统一战线的意见》指出："各级党委要把统一战线工作作为事关党和国家全局的重要工作，摆上重要议事日程，着力研究解决重大问题，为统一战线工作创造良好条件。"并明确提出"六个纳入"，这是进一步加强和改善党对统一战线工作领导的重要举措，是开创新世纪新阶段统战工作新局面的重要保证。

（1）要把统战工作纳入重要议事日程

各级党委要定期听取统战部门的汇报，着力研究解决重大问题，特别是要抓紧解决统一战线工作面临的突出矛盾和困难，加强和改进党对统战工作的领导。党委主要领导要亲自抓统战工作，分管领导要切实负起责任，支持统战部门工作，为统战部门改善工作条件。

（2）要把统战工作纳入党政领导班子工作的考核内容

要克服把统战工作看做是软任务、可有可无的错误观点，把统战工作纳入党政领导班子工作的考核内容，作为选拔任用领导干部的重要依据。要把有没有统战观念、懂不懂统战政策、会不会做统战工作，作为衡量领导干部政治素养、工作水平的一个重要标准。把统战理论政策是否纳入党委中心组学习内容，各级党政主要领导同志是否带头参加学习宣传党的统一战线理论和方针政策，是否带头贯彻落实统一战线政策，是否带头参加统一战线的重要活动，是否带头广交、深交党外朋友，作为考核领导班子的重要内容，通过量化标准，切实加强党对统战工作的领导。

（3）要把统战工作纳入宣传、新闻工作计划

要把统战工作纳入宣传、新闻工作计划，及时报道重大统战会议和统战活动。各级统战部门要加强与宣传部门、外宣办及主要新闻单位的联系沟通，党委宣传部门应有一位领导同志负责联系、协调统战宣传工作，各主要新闻单位要把统战宣传列入年度计划，使统一战线的宣传做到经常化、制度化和规范化。要充分运用包括报刊、广播、电视、互联网络等在内的各种宣传手段，多渠道、多形式地开展统一战线的社会宣传和海外宣传，展示统一战线成就，普及统一战线知识，扩大统一战线影响。要加大对党外代表人士的宣传力度，有民主党派职务或身份的在新闻报道中应按规定注明。中央统战部主办的刊物，是指导统一战线工作的党刊，要认真办好，并纳入党报党刊的出版发行范围，

形成全党全社会共同做好统一战线宣传工作的良好局面。

（4）要把党的统一战线理论和方针政策纳入各级党校、行政学院和干部学院的教学内容

各级党校、行政学院、干部学院是培养党政干部的重要基地。要把党的统一战线理论和方针政策纳入各级党校、行政学院和干部学院的教学内容，作为培训干部的必修课程，进一步强化领导干部特别是中青年领导干部的统战意识，提高他们的统战理论和政策水平。对分管和从事统战工作的领导同志要进行专门的系统培训。各级统战部门要加强与党校、行政学院、干部学院的联系，为他们完善教材、培训教师、开办统战理论讲座等提供帮助。

（5）要把多党合作、人民政协、一国两制、民族、宗教理论政策等统一战线知识列入国民教育内容

要把多党合作、人民政协、一国两制、民族、宗教理论政策等统一战线知识列入国民教育内容，在中小学教科书中适当增加关于统一战线的内容，最大范围普及统一战线知识。在高等学校开设的政治理论公共课程中，要加大统一战线历史及其理论方针政策的分量，并把统一战线单独作为一门课程纳入学生选修科目。通过基础教育，进一步加深全社会对统一战线的理解，特别是对统一战线重要性的认识，使了解统战知识、具有统战意识成为公民政治文化修养和思想政治素质的一个重要组成部分。

（6）要把统一战线理论研究纳入马克思主义理论研究和建设工程

马克思主义理论研究和建设工程，是党中央加强党的理论建设、巩固马克思主义在意识形态领域指导地位、不断开创中国特色社会主义事业新局面的一个重大举措。统一战线理论是马克思列宁主义、毛泽东思想、邓小平理论和"三个代表"重要思想中极富创造性的组成部分。要把统一战线理论研究纳入马克思主义理论研究和建设工程，加强领导，把好方向，把有利于巩固党的领导和执政地位，有利于坚持和完善我国的政治制度和政党制度，有利于坚持以公有制为主体的基本经济制度，有利于实现中华民族最广泛的大团结大联合，作为统战理论研究工作的根本出发点和落脚点。要完善机制，创新模式，加强统战理论研究会和研究基地建设，搭建社会化研究平台，壮大、优化研究队伍，做到资源共享、优势互补、形成合力，不断拓展统战理论研究的广度和深度，以理论创新推动工作创新。

第十一部分　人民政协工作

232. 什么是中国人民政治协商会议？

中国人民政治协商会议简称人民政协，是中国共产党领导全国各族人民经过长期的革命斗争，在新中国成立前夕，由中国共产党、各民主党派、各人民团体、无党派民主人士共同创立的爱国统一战线组织。

233. 人民政协是什么性质的组织？其特点是什么？

中国人民政治协商会议是中国人民爱国统一战线的组织，是中国共产党领导的多党合作和政治协商的重要机构，是我国政治生活中发扬社会主义民主的重要形式。

人民政协的这种性质，决定了它具有以下特点：

一是组织上的广泛代表性和政治上的巨大包容性。在"大团结，大统一，囊括一切代表人物"方针下，尽最大可能地把各党派团体、各族各界的代表人物吸收进来，达到团结一切可以团结的力量，调动一切积极因素，努力化消极因素为积极因素的目的，并在共同政治基础之上"求同存异"。

二是党派合作性。人民政协以党派团体作为基础组成，各民主党派可以以政党名义在政协发表意见，提出提案，开展参政议政的各项活动。人民政协在共产党的领导下，根据"长期共存、互相监督、肝胆相照、荣辱与共"的方针，履行各项职能，积极促进中国各党派的团结合作。

三是民主协商性。人民政协是我国发扬社会主义民主的重要形式，组织参加政协的各党派团体和各族各界人士协商国家大事，对国家机关及其工作人员的工作提出意见和批评，这是中国特色社会主义民主政治的重要组成部分，具有不可替代的作用。

234. 人民政协为什么能在国家政治生活中发挥重要作用?

人民政协在我国政治生活中具有不可替代的重要作用,它与人大、政府互为补充,相辅相成。在我们这个幅员辽阔、人口众多的多民族、多党派的社会主义国家里,关系国计民生的重大问题,要通过人民政协进行协商,广泛听取各民主党派、人民团体以及各族各界代表人士的意见,由人民代表大会行使国家权力进行决策,由人民政府执行实施,这样一种政治体制,集中体现了我国广泛的人民民主。人民政协对于我们实现决策的民主化、科学化、避免或减少决策失误,保证各项方针政策的贯彻执行,都具有十分重要的意义。因此,党中央特别强调人民政协在发扬社会主义民主方面的作用,要通过这条民主渠道经常倾听各方面的意见。

235. 新世纪新阶段中共中央加强人民政协工作的决定有哪些新内容?

2006年2月,中共中央颁发了《中共中央关于加强人民政协工作的意见》。它是以胡锦涛同志为总书记的中共中央从党和国家事业发展的全局出发,加强人民政协工作的一项重大举措。它坚持以邓小平理论和"三个代表"重要思想为指导,系统总结了五十多年来人民政协事业发展的历史经验,深刻阐明了新世纪新阶段人民政协的性质、地位、作用、职能、主题、任务和工作原则,科学规范了人民政协履行职能的内容、形式和程序,是指导人民政协工作的纲领性文献。

(1) 第一次鲜明地提出了人民政协事业是中国特色社会主义事业的重要组成部分,强调在全面建设小康社会、加快推进社会主义现代化的新的发展阶段,要从提高党的执政能力、发展社会主义民主政治、构建社会主义和谐社会、推进中国特色社会主义伟大事业的战略高度,大力加强人民政协工作,充分发挥人民政协的作用。

(2) 第一次明确提出了人民政协是中国共产党把马克思列宁主义统一战线理论、政党理论和民主政治理论同中国具体实践相结合的伟大创造,指明了人民政协产生、存在和发展的理论依据。

(3) 第一次明确提出了人民通过选举、投票行使权利和人民内部各方面在重大决策之前要进行充分协商是我国社会主义民主的两种重要形式。强调发展社会主义民主政治、建设社会主义政治文明，要善于运用人民政协这一政治组织和民主形式。

（4）第一次明确提出了人民政协与构建社会主义和谐社会的内在的本质联系，提出人民政协的基本属性、主要职能、组织构成、工作原则和活动方式，与构建社会主义和谐社会的要求是完全一致的，同构建社会主义和谐社会的各项工作是紧密相连的，强调构建社会主义和谐社会，必须充分发挥人民政协的作用。

（5）明确提出了人民政协工作必须坚持的七条原则

坚持以马克思主义、毛泽东思想、邓小平理论和"三个代表"重要思想为指导，坚持中国共产党的领导，坚持在宪法和法律范围内开展工作，坚持社会主义初级阶段的基本路线、基本纲领、基本经验，坚持团结和民主两大主题，坚持科学发展观、把促进发展作为人民政协的第一要务，坚持把实现和维护最广大人民的根本利益作为人民政协工作的出发点和落脚点。

（6）明确规范了政治协商、民主监督、参政议政的内容、形式和程序，明确了人民政协自身建设的内涵和要求，明确提出了加强和改善党对人民政协领导的基本内容和要求等。

236. 人民政协的职能是什么？

《中国人民政治协商会议章程》第 2 条规定，中国人民政治协商会议全国委员会和地方委员会的主要职能是政治协商、民主监督、参政议政。

政治协商是对国家和地方的大政方针以及政治、经济、文化和社会生活中的重要问题在决策之前进行协商和就决策执行过程中的重要问题进行协商。中国人民政治协商会议全国委员会和地方委员会可根据中国共产党、人民代表大会常务委员会、人民政府、民主党派、人民团体的提议，举行有各党派、团体的负责人和各族各界人士的代表参加的会议，进行协商，亦可建议上列单位将有关重要问题提交协商。

民主监督是对国家宪法、法律和法规的实施，重大方针政策的贯彻执行，国家机关及其工作人员的工作，通过建议和批评进行监督。

参政议政是对政治、经济、文化和社会生活中的重要问题以及人民群众普遍关心的问题，开展调查研究，反映社情民意，进行协商讨论。通过调研报告、提案、建议案或其他形式，向中国共产党和国家机关提出意见和建议。

237. 人民政协在新世纪新阶段的任务是什么？

高举爱国主义、社会主义旗帜，在热爱中华人民共和国、拥护中国共产党的领导、拥护社会主义事业、共同致力于中华民族伟大复兴的政治基础上，进一步巩固和发展爱国统一战线，把全体社会主义劳动者、社会主义事业的建设者、拥护社会主义的爱国者和拥护祖国统一的爱国者都团结起来，同心同德，群策群力，为推进社会主义经济建设、政治建设、文化建设、社会建设，为实现祖国完全统一，为维护世界和平、促进共同发展而奋斗。

238. 什么人可以担任政协委员？政协委员是怎样产生的？

《中国人民政治协商会议章程》第 21 条规定：凡赞成本章程的党派和团体，经中国人民政治协商会议全国委员会常务委员会协商同意，得参加中国人民政治协商会议全国委员会。个人经中国人民政治协商会议全国委员会常务委员会协商邀请，亦得参加中国人民政治协商会议全国委员会。参加地方委员会者，由各级地方委员会按照本条上述规定办理。

政协委员产生的具体运作步骤，一般为：

（1）提名推荐

推荐全国委员会委员名单，由各党派中央、各人民团体、无党派人士、各个界别等协商提出。在地方的全国委员会委员，由各省、自治区、直辖市协商推荐。推荐地方委员会委员名单由地方各党派、无党派人士、各人民团体、各个界别等协商提出。

（2）协商确定建议名单

对各方面提出的推荐名单由中共党委组织有关部门进行综合平衡，反复同各推荐方面协商形成建议名单。

（3）政协常务委员会会议通过

将委员建议名单提交常务委员会会议进行协商和表决，经全体常务委员过半数同意予以通过。

（4）公布

经常务委员会会议通过的委员，由政协办公厅（或办公室）分别通知推荐单位和本人，向委员发委员证书，并通过新闻媒体向社会公布。

增补政协委员的程序,也需要经过提名、协商、常务委员会通过和公布这几个步骤。

239. 政协委员有哪些权利和义务?

为保障政协委员充分履行政治协商、民主监督、参政议政职责,政协委员除了享有中华人民共和国公民的基本权利外,政协章程还赋予政协委员在政协组织中享有的权利。这些权利归纳起来主要有以下几点:

(1) 委员有参加本会会议和本会组织的活动的权利;

(2) 委员在本会会议上有表决权利;

(3) 委员在本会会议上有选举和被选举权利;

(4) 委员对本会工作有提出批评和建议的权利;

(5) 委员有通过本会会议和组织充分发表各种意见、参加讨论国家大政方针和地方重大事务的权利;

(6) 委员有对国家机关和国家工作人员的工作提出建议和批评的权利,以及对违纪违法行为检举揭发、参与调查和检查的权利;

(7) 委员有退出政协的自由;

(8) 委员有在坚决执行会议决议的前提下声明保留不同意见的权利;

(9) 委员在受到政协组织处分后有请求复议的权利。

根据政协章程规定,政协委员的义务可归纳为:

(1) 遵守和履行政协章程;

(2) 遵守和履行本委员会全体委员会议和常务委员会会议决议;

(3) 地方政协委员还应遵守和履行政协全国委员会的全国性决议和上级地方委员会的全地区性的决议。

240. 北京市政协委员在任职期间有哪些待遇?

根据北京市有关规定,市政协委员在任职期间有以下待遇:

(1) 政协委员参加政协组织的各项会议和活动,所在单位应给予时间保障,按正常出勤对待,并享受所在单位的工资、奖金及评定职称和其他待遇。

(2) 根据中央组织部有关文件精神,政协委员在任职期间,所在单位可不办理离退休手续。

(3) 市政协常委可以阅读中共中央发至地师级的文件,市政协委员可以阅读中共中央、中共北京市委发至县团级的文件（含期刊资料）。委员所在单位党委应为他们阅读文件提供方便，同时也应加强对委员的保密教育，保守党和国家的机密。

（4）政协委员参加政协组织后，其供给关系、医疗关系不变，生活福利等仍由原所在单位负责。原配有的专车或固定用车请予保留，继续使用。

241. 政协政治协商的主要内容是什么？有哪些主要形式？

（1）人民政协政治协商的主要内容

国家和地方的大政方针以及政治、经济、文化和社会生活中的重要问题；各党派参加人民政协工作的共同性事务，政协内部的重要事务以及有关爱国统一战线的其他重要问题。

（2）人民政协政治协商的主要形式

政协全体会议、常务委员会会议、主席会议、常务委员专题协商会、政协党组受党委委托召开的座谈会、秘书长会议、各专门委员会会议，根据需要召开由政协各组成单位和各界代表人士参加的内部协商会议。

242. 政协民主监督的主要内容是什么？有哪些主要形式？

（1）人民政协民主监督的主要内容

国家宪法、法律和法规的实施，重大方针政策的贯彻执行，国家机关及其工作人员的工作，参加政协的单位和个人遵守政协章程和执行政协决议的情况。

（2）人民政协民主监督的主要形式

政协全体会议、常委会议、主席会议向党委和政府提出建议案；各专门委员会提出建议或有关报告；委员视察、委员提案、委员举报、大会发言、反映社情民意或以其他形式提出批评和建议；参加党委和政府有关部门组织的调查和检查活动；政协委员应邀担任司法机关和政府部门特约监督人员等。

243. 政协参政议政的主要内容是什么？有哪些主要形式？

（1）人民政协参政议政的主要内容

对政治、经济、文化和社会生活中的重要问题以及人民群众普遍关心的问题，开展调查研究，反映社情民意，进行协商讨论。

（2）人民政协参政议政的主要形式

通过调研报告、提案、建议案或其他形式，向党和国家机关提出意见和建议。

第十二部分 人民团体和参事室、文史馆、社会主义学院工作

244. 各人民团体和统一战线的关系是什么？

工会是工人阶级的群众性组织，也是具有统一战线性质的组织。这是因为工人阶级内部有统一战线。在中国当前的历史条件下，知识分子和许多统战对象都成了工人阶级的一部分，所以在工会内部就明显地存在社会主义劳动者内部的统一战线关系。

青联是各阶层、各党派的青年群众性组织，是共产党统战工作联系的对象之一，所以也是统一战线组织。

妇联代表着全体劳动妇女的利益，因此，它包括众多的社会阶层，同时，它也担负着团结全体妇女，促进祖国统一和繁荣富强的责任。

其他人民团体如工商联、台联、侨联等，都各自担负着团结所联系的群众为中国特色社会主义事业服务的职责与义务，明显地具有统一战线的性质。此外，有些为了扩大统一战线而组建的各人民团体，和统一战线的关系就更为密切。

245. 什么是中华全国工商业联合会？

中华全国工商业联合会简称"工商联"，又称"民间商会"。它是中国共产党领导的具有统一战线性质的人民团体和民间商会，是中国共产党政治协商会议的组成单位之一。早在解放战争时期，党就在东北解放区的少数城市建立了工商联组织。新中国成立前夕，中共中央作出《关于组织工商业联合会的指示》，一些解放了的大中城市在改组改造旧商会、旧工业会的基础上，建立

了工商联地方组织。1952年6月，全国工商联筹备代表会议在京召开。1953年10月，全国工商联成立。它是以私营工商业为主体，国营企业和合作社、公私合营企业等各类工商业者参加的一个重要的人民团体。1991年，中共中央对工商联工作作了重要指示，明确了新时期工商联是统一战线性质的人民团体和民间商会，是党和政府联系非公有制经济人士的桥梁。

246. 什么是中华全国归国华侨联合会？

中华全国归国华侨联合会简称侨联，是团结、联系归国华侨、侨眷、华侨的全国性人民团体，1956年10月12日在北京正式成立。

侨联的主要任务：协助有关部门宣传中国的侨务政策；向政府反映归侨、侨眷和华侨的意见与要求；根据国家法律保护归侨、侨眷的正当权利和利益，维护华侨的正当权利和利益；督促有关部门落实各项侨务政策；支持和帮助归侨、侨眷、华侨在祖国兴办各种企业和文化、科学、教育、卫生等事业，为实现祖国的社会主义现代化建设，促进祖国统一和维护世界和平作出积极贡献。

247. 什么是中华全国台湾同胞联谊会？

中华全国台湾同胞联谊会简称台联，是台湾各族同胞的爱国民众团体，是具有同乡会性质的民间组织，于1981年12月27日在北京成立。

台联的宗旨：发挥爱国主义精神，广泛联络国内外台湾同胞，增进乡亲乡谊，同心同德，积极促进全民族的大团结；为按照"一国两制"的原则实现台湾与大陆的和平统一；为振兴中华，建设富强、民主、文明的社会主义现代化国家而贡献力量。

台联的主要任务：发扬台湾同胞爱国传统；帮助乡亲了解政府对台政策及大陆有关情况；向政府反映台湾同胞的愿望和建议；维护台湾同胞的正当权益，积极促进海内外台湾同胞间的交流和了解；密切联系居住在大陆的台湾同胞，协助和配合有关部门按政策妥善处理好大陆的台湾同胞的有关工作、学习、生活等方面的意见和要求；做好来大陆探亲访友的台湾同胞的接待工作；积极协助为祖国现代化建设贡献力量的台湾同胞在祖国大陆经商、投资、建厂、办校和进行学术、文化、体育交流。

248. 什么是中华全国青年联合会？

中华全国青年联合会简称全国青联，是以中国共产主义青年团为核心的全国各青年团体的联合组织，是中国各族各界青年广泛的爱国统一战线组织。

1949年5月4日至5月11日，在北平召开了全国青年代表大会第一次会议，决定成立中华全国民主青年联合总会。1951年3月召开的第二次全国青年代表大会上改名为中华全国民主青年联合会。1958年起，改名为中华全国青年联合会。

全国青联的基本任务：高举爱国主义和社会主义的旗帜，团结教育各族各界青年学习马列主义、毛泽东思想、邓小平理论和"三个代表"重要思想，贯彻落实科学发展观，不断提高爱国主义、社会主义觉悟，学习现代科学技术和文化知识，为把中国建设成为富强、民主、文明的社会主义现代化国家，为实现祖国统一，维护世界和平而共同奋斗。

249. 什么是欧美同学会？

欧美同学会是中国留学欧美等国同学自愿组织的民间团体，成立于1913年10月。新中国成立后，该会成为党和政府联系海内外留学生和学者的桥梁和纽带。该会的主要任务：宣传爱国主义思想，倡导留学报国，宣传介绍留学归国人员的先进事迹和学术成就；增进会员联系和友谊，加强学术交流；促进与海外专家学者、留学生及各界人士的相互了解，开展民间友好往来，经济、科技、文教等领域进行人才交流及学术技术交流；组织会员发挥专业特长；维护会员的合法权益等等。

250. 什么是黄埔军校同学会？

黄埔军校同学会于1984年6月在北京成立。它是团结、联络国内外黄埔同学的社会团体，是党和政府联系国内外黄埔同学的纽带和桥梁。其宗旨为："发扬黄埔精神，联系同学感情，促进祖国统一，致力振兴中华。"黄埔同学会的会员包括：1924年后在黄埔成立的陆军军官学校、中央军事政治学校、中央陆军军官学校及其分校的学生；在大陆办的1至23期的中央军校学生；在台湾办的24期以后各期中央军校学生，冠以中央陆军军官学校的各种训练班的学生。符合上述规定的黄埔同学，自愿申请，经理事会同意，均可为会员。

251. 什么是中国和平统一促进会？

中国和平统一促进会是由赞成中国和平统一的各界人士组成的民间团体，于1988年9月22日在北京成立。宗旨是：高举爱国主义旗帜，团结一切拥护中国和平统一的海内外同胞，推动台湾海峡两岸的民间交流与往来，反对制造"台湾独立"、"两个中国"、"一中一台"等分裂中国的活动，促进早日实现中国和平统一。主要任务是：广泛联系祖国大陆、香港特别行政区、澳门特别行政区、台湾地区和海外各界人士及相关团体，共同探索中国统一的途径；反对"台湾独立"、"两个中国"、"一中一台"等分裂活动，促进海峡两岸交流与合作，推动中国和平统一进程；促进海峡两岸民间经贸、文化、教育、科技、学术、新闻出版、体育、艺术、旅游等方面的交流和交往，增进两岸同胞的了解和情谊；加强与香港特别行政区、澳门特别行政区、台湾地区和海外的中国和平统一促进会的联系，更好地发挥港澳台和海外各界代表人士在促进祖国和平统一中的作用；开展多种形式的宣传工作，出版《统一论坛》杂志，扩大影响，增进共识。

252. 什么是中华职业教育社？

中华职业教育社简称职教社。中国近代教育史上第一个研究、倡导、实施职业教育的全国性教育团体。1917年5月6日在上海创立，以倡导、研究和推行职业教育，改革脱离生产劳动、脱离社会生活的传统教育为职志。提出职业教育的目的："谋个性之发展，为个人谋生之准备，为个人服务社会之准备，为国家及世界增进生产力之准备"，"使无业者有业，使有业者乐业"。创始人有梁启超、蔡元培、范源濂、黄炎培等。

新中国成立后，该社成为新中国统一战线的人民教育团体。中华职业教育社主要是由教育界、经济界、科技界从事和关心支持职业教育的人士组成的群众团体。

中华职业教育社的主要任务：开展职业教育研究与实验，推进职业教育的改革与发展；宣传国家有关职业教育的方针政策，积极参与科教兴国和人才强国战略的实施；协助政府，发挥教育中介组织的相关作用；支持民办职业教育事业的发展；开展与港、澳、台及国际交流与合作。

中华职业教育社在天津、河北、内蒙古、黑龙江、上海、安徽、福建、河南、湖南、广东、海南、重庆、云南、陕西、甘肃、辽宁、西藏等17个省、市、自治区建有省级组织，在深圳、吉林（市）、杭州、贵阳、青岛等5个市建有直属总社管辖的市级组织。2万余名社员和1千余个团体社员单位分布全国各地。长期以来，中华职业教育社注重开展职业教育的研究和办学实践，各级地方组织创办或联办了不同形式、不同层次的职业学校180余所；主办面向国内外发行的《教育与职业》杂志、面向全国社员发行的《社讯》；出版有关中华职业教育社社史和职业教育理论的书籍。

近年来，中华职业教育社与8个民主党派中央、全国工商联联合组建了民办教育协作网，在联系民办教育界的代表人士方面发挥桥梁和纽带作用。1995年，中华职业教育社创立并实施温暖工程，旨在通过职业教育和培训、职业指导和介绍，为社会上迫切需要就业和优化就业条件的弱势群体提供服务，协助党和政府解决城乡富余劳动力就业问题和使劳动力资源得到合理配置。到2004年底，已在全国建立温暖工程基地104个，累计培训近50万人次，帮助10余万人就业，并为大量贫困学生接受职业教育进行减免学费的资助。

2004年，中华职业教育社被认定为联合国公共信息部所联系的非政府组织。中华职业教育社通过开展职业教育，同广大职业教育工作者、经济界人士和港澳台同胞、海外侨胞、国际友人以及中外职业教育团体、人士保持着密切联系和往来。

253. 新世纪新阶段参事室的性质和任务是什么？

参事室是人民政府所属的一个工作部门，是一个具有统战性、咨询性的机构。其基本任务是组织参事从事下列活动：学习党和政府的方针、政策，进行调查研究，向政府提出意见和建议；密切同各界人士的联系，反映他们的意见和要求；参与审查某些地方性法规草案和由政府批准或发布的规章制度草案；编写有关史料；参加爱国统一战线工作。各地应根据不同情况，从实际出发，因地制宜地确定参事室的任务。

参事是人民政府的参事，在参事室主任领导下进行工作。政府参事以民主党派和无党派爱国人士为主体。他们的基本职责是参政议政，在政府工作中发挥咨询作用。其工作主要内容：对政府某些工作方针、政策的贯彻实施情况进行调查研究，提出意见和建议；密切同社会各界的联系，同时反映各方面人士对政府工作的意见和要求；应有关部门邀请，对某些法律法规草案、规章制度草案研究提出意见；贯彻执行中国共产党的统一战线政策，参加爱国统一战线工作；撰写和整理文史资料，承办政府交办的其他事项。参事有权直接向政府的领导人反映情况，提出意见和建议。对参事工作总的要求是，尽力而为，量力而行，因人而异，各展所长。

254. 新世纪新阶段文史研究馆的性质和任务是什么？

文史研究馆是人民政府领导下具有统战性、荣誉性的文史研究事业单位。其主要职责：团结和安排有文史专长并有名望的老年知识分子开展适当的文史研究活动，参加中国共产党领导的爱国统一战线工作，一般不承担规定性的学术研究任务。文史研究馆的宗旨是敬老崇文，尊重知识，尊重人才，发挥馆员专长，弘扬民族文化，为社会主义服务。

文史研究馆的基本任务：为馆员提供必要的工作条件，照顾馆员的生活，支持和组织馆员从事文史研究活动。文史研究馆要按照拾遗补阙，各展所长，量力而行，尽力而为的原则，安排馆员从事著书立说、编辑书刊；从事书画和其他艺术创造和交流；参与编史修志；参加社会文化教育工作；与当地文化团体和社会科学研究机构建立联系，参加他们的某些活动，承担部分研究任务。有条件的文史研究馆还可以开展海外联谊活动，以文会友，为统一祖国作出贡献。

255. 社会主义学院的性质和任务是什么？

社会主义学院（简称社院）是中国共产党领导的统一战线性质的政治学院，是民主党派和无党派人士的联合党校，是开展党的统一战线工作的重要部门。社会主义学院的主要任务：组织培训民主党派高中级领导干部、无党派代表人士以及党的统战干部，研究、宣传邓小平理论、"三个代表"重要思想、科学发展观和新世纪新阶段统一战线理论。根据这一性质和任务，社院办学的指导思想是高举邓小平理论伟大旗帜，以"三个代表"重要思想为指导，贯彻落实科学发展观，坚持党的基本路线和基本纲领，以教学为中心，以科研为基础，以党的建设和队伍建设为保证，以行政后勤服务为保障，正确认识和把握统一战线干部教育工作的规律，全面推进学院的工作，为培养高素质的统一战线干部队伍服务，为巩固和发展爱国统一战线服务，为改革开放和社会主义现代化建设服务。1997年初，批准成立中华文化学院，与社会主义学院"一套机构、两块牌子"。其任务是贯彻邓小平"和平统一，一国两制"方针，积极开展面向港澳台胞、海外华人华侨和国际友好人士进行中华文化等方面的学习、培训、研究和交流活动，弘扬中华文化和促进祖国统一。

后 记

《北京统一战线工作手册》是北京统一战线培训教材之一。

本书由中共北京市委统战部研究室刘先传主任、北京社会主义学院张俊明副教授负责设计、确定提纲并对全书进行了统稿。市委统战部研究室张静生副主任、徐杰同志也为提纲的拟订及各个部分的统稿做了大量工作。

中共北京市委统战部、北京社会主义学院的有关同志参加了本书的编写工作，具体情况如下：徐杰编写第一、二部分，滕鑫编写第三部分，王斌编写第四部分，崔华编写第五、六部分，常延峰编写第七部分，苏振良编写第八部分，梅钟编写第九、十、十二部分，张俊明编写第十一部分。

在本书的编写过程中得到了中共北京市委统战部、北京社会主义学院领导和各部门同志的支持；中共中央统战部研究室庄聪生主任、中共北京市委统战部周伯琦副部长对书稿进行了审阅，并提出了宝贵的建议；中央编译出版社领导和有关方面同志对本书的出版做了大量工作。在此我们一并表示衷心的感谢！

由于编者水平所限，不妥之处，敬请读者指正。

编 者
2007 年 6 月